KB189603

사
리
舍利

사 舍利 리

■■

신 대 현 지음

혜안

역사로 바라본 사리 신앙

오래전 우리나라 사리장엄舍利莊嚴의 미술 양식과 역사를 주제로 하여 박사학위논문을 썼다. 존경하는 황수영黃壽永·정명호鄭明鎬 두 선생님께서 다음엔 사리 신앙을 해보라고 덕담처럼 말씀하셨지만, 감당할 만한 주제가 아닌 것 같아서 엄두가 나지 않았다. 그렇게 한참 시간이 흘렀는데, 2020년에 《법보신문》에서 사리 신앙으로 연재를 권유해 왔다. 옛날과 같은 이유로 망설였으나, 사리 신앙도 해야 사리장엄과 함께 사리에 관한 온전한 연구가 되지 않겠느냐는 얘기에 틀린 데가 없어 이번에는 사양하지 못했다.

우리나라 사리 신앙의 역사가 1,500년이나 된다. 이 긴 역사를 시간의 흐름에 따라 살피면 좀 더 일목요연해질 텐데, 개별 사례 연구는 세밀하게 이뤄졌으나 정작 필요한 통사적通史的 연구가 아직 안 나온 것도 글을 쓰게 되는 동기가 되었다.

나름대로 20년 가까이 관심을 가지며 모아놓은 자료가 있어서 호기롭게 시작했다. 그러나 1년 연재를 마치고 찬찬히 살펴보니 놓친 게 적지 않았다. 다행히 그동안 관점이 좀 다듬어진 덕분에 원고를 고치고 새로 쓰기도 하여서 이렇게 책으로 나올 수 있게 되었다.

우리에게 사리 신앙이란 무엇이었을까? 역사에는 사리 자체가 여러 영험을 보여주기도 했고, 사리를 친견하고 나서 이적異蹟을 경험한 이야기도 많이 나온다. 그런데 어느 기록이든 주관적 견해가 담겨 있으므로 역사 자료로 활용하려면 객관적 시각과 분석을 먼저 해야 한다. 이를 생략하면 역사라기보다는 영험담靈驗談 정도에 그치고 말 것이다. 사실 중요한 건 영험담이 아니라 사리를 중심으로 하여 숱한 어려움을 헤쳐나왔던 사람들의 마음 그 자체다. 예를 들어 신라가 급격히 발전한 데는 자장 스님이 가져온 사리 100과가 사회 통합을 이루는 계기가 되었고, 신라가 불국토의 중심이 될 수 있다는 자신감을 심어주었기 때문이다. 또 임진왜란의 큰 위기 속에서도 서산과 사명 스님이 불사리를 안전하게 보전하려 노심초사 했던 것도 불사리를 통해 사람들의 힘을 모아 어려움을 극복할 수 있다고 믿었기 때문이다. 그래서 불사리 자체보다는 불사리를 매개로 하여 단합과 노력을 끌어낸 사람들의 믿음이야말로 진짜 사리라고 말해도 될 듯 싶다. 풍속이 사상과 관습의 의상衣裳이라고 한다면 사리 신앙이야말로 아름다운 풍속이었다고 할 만하다.

다 쓰고 보니, 사리 신앙만이 아니라 사리를 마주한 사람들의 희로애락이 그대로 묻어 나오는 역사 이야기가 되었다. 본문에 나오는 사리와 관련한 이런 다양한 이야기들을 연대순으로 간략히 볼 수 있도록 책 맨 뒤에 〈삼국시대~근대 불사리 봉안 사례 일람표〉를 실었다.

최대한 많은 사료를 섭렵하며 정확히 보려 했으나 빠지고 모자란 데도 적지 않을 듯하다. 그래도 책을 마무리하고 보니 사리에 관련한 역사의 흐름을 어느 정도 정리한 것 같아 안도의 한숨이 나온다. 이 책이 이런 역사를 이해하는 데 조그마한 도움이라도 되기를 바랄 따름이다.

2022년 10월 영종도에서

신 대 현

▌▌차례

1장

사리에 대하여

사리란 무엇일까,
사리의 의미와 사리 신앙의 다양한 모습들

먼저 떠난 사람을 땅에 묻고 그를 기리는 풍속은 동서양을 막론하고 아주 오래된 풍습이다. 어느 시기부터는 몸은 사라져도 영혼은 남아 뼈에 깃든다고 믿었기에 화장火葬하여 유골을 모아 그릇에 정중히 모시기도 했다. 이처럼 죽은 이를 후하게 장사지냈던 건 한 인간으로서 이 세상을 열심히 살다 간 사자死者에 대한 예의이자, 한편으론 사후 세계가 있다고 믿었기 때문이다.

이런 풍습과 관념은 시간이 흐르면서 더욱 다듬어져 유골을 통해 후손들이 조상들의 영혼과 교감할 수 있다는 이른바 조령祖靈 신앙으로 정착되었다. 보통 사람의 유골도 이렇게 대했으니, 하물며 만인이 믿고 의지하던 성자聖者 유골은 그보다 훨씬 신령하다고 느끼며 그 유골에 특별한 존경심을 보였던 건 당연했다.

약 3,000년 전 인도에서 태어난 고타마 싯다르타, 곧 석가모니釋迦牟尼는 생전에 이미 성인聖人으로 추앙받았을 만큼 뛰어난 수행자이자 선각자였다. 왕자로 태어났음에도 불구하고 편한 길을 마다하고 인간이

석가모니 열반을 그린 《통도사 영산전 팔상도(쌍림열반상)》 부분.

겪는 고통의 실체를 알기 위해 주변의 만류를 뿌리치고 스물아홉에 힘들고 외로운 구도求道의 길로 들어섰다. 한계를 넘어선 모진 고행과 갖은 수행을 섭렵한 뒤 서른다섯 나이에 깊고 그윽한 선정에 들어 드디어 진리가 무엇인지 깨달으며 해탈解脫하였다. 그리고 그 뒤로 45년에 걸쳐 세상 사람들에게 자신이 얻은 순정의 법을 전파하는 데 진력하였다. 정신은 이미 부처의 경지에 이르렀으나 몸은 아직 인간에 머물렀기에 어느덧 노년에 접어들자 자기의 죽음을 생각하지 않을 수 없었다. 그 즈음 제자 아난타가 부쩍 쇠약해진 스승을 근심스러운 눈길로 바라보기 시작했다. 그러다가 어느 날 조심스럽게 여쭈었다. 앞으로 스승께서 입적하시고 나면 다비를 해야 할 텐데, 사리舍利(죽은 사람의 유골)가 나오면 어떻게 모시면 좋겠느냐고. 석가모니는 이렇게 대답했다.

"너희들은 그 일에 지나치게 신경을 쓰지 말라. 수행자들은 모름지기 최고의 선善을 얻기 위해서 게으르지 말고 열심히 하려는 정근精勤에만 온 힘을 쏟아야 하느니라. 사리의 공양은 현자賢者들과 장자長者들이 근심하면 될 일이다."《대반열반경》

이 말에서 제자들이 자기의 죽음 때문에 자칫 수행에 전념하지 못할까 봐 염려하는 석가모니의 모습이 눈에 선하게 들어온다.

여든 살에 세상을 떠나자 제자들이 당시 습속에 따라 화장했는데, 그의 죽음은 단순한 죽음이 아니라 열반涅槃이고 입적入寂이며 또 해탈解脫이었기에 이를 불교계에서 다비茶毘라고 부르며 특별한 의미를 부여했다.

석가모니는 제자들과 신도들이 언제나 마음에 새겨야 할 만한 가르침을 남겨주고 떠났다. 그의 순수한 정신이 응고해 생긴 결정체 사리가 바로 그것이다. 사람들은 석가모니가 열반하여 부처로 승화했다고 믿

었기에 이를 불사리佛舍利라고 부르며 마치 생전의 그를 대하듯 각별하게 존숭하였다. 그러니 사리는 이미 이때부터 단순한 유골이 아니라 순수하고 숭고한 종교적 믿음의 대상이 되었다고 할 수 있다. 어쩌면 석가모니는 자신의 유골이 장차 불교를 발전시키는 데 큰 힘이 될 것이라고 생전에 이미 내다봤는지도 모르겠다.

제자들과 신도들이 스승의 사리를 스투파Stupa라고 하는 커다란 탑 안에 모신 것은, 사리를 보면서 이 같은 스승의 가르침을 자신들의 마음속에 깊이 새겨 오랫동안 잊지 않으려는 뜻이었을 것이다. 불사리를 통해 부처님을 추모하는 이런 마음은 이윽고 어느 순간 하나의 신앙으로 자리 잡았고, 이렇게 발전된 사리 신앙은 이후 불교가 인도를 넘어서 동아시아 전체로 뻗어나가는 데 있어서 커다란 원동력으로서 확고히 뿌리를 내리게 되었다.

그런데 석가모니 입적 직후 불사리를 모시는 과정이 순탄하게 흘러가지만은 않았다. 널리 알려진 이야기는 아니지만, 사리 신앙이 아니라 자칫 '사리 전쟁'이 되었을지도 몰랐을 사정이 숨어 있었다.

당시 인도 대륙은 지금처럼 한 나라가 아니라 말라Malla 족을 비롯해 여덟 개의 부족들이 서로 경쟁하고 있었다. 부족마다 사람들이 존경해 마지않는 석가모니 불덕佛德의 광채가 자신들의 땅에도 비추기를 바랐던 것이다. 그러던 중 쿠시나가라에 머무르던 석가모니가 열반했고 다비하고 나자 사리가 열여덟 말[一斛八斗]이나 나왔다는 소식이 전국에 퍼졌다. 그러자 나라마다 이를 독차지하기 위해 쿠시나가라로 군사를 출동시켰고, 그렇게 해서 여덟 나라가 한꺼번에 쿠시나가라로 몰려들었다. 이들은 불사리를 차지하

드로나가 여덟 나라에 고루 불사리를 나누어준 고사를 그린 〈사리단지를 들고 있는 드로나〉(키질 벽화 모사도)

기 위해서라면 전쟁도 불사하겠다며 서로 한 치 양보도 없이 대치하였다.

이렇게 일촉즉발의 위기가 고조되었을 때, 한 바라문婆羅門(고대 인도의 신분제도 중 최상층 승려 계급)이 중재에 나섰다. 그가 바로 드로나Droṇa이다. 한문 경전에는 이름이 향성香姓·성연姓烟 등으로 표기되었고, 현장玄奘의 《대당서역기大唐西域記》에는 직성直性이라고 나온다. 이런 경전에 석가모니의 열반을 전후해 어수선한 상황에서 다비하고 나온 사리를 두고서 벌였던 크고 작은 소동들이 생생히 묘사되어 있다. 그런데 경전마다 세부 묘사가 다 달라 이 모든 이야기를 한데 모아 한 가지로 정리하기 어려울 정도다. 그만큼 이 사건이 너무나 중대하고 드라마틱하게 벌어졌기 때문일 것이다. 여덟 나라를 설득해서 평화롭게 사리 분배를

사리 공양 장면을 새긴 통일신라 시대 돌기둥(국립경주박물관 소장)

주도한 드로나에 대해서도 여러 다른 설들이 나온다. 그래서 불사리가 분배되는 과정을 아주 섬세하고 정확하게 딱 하나로 구성하기는 어렵지만, 드로나라는 승려가 불사리를 분배하는 과정에서 중요한 역할을 한 것만은 분명한 것 같다. 이를 정리해서 알기 쉽도록 상황을 구성해 보면 다음과 같다.

드로나는 8국 대표들을 모아놓고 불사리를 골고루 나누자고 제안했다. 사실 한 나라가 불사리를 독차지하기는 어려웠던 상황이기에 이 제안은 여러 나라 모두 받아들일 수밖에 없는 현실적 해법이었다. 하지만 여전히 의심 섞인 눈길을 거두지 못한 그들 앞에서, 드로나는 자신이 미리 단지 안에 넣어 두었던 불사리를 하나씩 꺼내어 골고루 나누어주었다. 만족한 그들은 각자의 나라로 돌아가 탑을 세워 불사리를 봉안했다. 비록 한바탕 소동이 있기는 했지만, 결과적으로 이 덕에 불사리가 한 곳이 아니라 인도 전역으로 퍼지게 되었으니 전화위복이라 할 만했다. 이를 계기로 나라마다 사리 신앙이 한껏 고조되었고, 더 나아가 불교가 지역을 넘어서서 인도 전체에서 더욱 발전하게 되는 토대가 마련된 것이다. 이 이야기가 바로 유명한 석가모니의 사리를 여덟 등분 했다는 사리팔분舍利八分의 고사이자, 가장 처음 세워진 근본팔탑根本八塔의 유래이다.

그런데 앞서 소개한 이야기가 정설이라면, 역사에 으레 있기 마련인 이설異說도 있다. 불사리를 단지에 담을 때 드로나는 사람들 몰래 단지 안쪽 깊숙이 진한 꿀을 발라놓았다. 작은 사리 조각들이 꿀에 붙어 떨어지지 않게 하기 위해서였다. 사리를 하나하나 꺼내고 나중에는 단지를 뒤집어보기까지 하며 분배를 마친 다음, 드로나는 자기가 이 단지를 기념으로 가져도 되겠느냐고 물었을 때 반대하는 사람은 아무도 없었다. 빈 단지가 아니라 그 안에 꿀에 붙은 작은 사리 조각들이 남아 있었던 것을 알 리가 없었으니까. 드로나는 이 단지를 고향으로 갖고 와서 사리 조각들을 떼어내고 탑을 세워 봉안하였다. 이 탑이 곧 역사에 나오는 병탑甁塔이다. 만일 이게 사실이라면 최초 사리기舍利器는 꿀단지였다고 해야 할지도 모르겠다.

석가모니 열반 후 불사리를 처음 봉안한 이 일이 사람들에게 극적이고도 중요한 사건으로 여겨진 건 당연했다. 그래서 이후 불교와 관련한 벽화나 조각 등을 할 때 중요한 모티프가 되곤 하였다. 인도 키질 동굴 벽화에 그려진 〈사리팔분도〉와 〈사리단지를 들고 있는 드로나〉, 통일신라의 〈사리 공양 돌기둥〉 등 사리팔분을 소재로 한 사리 신앙에 관한 기념비적 작품들이 바로 그런 예들이다.

2,500여 년 전 석가모니의 가르침을 기본으로 한 불교가 이후 세계 종교로 발전한 데는 물론 사리 신앙 말고도 여러 가지 중요한 요소들이 작용했기 때문일 것이다. 예컨대 불경의 간행과 보급이 그것이다. 석가모니가 살아 있었을 때는 가르침을 직접 들을 수 있었지만, 열반한 뒤에는 그럴 수가 없었다. 그를 대신할 만큼 절대적 존경을 받는 스승도 없었으므로 구심점을 잃은 교단은 크게 흔들렸을 것이다. 물론 그런 혼돈은 일시적인 데 그쳤으니, 이후 고승 석학들이 석가모니의 가르침을 토대로 해서 불교 이론을 집대성한 불교 경전을 펴냄으로써 어

느 정도 해소될 수 있었다. 이렇게 성립된 불경佛經을 통해 지역과 시대의 제한을 넘어서서 많은 사람이 오랫동안 불교를 접하고 이해할 수 있었으므로 불교의 지속적 발전이 가능했다. 하지만 불경은 석가모니 입멸 후 100년이 지나서야 편찬되기 시작했으니, 그동안 공백은 어떻게 메울 수 있었던 것일까? 그 빈자리에 바로 사리 신앙이 있었다.

현대 과학이 눈부시게 발달하고, 탈종교의 시대라고 할 만큼 종교심이 옅어진 오늘날에야 유골에 정신적 가치를 투영하는 관점을 이해하지 못하겠다는 사람들도 있겠지만, 앞에서 말한 것처럼 사람의 정신은 남겨진 유골에 깃든다는 관념은 아주 오래 전부터 있어 왔던 일종의 풍속이었다. 하물며 석가모니처럼 만세의 스승으로 존경받던 사람의 유골은 분명 특별한 영험을 지니고 있다고 생각하며 '진신 사리眞身舍利'라고까지 부른 게 그다지 이상한 일은 아니다. 사리 신앙은 과학과 철학의 관점으로 분석할 대상이 아닌 것 같다.

이 같은 믿음 속에는 진신 사리는 석가모니의 분신이나 다름없기에 제자와 신도들은 책이 없어도 사리를 대하며 스승의 가르침대로 수행에 정진하며 의심 없는 마음을 유지할 수 있었다. 사실 성인을 추모하는 마음이 깊어지면 그가 죽은 뒤에도 그가 남긴 유골을 기리게 되고, 더 나아가서는 그를 불멸의 존재로 생각해 집단적으로 숭앙崇仰의 풍조로까지 이어졌던 현상은 동서고금이 마찬가지다. 서양에서는 이런 경향이 더욱 심해서 종교적 인물뿐만 아니라 각 방면에 유명한 사람들의 유골을 '수집蒐集'하는 데까지 이르기도 했다. 예를 들면 17세기 이탈리아의 유명한 과학자 갈릴레오 갈릴레이(1564~1642)의 지골指骨과 치아가 지금 이탈리아 피렌체 갈릴레오 박물관에 보관되어 있을 정도이니까.

당연한 말이지만, 사리는 사람이 죽은 다음에야 나온다. 하지만 그 사리로 인해 다시 새로운 믿음이 일어난다는 데 바로 사리 신앙의 묘리妙理가 있다. 생과 멸이 하나로 이어지는 원리가 바로 사리에 담겨 있는 것이다.

또 사리는 탑 안에 놓인다든지 해서 여간해서는 사람들에게 그 모습을 잘 보여주지 않는다. 어쩌면 보통 사람으로서는 딱 한 번만 볼 수밖에 없는 존재다. 하지만 영험하기에 꼭 필요한 때마다 어디선가 문득 나타나 사람들의 어려움을 풀어주고 희망을 던져주었다. 이렇게 최고의 덕이 있으나 자랑하지 않고, 화려함이 넘치나 함부로 보여주지 않는 것, 이처럼 단 한 번의 드러냄으로써 영원을 설파하는 은자隱者의 미덕이야말로 사리의 진정한 가치인 것 같다. 무엇보다, 부처님의 고귀한 말씀을 직접 듣지 못했던 후세 사람들도 불사리를 예경禮敬하면 마치 석가모니를 마주한 듯 실감 나서 신심이 저절로 우러나오게 되니, 이로써 불교가 영원히 이어질 수 있게 된 것이다.

종교가 발전하기 위해서는 반드시 논리 정연한 이론을 갖추어야 한다. 그런데 종교는 이론과 머리만 있으면 모든 면이 다 이해되는 영역이 아니다. 신앙의 실천적 행위 또는 지극한 간절함으로 인해 글이나 이론으로 설명될 수 없는 이적異蹟들을 경험할 때 비로소 차원 높은 믿음을 갖게 된다. 불교를 예로 든다면 사리 신앙이 바로 그것이다. 사리 출현의 이적을 허황한 일로 보는 사람도 있다. 그렇지만 "영험이나 응험은 불교가 다종다양한 문화나 관습을 가진 땅에 토착화하기 위하여 겪어야 했던 굴절된 현상이라 하더라도, 삶의 고단함에 빛을 던져준 소중한 유산으로 구비 혹은 기록으로 전승되어 온 역사적 유산이라는 점을 확인시켜준 것이다."라는 말도 음미할 만하다.

이렇듯 사리 신앙은 석가모니 열반 후 오랜 세월을 거치며 고목 마냥 갖가지 신기하고 재미있는 이야기들을 역사의 나이테에 아로새겨놓았다. 이 책에서 이런 사리 신앙의 모습과 흔적들을 이야기해 보려 한다.

2005년 동화사 대웅전 석가불상 복장에서 발견된 진신 사리 10과

불사리의 종류 : 진신 사리와 법신 사리

불사리를 가장 간결하게 정의하면 석가모니의 유신遺身이다. 그런데 불교가 발전하고 시대가 변하면서 이런 정의도 조금씩 달라졌다. 인격에서 신격으로 승격되는 과정이었다고 할 수 있다. 육신을 갖는 인간으로서의 석가모니에서, 입적 후 영원히 사라지지 않는 부처님으로서의 석가불을 같은 개념으로 인식하는 데에 어느 정도 시간이 필요했을 것이다. 이 글에서 '석가모니'와 '석가불'(혹은 석가부처님)을 혼용해 적는 이유도 시대에 따라 변화했던 당시 사람의 인식을 반영하려 했기 때문이다.

 불사리는 석가부처님의 신골身骨(혹은 유골遺骨 또는 영골靈骨)인 진신眞身 사리, 부처님의 가르침을 담은 불교 경전인 법신法身 사리 등으로 크게 구분된다. 또 진신 사리는 다시 전신全身 사리와 쇄신碎身 사리로 나뉜다. 전신 사리는 신골의 일부가 아닌, 말 그대로 몸 전체가 하나의 사리라는 뜻이다. 달리 육신肉身 사리라고도 한다. 부처님은 유골만이 아니라 그 자체로 하나의 사리라는 의미로, 어찌 보면 단순히 물리적 개념인 유골에서 벗어나 정신 그 자체를 숭고한 사리에 비견한 것이니 진일보한 사리 개념이라고 할 수 있을지 모른다. 예를 들어서 다보불多寶佛을 전신 사리라고 칭하는 것이 그것이다. 처음에 석가모니에서 비롯한 사리를 바라보는 인식이 나아가 불교의 고귀한 정신으로까지 확장한 예라고 할 수 있다.

개념을 축소해서, 석가모니가 열반한 뒤 다비를 하여 얻은 사리, 그러니까 낱알 상태로 된 사리를 쇄신 사리라고 한다(운허 용하,《불교사전》, 동국역경원, 1961). 보통 우리가 생각하는 사리가 바로 이것이다. 한편, 사리는 팔리어로 Śarīra인데 이는 전신 사리를 뜻하는 단어이고, 쇄신 사리는 따로 Dhātuya라고 불렀다는 견해도 있다(《망월불교대사전》〈사리〉, 1936).

그런데 《법원주림法苑珠林》〈인증부〉에는 《보살처태경菩薩處胎經》에 나오는 석가모니 설법을 인용하여, "모든 부처의 전신 사리는 땅 밑 금강 세계에 있다. 금강 국토의 두께는 84만억 리이다. 모든 부처의 몸을 빻아서 얻은 사리가 다 그 국토에 있다."라고 나온다. 이 말은 다시 말해서 전신 사리란 유골로서만이 아니라, 부처님의 순수한 정신과 가르침도 불사리처럼 소중하고 중요하다는 은유라고 볼 수 있다. 내가 생각하기에 이 말은 사리신앙의 근본 정신에 가장 부합하는 궁극의 사리관舍利觀이 아닐까 한다. 불사리가 상징하는 정신적, 신앙적 가치를 극대화했다고 할 만하다. 《보살처태경》의 원명은 《보살 종도솔천 강신모태 설광보경菩薩從兜術天降神母胎說廣普經》이다. 더 줄여서 《태경》이라고도 하며 365~384년 사이에 중국에서 번역되었다. 열반한 석가모니가 보살들의 부탁을 거듭 받고는 누워 있던 관에서 나와 인간으로서 마지막으로 대승大乘의 법을 설한 내용이 담겨 있다.

이렇듯 사리의 개념이 다양하게 변해 왔지만, 그런 의미에서 불교 경전을 진신 사리와 동격으로 여기는 '법신 사리'야말로 사리 신앙이 발전하는 과정에서 나온 가장 의미 있는 개념이라고 생각한다. 어떤 의미에

신라 양지 스님이 만들었다고 추정되는 〈연기법송〉 비석. 1974년 경주 석장사지에서 발견되었다.
(동국대학교박물관 소장)

서는 혁명적 새로운 사고思考였다고도 할 만하다. 법신 사리 개념이 성립한 덕에 불교 경전에 대한 대중의 관심이 큰 폭으로 높아졌고, 자연스레 불교 교리도 더욱 발전할 수 있었다. 사리 신앙을 한 차원 높인 법신 사리 개념의 성립 과정을 좀 더 자세히 알아본다.

불교 경전에는 석가모니의 가르침이 고스란히 담겼다. 그러므로 경전은 불신佛身과 마찬가지로 숭고하다는 인식이 법신 사리 개념의 핵심이다. 이런 생각이 정확히 언제부터 자리잡았다고 정확히 말하기는 어렵지만, 대략 412~472년 사이에 번역된 《금광명경金光明經》에 '오직 여여여여지如如如如智만이 있으니, 이것을 법신이라고 한다惟有如如如如智 是名法身.'라는 언급이 예사롭지 않다. 불신과 법신을 동일시한 관점이라서, 분명 법신 사리 개념이 성립하는 데에 중요 근거가 될 수 있었을 것이다. 사족을 달자면, '여여여여지'는 모든 장애를 없애고 모든 선법善法을 갖춘 상태를 말한다(이기영, 〈불신에 관한 연구〉, 1966).

법신 사리 개념은 이후 더욱 확장되어, 불교 경전뿐만 아니라 부처님

1965년 익산 왕궁리 오층석탑을 해체 수리할 때 발견한 사리장엄 중 금판 《금강경》. 불교 경전을 '법신 사리'라 하여 진신 사리와 동격으로 봉안했을 만큼 존숭되었다(국보 제123호).

의 의발衣鉢, 더 나아가 금·은·유리·수정·마노 같은 보석까지 그 범주 안에 넣게 되었다. 그래서 사리장엄에 사용된 보석은 단순한 보석이 아니라 '인조人造 사리'라고 표현하기도 했다. 다시 말해서 사리란 단순한 육신의 결정체가 아니라 진리 또는 불법을 나타내는 법신의 결정체로서 신앙될 수 있다는 관념이 보이기 시작했다고 할 수 있다.

그렇다면 중국과 우리나라에서 언제쯤 법신 사리 신앙이 구체적으로 드러나기 시작했을까?

7세기 후반 당나라의 현장玄奘(602~664)·의정義淨(635~713) 등 인도에 다녀왔던 이른바 구법승求法僧들이 현지에서 보고 들었던 사리 봉안의 사례나 유적들을 자신들의 여행기에 자세히 소개하였다. 또 돌아와서는 사리 신앙과 관련한 경전 등을 한문으로 번역함으로써 이후 중국에서도 새로운 풍습으로 자리 잡기 시작한 것 같다. 예를 들면 의정이 번역한 《욕불공덕경》에 "마땅히 사리를 공양해야 한다. 이에는 두 종류가 있으니, 하나는 신골 사리이고 다른 하나는 법송 사리이다當供養舍利 然

有二種 一者身骨舍利二者法頌舍利."라고 하여 〈연기법송緣起法頌〉이라는 경전 자체를 진신 사리와 거의 동등하다고 소개하고 있다. 이 같은 선구적 인식이 중국 불교계와 지식층에 사리 신앙의 개념을 넓히는 데 큰 역할을 했을 것이다. 우리나라에서도 〈연기법송〉은 일찍부터 중요하게 받아들여졌다. 그 예가 1974년 경주 석장사錫杖寺 터에서 발견한 탑상전塔像塼이다. 이 전돌에는 탑들과 함께 〈연기법송〉이 새겨져 있었다. 진신 사리를 모신 탑과, 석가모니의 가르침이 담긴 경전이 똑같이 중요하다는 법신 사리 신앙을 시각적으로 표현한 예라고 할 수 있다. 이 탑상전은 7세기 신라의 최고 조각가였던 양지良志의 작으로 추정된다.

현장보다 한 세대 뒤에 활동한 의정은 여기서 더 나아가, 《남해기귀내법전南海寄歸內法傳》에 "높이 5~6촌 되는 작은 탑을 조성하고 사경寫經한 경문을 안치하였는데, 이를 '법사리'라고 한다(作小窣堵波高五六寸 書寫經文 以置其中 謂之法舍利也)."라고 하여 법(신)사리라는 용어를 정확히 제시하였다. 이를 통해 중국 사람들은 인도에서부터 나온 법신 사리 개념을 충분히 이해했을 것이다.

　하지만 처음부터 바로 법신 사리가 크게 유행한 것 같지는 않다. 부처님의 가르침이 담긴 경전도 진신 사리 못지 않게 중요하다는 법신 사리의 개념은 이해는 하고 있어도, 실제로는 왕실과 귀족 계층을 중심으로 하여 감득感得과 감응感應 같이 진신 사리에서 나타나는 물리적 위력과 효험을 더욱 중요하게 생각했기 때문이다. 감득과 감응은 간절히 믿는 마음이 부처에게 닿아 바라던 바를 얻음을 말한다.

　법신 사리 개념은 사실 진신 사리의 부족에서 비롯하였을 가능성이 높다. 중국에 불교가 들어온 1세기부터 7세기까지는 불사리를 볼 수

익산 왕궁리 오층석탑(국보 제289호)
배경은 왕궁리유적 모형이다.

24

있는 기회는 왕실과 귀족 등 일부 계층에 허용되었기 때문이다. 그러다가 여러 가지 이유로 해서 차츰 불사리의 숫자가 많아지면서 자연스럽게 일반 사람에게도 불사리를 친견親見할 기회가 주어지기 시작했다. 그 뒤 사리 친견 행사가 대중화한 오대십국五代十國(당나라가 망하고 송나라가 들어선 907~960년까지 다섯 나라가 중원에서 흥망을 이어가던 시기) 이후부터 법신 사리 신앙이 전 계층으로 유행하기 시작한 것으로 보인다.

그에 비해서 우리나라는 사리 신앙이 토대를 잡자마자 법신 사리 개념도 함께 빠르게 퍼져나갔다. 석탑에서 발견된 사리장엄 유물로 볼 때 늦어도 8세기 초에는 법신 사리 신앙이 대중적으로 활발히 이뤄진 듯하다. 전체적으로 볼 때 중국보다 훨씬 빠르게 자리잡았다고 할 수 있다.

법신 사리의 개념으로 본다면 모든 경전이 다 이에 해당하겠으나, 우리나라에서는《무구정광대다라니경》이 압도적으로 애호되었다. 그 까닭은 뒤에서 좀 더 자세히 설명하겠다. 그 밖에《금강경》또는《반야경》계열의 경전도 법신 사리로 탑에 봉안되었다. 그 대표적 예가 1965년 발견된 전라북도 익산 왕궁리 오층석탑 사리장엄이다.

왕궁리 오층석탑에는 금판金板으로 된《금강경》19장과 더불어, 유리 사리병 안에 진신 사리 16매가 들어 있었다. 진신 사리와 법신 사리가 함께 봉안된 첫 사례일 것이다. 왕궁리 석탑은 탑의 양식으로 볼 때 통일신라 또는 고려 초로 추정되니, 사리 봉안도 같은 시기로 볼 수 있다. 그런데, 7세기에 중국에서 편찬된《관세음응험기》라는 기록에 백제 무왕이 제석사帝釋寺 목탑에다 유리 사리병과 함께《반야경》을 봉안했다는 이야기가 있다. 그래서 어떤 이는 왕궁리 석탑에서 발견된 금판《금강경》이 무왕이 봉안했다는 바로 그 반야경일 거라고 추정한다.《금강경》과 반야경 계열의 책은 서로 다른 경전이지만, 경전을 법신 사리로 탑에 봉안한데다가 유리 사리병도 함께 나온 게《관세음응험기》기록과 부합하기에《관세음응험기》내용이 1,400년 만에 실제로 확인되었

2019년 국립중앙박물관이 불교계로 기증한 불사리들. 왼쪽 위부터 시계방향 순으로 보령 성주사지(17과), 청양 도림사지 삼층석탑(1과), 전 남원사지(4과), 광주 서오층석탑(56과).

다는 것이다. 만약 그렇다면 우리나라 법신 사리 신앙의 역사가 7세기로 더 올라갈 수 있다. 앞으로 좀 더 연구해야 할 주제이다. 한편, 사리 16매 중 5매는 이듬해에 경상북도 영주 부석사 부근 절터에 있는 삼층석탑 2기를 부석사 경내로 옮길 때 탑 안에 분안分安하였고, 나머지는 왕궁리 오층석탑을 수리하고 나서 재봉안했다고 알려져 있다.

2019년 겨울, 전국 여러 박물관에 보관되던 불사리들이 불교계 품으로 되돌아갔다. 왕궁리 오층석탑 발굴 이후, 전국 각지 절터와 탑을 발굴 조사하는 과정에서 나온 사리는 특별한 연고가 없다면 그 지역의 국립박물관에 보관하는 게 관례였다. 그런데 사리는 사리장엄과 달리 문화재가 아니라서 등록할 수 없기에 과연 박물관에 그대로 두는 게 옳은가 하는 문제가 있었다. 그래서 조계종은 이 같은 불사리를 종교계에 돌려주어야 한다고 주장하였다. 조계종과 국립중앙박물관이 3년 동안 협의한 끝에 국립부여박물관, 국립광주박물관 등에서 보관하던 불사리들을 처음 발견된 지역 인근 사찰에 기증하는 걸로 협의가 되었다. 이에 따라 전傳남원사지에서 나온 불사리 4과는 근처인 진안 금당

사로 기증되었고, 그 밖에 공주 마곡사, 구례 화엄사, 순천 송광사에
도 해당 지역 박물관이 보관하던 불사리가 기증되었다. 이렇게 되돌아
간 불사리가 전부 82과나 되었다.

사실, 그 전에도 박물관으로부터 사리를 기증받은 일은 몇 번 있었
다. 2017년에 국립경주박물관이 경주 분황사 모전석탑에서 발견한 불
사리와 김시습 부도탑에서 나온 승사리 등 42과를 기증했었고, 2018년
에도 황룡사지, 감은사지에서 나왔던 7과가 국립박물관에 있다가 인근
사찰로 보내어져 재봉안된 적이 있었다. 그렇게 2019년까지 3년 사이에
모두 129과나 박물관 수장고에서 나와 사찰로 옮겨졌다. 이 사리들은
삼국시대부터 고려시대에 걸쳐 탑에 봉안되었던 불사리 중 일부에 지
나지 않는다. 실제로 우리나라에 불교가 들어온 이래 지금까지 얼마나
불사리가 모셔졌는지는 잘 가늠이 되지 않을 만큼 많았을 것이다.

사리 신앙으로 나타난 탑돌이

삼국시대 후기부터 불사리를 탑에 넣고 경배하는 방식이 일반화되었
다. 그런데 불교 전래 초기만 해도 궁이나 사찰에서 탑이 아니라 별도
건물 안에 불사리를 안치하는 일이 많았다. 그래서 수시로 이를 바라
보고 기도할 수 있는 사람은 왕, 왕족이나 고위 관리 또는 스님 등에만
국한되었다. 그러다가 사리 신앙이 대중화하자 여러 사람이 보고 경배
하기 위해서는 야외에 세우는 탑이 적합해 건탑建塔이 비약적으로 늘어
나게 된 것이다.

이렇게 야외 불탑이 늘어나면서 불사리를 경배하는 습속이 새롭게
나타났으니 바로 '탑돌이'이다. 탑 주위를 빙글빙글 돌며 기도하거나

소원을 비는 탑돌이 풍속이 한국, 중국, 일본 모두에 있었다.

그런데 우리나라에서는 7세기 초반만 해도 불사리가 아주 귀해 대중이 친견親見할 기회를 얻기가 무척 어려웠다. 불사리를 얻으려면 멀리 인도나 중국으로 가서 모셔와야 했는데, 중국에서는 불사리가 국외로 빠져나가는 걸 막는 분위기였기에 더 힘들었다. 그래도 고구려, 백제, 신라 등 삼국은 불사리를 얻기 위해 많은 힘을 쏟았다. 6~7세기에 중국에 다녀오는 사신의 중요한 임무 중 하나가 불사리 구득求得이었음은 다음 기록에도 나온다.

> "고구려, 백제, 신라의 사신이 각각 본국에 가져가서 탑을 세워 봉안할 수 있도록 사리 1매씩을 청하여, 황제께서 조서詔書를 내려 이를 모두 허락하였습니다."《광홍명집廣弘明集》, 〈경사리감응표慶舍利感應表〉)

《광홍명집》은 649년에 편찬되었고 앞의 내용은 601년에 있었던 일이다. 불사리 단 1매를 얻기 위해 삼국의 사신들이 중국 황제에게 간청해야 했던 7세기 초반의 형편이 잘 나온다. 이 무렵은 한마디로 불사리 얻기가 하늘에서 별을 따는 일마냥 힘들던 시기였다. 우리나라에서 7세기 이전에 세운 탑은 거의 볼 수 없는 까닭도 이와 무관하지 않을 것이다. 물론 탑이 그만큼 오래되어서 남아 있지 않은 탓이 크겠지만, 불사리 자체를 얻기 어려웠던 이유도 작지 않았다고 생각된다.

하지만 그로부터 30여 년이 지나 640~650년대가 되자 분위기가 일변했다. 백제와 신라 양국 왕실이나 지도층에서 모두 사리 신앙이 불교 발전에 중요한 역할을 한다고 여기게 되었고, 이에 따라 대중에게 사리 신앙을 전파하려는 움직임도 적극적으로 나타나기 시작했다. 백제에서는 무왕武王(재위 600~641)이 익산益山 지역을 무대로 하여 제석사·왕궁사·미륵사 등을 잇달아 창건하며 불사리 경배를 강조함으로써 대중의

경주 황룡사 복원 모형과 황룡사지(아래). 자장 스님이 중국에서 가져온 불사리를 황룡사에 처음 봉안함으로써 사리 신앙이 대중화하였다. 당시 경주 도심에 자리했던 황룡사를 중심으로 《삼국유사》에 묘사된 '사사성장 탑탑안행'의 장관이 펼쳐졌다.

관심을 모았다. 신라도 역시 비슷한 시기에 자장 스님이 중국 당나라로부터 모셔 온 사리 100과를 선덕여왕의 적극적 후원을 받아 전국 각지에 탑을 세우고 봉안함으로써 사리 신앙이 급속도로 전파되었다.

삼국 모두 국가 발전의 중요한 시기에 불교를 강력한 동력으로 삼았음은 잘 알려진 사실이다. 불교 교리에 담긴 수준 높은 이상과 철학 그리고 문화를 접하며 사람들의 인지가 높아졌고 그에 따라 문화와 문명 발달이 촉진되었다. 부수적으로도 외국(인도·중국 등)에서 들어온 불교를 통해 국제적 안목을 키운 것도 국력 신장에 도움이 되었을 것이다.

그렇다면 불교를 통해 급격한 발전을 이루고 있던 이런 사회 분위기 속에서 사리 신앙이 종교적 경건함 외에 또 다른 특별한 의미를 준 건 없었을까? 문헌으로 증명할 수는 없으나, 불교사를 바탕으로 한 인문학적 직관으로 이를 살필 수 있다. 한 마디로 대중의 결집을 끌어낸 핵심 동력 중 하나가 바로 사리 신앙이었다. 또 삼국 중 신라에서 이런 흐름이 가장 두드러졌고, 결과도 성공적이었다. 중국과 맞설 만큼 강성했던 고구려와 문화강국 백제를 누르고 통일 전쟁에서 최종 승리자가 되는데 불과 30년밖에 안 걸렸을 만큼 경이적 국력 신장을 이룬 데는 불교에 힘입은 바가 컸는데, 그 중심축의 하나가 바로 사리 신앙이었다.

통일은 오랫동안 이어진 삼국 간의 극심한 대립을 종식했다. 한편으론 사회 여러 방면에서 이전과는 다른 변화를 가져왔다. 사리 신앙 면에서 보면 탑이 대폭 증가하였고, 이와 더불어 탑돌이 행사가 대중화했다는 두 가지 현상을 짚어볼 수 있다.

먼저, 절과 탑이 대폭 증가한 상황은, "절들이 별처럼 벌려 있고 탑들이 기러기처럼 늘어서 있네(寺寺星張 塔塔雁行)"라는 시구에 또렷하게 드러나 있다《삼국유사》〈흥법〉조). 이 시에 묘사된 경주의 시간적 배경은 대

평창 월정사 탑돌이. 탑돌이는 삼국시대에 사리 신앙이 민간에 보편화하면서 나타났고, 고려시대에 와서 하나의 민속으로 자리잡은 듯하다. 주요 사찰에는 탑돌이 행사가 정례화해 '법주사 팔상전 탑돌이', '충주 중앙탑 탑돌이', '통도사 탑돌이', '만복사 탑돌이' 등이 전하며, 특히 월정사 탑돌이는 강원도 무형문화재로 지정되기도 했다.

략 8~9세기다. 절이 많았다는 건 그만큼 불교가 사람들의 일상과 밀접했다는 의미이고, 탑이 많았다는 이야기는 불사리를 신앙하는 믿음이 대중의 마음속에 깊숙이 자리 잡았다는 뜻일 것이다. 탑은 불사리를 봉안하기 마련이므로, 탑이 대폭 증가한 것은 불사리를 얻는 방식과 경로가 이전보다 훨씬 다양해졌음을 의미한다.

아쉽게도 우리나라에는 신라 사람들이 어떻게 인도나 중국에서 불사리를 모셔왔는지에 대한 자세한 기록이 거의 전하지 않는다. 반면에 중국은 6~7세기에 주로 인도 구법승을 통해 불사리를 얻어왔다는 기록이 비교적 풍부하다. 중국 역시 불사리에 대한 수요가 폭발적으로 증가한 시기였기에 불사리가 자기 나라에서 벗어나 주변 국가로 나가는 걸 엄격히 제한했다. 그런데 중국을 통일한 당나라는 통일신라나 왜倭

(지금의 일본)와 교류하는 데에 꽤 적극적이어서, 이때 불사리가 외교적으로 활용되었을 가능성이 크다. 다시 말해서 삼국시대에 불사리는 왕실 전유물처럼 인식되어, 이를 실견할 수 있는 계층은 아주 제한되어 있었을 것이다. 그러다가 삼국시대 후반부터 본격적으로 일어났던 사리 신앙 열풍에 따라 사찰이나 민간에서도 적극적으로 불사리를 모시게 되면서 탑의 건립도 급증했던 게 아닌가 한다. 다음의 문장에서도 그런 상황이 잘 드러나 있다.

> "육왕育王(인도의 아소카왕)이 귀신의 무리에게 명하여 매양 9억 명이 사는 곳마다 탑 하나씩 세우게 하여 염부계閻浮界 안에 84,000기를 큰 바위 가운데 숨겨두었다 한다. 지금 곳곳마다 상서가 나타남이 한둘이 아님은 이 때문이다. 진신 사리의 감응은 참으로 헤아리기 어렵구나."
> 育王命鬼徒 每於九億人居地 立一塔 如是起八萬四千於閻浮界內 藏於巨石中 今處處有現瑞非一 蓋眞身舍利 感應難思矣 (《삼국유사》〈탑상〉〈요동성육왕탑〉)

어떻게 보면 환상적이고 몽환적 묘사이지만, 신라에 탑들이 얼마나 많이 세워졌는지, 또 그와 함께 사리 신앙이 민간에 얼마나 널리 퍼졌는지를 이해하는 데 충분한 문헌자료인 것 같다.

'탑돌이' 역시 사리 신앙이 만들어낸 이 시대에 유행한 문화 현상이었다. 탑돌이 자체는 인도에서 석가모니 입멸 후 시작되었으니, 퍽 오래된 습속이다. 《화엄경》, 《사분율》 등 경전에도 탑돌이 의식이 나온다. 우리나라에서는 지금까지 《삼국유사》〈김현감호金現感虎〉에 나오는, 8세기 후반 경주 흥륜사 탑돌이 행사에서 만난 두 남녀의 사랑 이야기가 최초의 탑돌이 관련 기록이라고 본다.

하지만 같은 책 〈의상전교義湘傳敎〉에 나오는, 654년에 의상 스님이

의상 스님이 탑을 딛고 꼭대기에 올라 탑돌이를 했다는 경주 황복사 터. 현재 의상 스님이 올랐던 목탑지 발굴이 한창이다. 아래는 경주 황복사지 삼층석탑(국보 제37호).

경주 황복사에서 '허공을 밟고 올라가 탑을 돌았다.'라는 이야기야말로 가장 오래된 탑돌이 기록으로 봐야 할 것 같다. 2019년 황복사지 발굴 조사에서 7세기의 쌍탑 목탑 터가 발견되어 이 설화 같은 이야기에 대한 믿음을 높여주었다. 황복사는 의상 스님이 머물렀던 사찰인데, 목탑이라면 건축 구조상 탑신塔身마다 지붕이 놓이기 때문에 '허공을 밟고' 올라가 그 꼭대기에서 탑돌이를 할 수도 있었을 것이기에 〈의상전교〉에 나오는 이야기가 어느 정도는 사실에 기반한다고 볼 수 있다. 그렇다면, 사리 신앙이 전국에 유행한 시기를 7세기 후반에서 8세기 초반으로 보려는 주장과도 맥락이 닿는다.

탑돌이는 탑보다는 탑 안에 봉안된 불사리에 대한 예경이다. 탑돌이를 한 번 할 때마다 부처님을 직접 뵈었다는 뿌듯한 마음이 한 겹씩 쌓였을 것이다. 이렇게 사리 신앙이 유행함에 따라 탑을 많이 세우기 시작했고, 또 사리를 경배하는 마음에 탑돌이가 전국적으로 유행했던 것은 불사리에 대한 대중들의 간절한 열망이 신라에 새롭게 등장한 풍속도였다.

2 장

탑과 사리 신앙

탑을 세우는 공덕과 불정골 이야기

건탑建塔의 공덕

경전經典과 사리 신앙은 중국이나 일본, 우리나라 모두 불교가 대중화하는 데 큰 역할을 했던 두 축이었다. 경전은 석가모니 말씀과 그 제자들 이야기들을 생생히 전해줌으로써 후대 사람이 불교의 정수를 이해하고 공부하는 데에 기본 바탕이 되었다. 종교가 성립하고 발전하기 위해서는 교리의 습득과 이해가 중요하다. 그렇지만 이론만 가지고는 안 되고, 믿음에 따른 행위인 가르침을 무조건 따르겠다는 절대적 믿음도 필요하다. 그런 면에서 사리 신앙이야말로 불교 발전에 절대적이었다고 할 만하다. 사찰에 가면 누구나 탑에 봉안한 석가모니 사리를 통해 그 진신眞身을 직접 배관할 수 있었고, 이를 통해 신앙이 더욱 두터워졌기 때문이다.

오늘날 사람들은 불교 신도가 아니더라도 탑의 신앙적, 문화재적 의미와 가치를 이해한다. 옛날부터 지금까지 오랜 시간 동안 연구된 지식이 전해져 온 덕분이다. 그런데 불교가 처음 성립되기 시작할 무렵의 사람들은 그렇지 못했던 것 같다. 석가모니가 제자들에게 "사리가

있으면 탑이라고 하고, 사리가 없으면 지제支提라고 한다.”《법원주림》라며, 지금 보면 아주 기본적인 지식을 상세히 알려주기도 했기 때문이다. 탑에는 반드시 사리가 봉안되어야 한다고 가르쳐줘야 할 정도로 당시에는 탑을 눈앞에 두고도 그게 무엇인지 잘 모르는 사람이 많았던 모양이다. 사실 오늘날 보더라도 석가모니의 이 말은 탑을 가장 분명하게 정의定義했다고 할 수 있다. 석가모니는 여기에 그치지 않고 제자들에게 탑을 세우면 어떤 공덕이 있는지도 설명해주었다.

“만약 어떤 사람이 여래가 태어나고 법륜을 굴린 곳에 큰 탑을 세우면 큰 공덕이 된다. 또 어떤 사람이 작은 돌을 가져다가 탑을 만든다면 그 복 또한 큰 탑을 만든 것이나 똑같다. 둘 다 존중해야 할 일이기 때문이다.”《비바사론》

이후 불교도들에게 탑은 경배와 존숭의 대상이 되었고, 석가모니 입멸 후에도 건탑建塔이 계속 이어져 나갔다. 나아가 어느 지역에서 불교가 훌륭히 전파되었는지 아닌지에 대한 상징이 되거나 또는 불교 전법傳法 활동의 이정표와 같은 존재로도 여기게 되었다.

중국에서 아직 불탑 건립이 그다지 활발하지 못했던 불교 발전 초기에 인도에 갔던 중국 스님들은 특히 불탑들을 예의주시해서 보았다. 중국 동진東晉의 고승 법현法顯(337~422)도 그랬다. 그는 장안에서 출발해 신장 타림 분지의 남쪽 기슭과 쿤룬崑崙산맥의 북쪽 기슭 지역에 있던 호탄和田(우전于闐) 왕국을 거쳐 6년 만에 굽타시대 인도에 닿은 뒤, 다시 8년 동안 석가모니가 태어났던 왕사성王舍城 등 숱한 불교 유적을 답사했다. 귀국해서 이 대여정을 《불국기佛國記》에 자세히 기록했는데, 탑에 대해서 이렇게 묘사했다.

"카필라성에는 석가모니의 아버지 백정반왕白淨飯王이 살던 고궁故宮이 있다. 후대 사람이 석가모니가 출가한 곳, 출가 후 돌아와 부왕을 알현하던 곳 등에 각각 탑을 세워 그 사실을 표시하였다. …… 석가모니가 열반한 이후로 오직 사대탑四大塔을 세운 곳에만 불법佛法이 이어졌다. 사대탑이란 부처님이 태어난 곳[佛生處], 도를 깨친 곳[得道處], 교법을 설하던 곳[轉法輪處], 열반한 곳[泥洹處] 등에 세워진 탑이다."

법현이 불탑이 세워진 위치를 이렇게 자세하게 설명한 이유는 불탑이 있어야만 부처님의 법과 가르침이 제대로 전하는 곳이라고 여겼기 때문이다.

중국 사람들이 인도 탑에 대해 깊은 인상을 받은 건 이 같은 건탑의 의미를 소중하게 받아들여서이기도 하지만, 한편으론 탑을 세우는 일 자체가 그만큼 매우 어렵다는 뜻이기도 하다. 불상이나 불화를 조성하는 것도 역시 쉬운 일은 아니지만, 귀하고 귀한 인연 덕에 불사리를 얻어서 거대한 탑 안에 모시는 건 정말 보통의 원력으로 될 일이 아니었기 때문이다.

고귀하게 여겼던 불정골 사리

수량이 물리적으로 한정된데다가 구하는 일 자체가 지극히 어려운 불사리인데 어떻게 세상 모든 탑마다 불사리가 봉안될 수 있었는지 의구심이 일어날 만도 하다. 탑에 봉안된 사리가 진짜 불사리인지 아닌지 궁금해하는 건 어쩌면 인지상정일 수 있다. 중국에 그에 관련한 흥미로운 고사가 전한다.

지금의 산시성 시안西安은 옛날에 서경西京이었는데, 이곳 곡지曲池 부근에 수隋나라 양제煬帝(569~618)가 지은 일엄사日嚴寺가 있었다. 양제가 아직 천하를 통일하기 전 한창 세력을 뻗쳐나갈 때에, 사람들의 존경도 얻고 자신의 위세도 과시하고자 일엄사에 불사리를 봉안하고자 하

2008년 장간사 탑지에서 발견된 금제 사리기. 중국 오월의 왕 전홍숙이 전국에 봉안한 아육왕탑의 전형적 형태이다. 안에 불정골 사리가 봉안되었다.

였다. 그런데 그보다 훨씬 전에 난징南京 금릉金陵(춘추시대 난징의 옛 이름)의 장간사長干寺에는 인도 아소카왕이 보내온 불사리가 보관되어 있었

다. 양제는 새로 불사리를 얻기가 마땅치 않았는지 명을 내려 이런 이야기가 전하는 장간사의 탑에서 불사리를 꺼내와 일엄사의 탑에 봉안하게 했다. 하지만 그로부터 얼마 안 되어 장간사가 자리한 강남(지금의 장쑤성) 지역의 쉰 명이 넘는 스님들이 이구동성으로 양제가 가져간 사리는 그 옛날 아육왕이 보낸 불사리가 아니라고 말하기 시작했다. 사백 년 전 불사리를 봉안했을 때는 탑이 아니라 절에다 별도로 보관한 것이니 지금 탑에서 가져간 것은 아육왕 불사리는 아니라는 것이다. 그러자 강남은 물론이고 서경 일대까지 '그렇다면 일엄사에 묻은 불사리는 가짜인가?' 하는 의혹이 퍼지며 민심이 술렁거렸다. 하지만 진실 여부는 가려진 채 세월이 지나면서 그대로 잊혀버렸다.

이 흥미로운 이야기는 7세기에 편찬된 불교 백과전서 《법원주림法苑珠林》에 전하는데 여간 흥미로운 게 아니다. 장간사 스님들이 없는 소리

를 했을 것 같지는 않지만, 양제가 소중한 진신 사리를 장간사에서 일엄사로 옮기면서 옛날 불사리인지 아닌지 제대로 사실 확인을 안 했을 리가 없지 않은가. 그렇다면 그저 장간사 스님들이 자기 지역의 지엄한 보배가 다른 데로 옮겨진 데 대해 늘어놓은 불만에 불과했던 것일까?

그로부터 1,400년이 지나 최근에야 어느 정도 진실이 밝혀졌다. 2008년 난징박물관이 대보은사大報恩寺 발굴을 하다 옛 장간사 탑지로 추정되는 유적까지 손길이 닿았고, 여기서 칠보탑七寶塔 하나를 발견한 것이다. 칠보탑 안

장간사 탑지 금제 사리기에 봉안된 불정골 사리. 2010년 중국 난징박물관에서 공개되었다.

에는 관 형태의 은제 상자에 넣어진 금제 사리함이, 그리고 그 안에서 어른 엄지손톱 2~3배 크기의 사리가 나왔다. 사리함에 '佛頂眞骨', '感應舍利十顆'라는 글자들이 새겨져 있어서 이것이야말로 아육왕이 보낸 불정골 사리일 것으로 추정되었다. 다시 말해서 옛날 양제가 일엄사로 가져간 불사리는 적어도 아육왕 불사리는 아닐 가능성이 커진 셈이다. 그 옛날 처음부터 이를 의심했던 장간사 스님들의 말이 옳았던 것 같다.

그런데 당시에는 불사리 중에서도 불정골 사리를 좀 더 귀하게 여겼던 듯하다. 예컨대 법현法顯 스님이 지은 《불국기佛國記》에는 북인도 구시나갈라국拘尸那揭羅國 혜라성에 석가모니 정골을 봉안한 불정골정사佛頂骨精舍가 있는데 매일 새벽마다 이를 꺼내 정사 밖 고좌高座 위에 안치하여 국왕이 참배하도록 하였음을 보아도 알 수 있다. 또 불정골을 놓아두는 대좌는 아래가 둥글게 생긴 칠보이고, 그 위를 종鍾 모양 유리로 덮은 형태였다고 한다.

앞의 이야기로 다시 돌아가서, 장간사 불사리, 곧 대보은사에서 나온 불사리와 사리장엄은 2010년 난징박물관에서 공개했다. 그런데 당시 신화통신 등 중국 언론에서 이를 역사상 유일한 불정골 사리라고 보도했다. 과연 그럴까?

신라 자장慈藏(590~658) 스님이 중국에서 공부하고 귀국하면서 대장경과 불사리를 모셔왔음은 《삼국유사》에 나오는 잘 알려진 이야기다. 이 불사리를 경주 황룡사를 비롯해 양산 통도사, 울산 태화사 등에 나누어 봉안했는데, 그중 불정골을 강원도 정선 정암사淨巖寺 석탑, 일명 수마노탑에 봉안했다(〈갈래사 사적기〉). 그러니까 수 양제가 봉안한 사리가 역사에 등장하는 하나밖에 없는 불정골 사리는 아니었고, 우리나라에서도 진즉 불정골을 모셨던 적이 있었다. 아마도 중국 언론이 이 같은 자장 스님의 행적을 알았다면 장간사 사리가 '역사상 유일한' 불정골이라고 말하지는 못했을 것 같다.

일찍이 조선 후기의 저명한 학자이며 서예가 추사 김정희金正喜(1786~1856)는 불정골에 대해 이렇게 설명했다.

"대체로 사리가 중국에 들어와 우리나라에까지 온 건 제불諸佛의 사리가 많았기 때문이니, 모두 석가의 사리만은 아닐 것이다. 불정골佛頂骨 또한 중국에 흘러들어가 우리나라에까지 왔다. 오천축 안에 불정골이 한둘이 아니었을 테니, 어찌 석가의 정골만 있었다고 할 수 있겠는가?"
大抵 舍利之入中國 至於東來者 諸佛舍利亦多有之 未必是釋迦也 如佛頂骨 又流入中國而至於東來 五天竺內之佛頂骨者 又非一二 是豈可盡以釋迦頂骨當之耶 《완당전집》〈천축고天竺攷〉

석가모니 외에도 부처가 많으니 불사리도 그만큼 많을 것이고, 따라서 여러 부처 모두 불정골 사리를 남겼을 거라는 이야기다. 그리고 그 중 하나의 불정골이 우리나라에도 들어왔다고 단호하게 말한 것이다. 다만 추사가 그렇게 생각한 데 대한 근거를 분명하게 들어주지 않은 건 아쉽다. 그렇기는 해도, 금석학 및 훈고학 등에 조예가 깊었던 그였기에 그의 말에 믿음이 간다. 그 옛날부터 셀 수 없이 많았던 불탑에 봉안되었을 불사리가 어떻게 그리 많을 수 있을까 하는 우리의 의문을 추사가 다 알고 있었다는 듯 미리 대답해준 것 같다.

덧붙이자면, 불정골과 불정도량佛頂道場은 글자는 비슷하지만 서로 연관 없는 말이다. 불정도량은 《불정존승다라니경佛頂尊勝陀羅尼經》을 외우며 재액을 없애고 복을 비는 의식으로, 고려시대에 많이 유행했었다〈〈다라니 신앙의 유행〉 참조).

법신 사리로 봉안된 다라니경과 보협인경

다라니경이 유행한 까닭

사람들이 탑 앞에서 예경禮敬을 지극히 드리는 까닭은 그 안에 불사리가 봉안되어 있기 때문이다. 불교국가마다 오랜 세월에 걸쳐서 온 누리에 숱한 탑이 세워진 것도 결국 사리를 신앙하는 믿음을 탑이라는 형태로 나타낸 것과 다름없다. 불사리를 공경하는 일, 다시 말해서 탑을 세우는 공덕은 헤아릴 수 없을 만큼 무량無量하다는 이야기는 거의 모든 불교 경전마다 빠짐없이 강조되곤 했다. 예를 들면 4세기 이후에 등장한 다라니경 계열 경전마다 탑을 세우는 조탑造塔의 공덕을 아주 중요하게 다루고 있다.

본래 '다라니'란 지혜, 삼매三昧(순수한 집중을 통하여 마음이 고요해진 상태로 불교 수행의 이상적인 경지) 또는 진언眞言(산스크리트어 음을 외는 일종의 주문) 등을 두루 가리키는 용어이다. 한자로는 총지總持·능지能持·능차能遮라고 번역한다. 그런데 다라니 경전에는 이 삼매와 더불어 불사리를 경배하는 공덕도 큰 비중으로 언급되어 있어서 다라니경이 곧 사리 신앙의 성전聖典 역할도 하게 된 것이다.

그렇다면, 우리나라에서 다라니경이 유행했던 배경은 무엇일까? 8세기부터 10세기 초반은 불교가 양적 팽창을 이루던 시기였다. 때마침 크게 유행한 선종禪宗의 영향으로 도심에서 벗어나 산중에 세워지는 사찰들이 급증했고, 사리 신앙이 유행하기 시작하면서 건탑이 활발히 이뤄졌다. 탑에는 불사리가 봉안되어야 하는데, 진신 사리만으로는 그런 추세를 맞추기 어려웠을 것이다. 이런 까닭에 진신 사리 대신 다라니경이 법신 사리로 봉안되는 일이 많아졌다. 탑 안에 따로 소탑이 넣어진 것을 다라니 신앙의 영향이라고 볼 때, 앞에서 든 불국사 삼층석탑과

불국사 석가탑(국보 제21호)

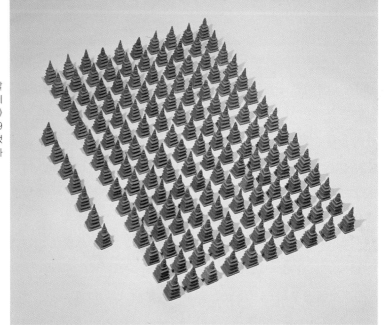

해인사 길상탑에서 발견된 소탑. 895년에 《무구정광대다라니경》을 소탑小塔 77기와 99기에 각각 넣어 봉안했다. 현재 157기가 남아 있다.

해인사 길상탑
(일주문 앞 삼층석탑)

해인사 삼층석탑 외에도 경상북도 봉화 서동리 동삼층석탑(8세기), 대구 동화사 금당암 서탑(9세기), 강원도 양양 선림원지 삼층석탑(9세기), 충청남도 공주 수원사지 삼층석탑(10세기. 현재는 폐탑廢塔), 경상남도 함양 승안사지 삼층석탑(10세기) 등이 전국 각지에 잇달아 세워졌다. 이처럼 다라니경을 탑 안에 봉안한 탑이 신라와 고려 초 사이 전국 각지에 보이니, 당시 성행했던 다라니 신앙의 모습을 짐작할 수 있다.

다라니 신앙의 행위가 좀 더 분명하게 보이는 유물은 895년 경상남도 합천 해인사海印寺 현 일주문 앞 삼층석탑, 일명 길상탑吉祥塔이다. 1966년 탑내 유물이 세상에 모습을 드러냈을 때, 다라니경 99기와 77기씩 따로 봉안되어 있었다. 이 소탑小塔들이 다라니경의 정신에 근거해 조성된 것임이 함께 발견된 벽돌에 새겨진 탑지塔誌, 탑을 세운 유래를 적은 글인 〈길상탑중법침기吉祥塔中法睒記〉에 잘 나와 있다. 여기서 '법침法睒'이란 곧 '법보法寶'이니, 이 글 제목은 '길상탑에 법보를 안치한 기록'이라는 뜻이다. 법보인 법신 사리를 탑에 봉안했다는 명확한 선언인 셈이다. 요즘 경전이나 불교에 관한 훌륭한 책을 가리켜 '법보'라고 부르는 것과 같다.

다라니 계열의 경전들

다라니 계열 경전은 종류가 많은데, 그 중《무구정광대다라니경無垢淨光大陀羅尼經》은 다라니의 유래와 의의 등의 내용을 담아 한 권으로 완성된 체제를 갖추고 있다. 그 외에 〈대불정다라니大佛頂陀羅尼〉, 〈천수다라니千手陀羅尼〉, 〈소재길상다라니消災吉祥陀羅尼〉, 〈관세음보살모다라니〉, 〈준제주準提呪〉, 〈능엄주〉 등처럼 다라니 주문 자체가 강조된 비교적 짧은 형태의 다라니도 많다. 어느 하나를 특정해서 말하는 게 아니고 다종다양한 다라니 경전들을 두루 가리킬 때는 그냥 '다라니경'이라 한다.

탑을 쌓아 공양하면 개인과 국가 모두 복을 받는다는 이야기가 가장 구체적으로 나오는 책이 《무구정광대다라니경》이다. 한 바라문(수행자)이 자기가 7일 뒤에 죽어서 16군데 지옥마다 떨어질 운명인 걸 알았다. 슬퍼하는 그를 위해 석가모니가, 만일 다라니를 일곱 번 외우고 다라니경을 탑에 넣으면 극락세계에 태어날 것이라고 설법하면서 불탑 조성 공덕에 관한 이야기가 시작된다. 그리고 이어서, 다른 사람들도 다라니경 77본本을 베끼고 그 다라니를 77편 외운 뒤, 작은 토탑土塔 77기마다 하나씩 공양한 다음 사리탑을 77번 돌면 그 공덕으로 인해 수명이 연장되고 모든 업장이 사라지며, 영원히 삼악도三惡道에서 벗어나 새로 태어나는 곳마다 모든 부처님을 만나게 될 것이라고 하며 설법을 맺었다. 혹은 77기가 아니라 99기를 조성해야 한다고 나오는 다라니경도 있다. 이 이야기는 실제로 사람들에게 많은 영향을 주게 되어 다라니 신앙이 발전하는 데 밑바탕이 되었다.

무구정광대다라니경과 보협인다라니경

1966년 10월 경주 불국사 삼층석탑, 곧 석가탑의 보수 도중에 751년경에 만들어진 《무구정광대다라니경》이 탑 안에서 발견되었다. 그 밖에 오랜 시간 탑 안에 있느라 이미 상당히 상해버린 종이뭉치도 있었는데, 최근 그것이 《보협인다라니경》임이 확인되었다. 이 경전이 탑신부 2층

《무구정광대다라니경》(불국사 석가탑 출토, 폭 6.7cm/길이 622.8cm)

사리공에서 발견되었을 때는 먹 글자 일부만 겨우 보였을 뿐 무슨 내
용인지도 알지 못했다. 오랜 세월 동안 대부분 삭아 없어진데다가 남은
조각들마저 뭉치 상태로 엉겨 있었기 때문이다. 기술이 없어서 그대로
보관하고 있다가, 근래에 과학기술을 동원해 분석되기 시작해, 2007년
에 그 조사 내용이 발표되었다. 그에 따라 '安置如是(이처럼 안치한다)'라고
적힌 글자들이 새로 확인되어 이 종이 뭉치가 바로《보협인다라니경》임
이 밝혀졌다.《보협인다라니경》에 나오
는 '書寫此經置塔中(이 경전[보협인다라니경]을
베껴서 탑에 안치한다)'이라는 구절과 일치
하여 그렇게 추정할 수 있었다.

그런데 어째서 한 탑 안에《무구정광
대다라니경》과《보협인다라니경》이 함
께 봉안되었던 것일까? 전자는 석탑을
처음 세웠던 8세기에, 후자는 고려 초
석탑을 보수할 때 넣었으니 둘 사이에
약 300년의 시차가 있다. 탑을 세운 지
300년 뒤에 탑을 보수할 때 처음 봉안
했던 사리장엄을 그대로 두고 별도로
사리장엄을 추가했다고 볼 수 있다. 따
라서 탑에 봉안하는 다라니경이 통일
신라에서는《무구정광대다라니경》이
대세였다가 고려로 오면서《보협인다
라니경》으로 바뀌었던 변화를 알 수

보협인석탑.《보협인다라니경》을 법신 사리로 봉안하였
다. 고려시대에 보협인경이 유행했음을 보여주는 실물
자료다(동국대학교박물관 소장).

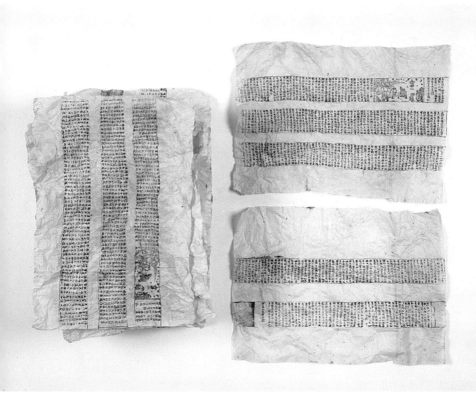

안동 보광사 목조관음보살상 복장유물 「보협인다라니경」(보물 제1571호)

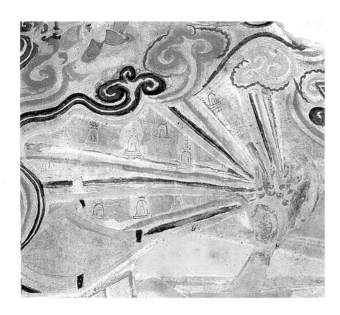

아육왕의 팔만 사천 건탑 설화가 전하는 막고굴 98굴 벽화

있다.

772년 인도의 불공不空(705~774)이 번역한 《보협인 다라니경》의 정식 이름은 《일체여래심비밀전신사리 보협인다라니경一切如來心秘密全身舍利寶篋印陀羅尼經》이다. '모든 부처님 마음의 비밀이 전하는 전신全身 사

리가 담긴 보물 상자 같은 경전'이라는 뜻이며, 줄여서 《전신사리경》이라고 한다. 다라니를 간행하여 불탑에 공양하면 개인과 국가 모두 복을 받는다는 믿음이 주제임은 《무구정광대다라니경》과 비슷하다. 그런데 다라니경 77본 혹은 99본을 반드시 그 숫자대로 탑마다 넣어야 한다는 규정이 없어서, 대중으로서는 봉안에 들어갈 공력과 비용이 좀 쉬운 면이 있었다. 다라니신앙이 고려에서 좀 더 대중화한 원인 중 하나였을 것이다.

우리나라에서 가장 오래된 《보협인다라니경》은 고려 1007년에 개성 총지사總持寺에서 목판으로 간행한 책이다. 이 경전은 2007년 안동 보광사 목조관음보살상을 수리할 때 복장腹藏(불상과 불화 내부에 안치하는 사리·보화·경전 등의 물품)으로 발견되었다. 탑이 아닌 불상에 봉안되었으며, 불국사 보협인경이 필사본인 것과 달리 목판본이라는 특징이 있다. 이 다라니와 같은 판본으로 일본 도쿄박물관본, 김완섭 소장본, 그리고 월정사본 등이 있다. 김완섭 소장본은 도난당했고, 월정사본은 아직 보존처리 중이라 지금까지는 보광사 보협인경이 온전한 유일본인 셈이다.

《보협인경》이 봉안된 탑을 보협인탑이라고 하는데, 이를 처음 세운 사람은 중국 오월吳越의 국왕 전홍숙錢弘俶(948~978)이다. 실제의 삶도 인도 아육왕과 흡사했던 그는 평소 흠모한 아육왕의 행적을 좇아 금·동·철로 작은 탑 8만 4,000개를 만들고 하나하나마다 이 경전을 봉안했다. 고려도 그 영향을 받은 것인데, 형태도 오월의 그것과 아주 비슷한 예가 1967년 충청남도 천안 대평리사지에서 수습된 보협인석탑(국보 209호)이다. 현재 모습이 완전한 형태는 아니지만, 고려에서 《보협인경》을 법신 사리로 봉안했던 풍조를 보여주는 귀중한 실물 자료이다.

가장 오래된 다라니 신앙의 자취들, 황복사 탑과 불국사 석가탑

우리나라에서 다라니 신앙이 8세기에 이르러 유행했다는 사실은 사리장엄舍利莊嚴 유물을 통해 알 수 있다. 사리장엄 중에 다라니경이 있거나, 다라니경은 없어도 다라니 신앙이 소개된 탑지 또는 사리봉안기가 봉안된 예가 있기 때문이다. 예를 들어 706년에 봉안한 경주 황복사 삼층석탑의 〈황복사 석탑 금동 사리함〉(현재 국립중앙박물관 소장, 〈신룡2년명 사리기〉 참조)에는 다라니경에 근거하여 사리함 겉면에 소탑小塔 77개를 새겨넣었다. 또 책으로 된 다라니경을 법신 사리로 탑에 봉안한 예 중에서 지금까지 가장 시대가 올라가는 것은 불국사 삼층석탑이다. 일명 석가탑인 이 탑은 1966년 석탑을 수리할 때 탑 안에서 사리장엄과 함께 발견되었다. 《무구정광대다라니경》이 한문으로 번역된 건 702년 중국에서였다. 그런데 불국사는 751년에 창건되었으므로 불국사 삼층석탑에 안치된 이 책의 간행 시기도 그 사이로 추정할 수 있다. 무려 1,300년도 더 된, 손으로 베껴 쓴 사경寫經이나 목판木版에 새겨서 찍은 책이 아니라, 경전에 나오는 글자 하나하나를 모두 나무 활자로 인쇄한 목판 활자본이다. 다라니경으로서 우리나라에서 가장 오래되었고, 또 목판으로 인쇄한 책 중에서도 가장 오래되었기 때문에 "세계 최초의 목판 인쇄물"이라는 영예를 얻었다. 또 우리나라에서 다라니 신앙에 따라 건탑建塔했던 가장 이른 예이기도 하다.

극락왕생의 기원을 담은 다라니 신앙

867년 봉화 축서사鷲棲寺(일명 취서사) 삼층석탑에도 불사리 10과와 함께 《무구정경無垢淨經》을 봉안했던 일이 〈축서사 석탑 사리함기鷲棲寺石塔舍利函記〉에 나온다(국립경주박물관 소장). 이 축서사 사리함은 여느 탑처럼 중수

봉화 축서사 삼층석탑

봉화 축서사 삼층석탑 출토 사리호와 겉면에 새겨진 사리봉안기

때 발견된 게 아니고 축서사 스님이 간직하고 있다가 1929년 총독부박물관에 매각한 것이라 처음 함께 넣어졌을 다른 유물은 전하지 않는다.

높이 14.3㎝인 사리호 몸체를 빙 둘러서 커다랗고 단정한 글씨로 불사리를 봉안한 유래를 새겨 넣었다. 이 사리봉안기는 첫 줄 맨 앞에 '석언부釋彥傅'라는 세 글자부터 시작한다. 그리고 이어서 언부 스님이 평소 불사리 탑을 세우기를 서원했던 어머니 김명단金明端의 뜻에 따라 불사했다는 내용이 자세히 나온다. 이 사리봉안기에는 당시 사람이 불사리를 모시는 공덕으로 극락정토에 갈 수 있다는 생각이 드러나 있고, 출가했어도 속가의 부모에게 효를 다했던 신라시대 스님들의 효행도 알 수 있다. 또 불사리를 봉안할 때 다라니단陀羅尼壇을 쌓고 의식을 거행했다고도 나온다. 사리호 바깥면 바닥에 이 사리호를 만든 장인 신노神努의 이름도 새겨졌다.

한편, 언부의 외할아버지로 나오는 김양종金亮宗은 진골 귀족이며 810년 신라 17관등 중 4위에 해당하는 파진찬波珍湌으로 집사부 시중에 임명되었다고 《삼국사기》에 나온다. 그런데 이 사리봉안기를 보면 그는 이 무렵에 두 번째 관등인 이찬伊湌으로 올랐던 듯하다. 또 《삼국유사》에 통일신라시대에는 최고 호화주택인 '금입택金入宅'이 소개되고 이 중 하나로 '김양종택金楊宗宅'이 나온다. 그 집이 바로 언부의 외할아버지 집으로 보이니, 결국 언부 역시 신라 하대 진골 중에서도 최고급 가문 출신임을 알 수 있다. 전체 문장은 이렇다.

"언부 스님 어머니의 이름은 명단이다. 이찬 김양종 공의 둘째 따님으로, 커다란 서원을 발하여서 직접 불탑을 세워서 정토에 갈 수 있는 공덕을 얻고, 아울러 이 땅[穢國]의 중생들을 이롭게 하고자 하였다. (언부가) 이 뜻을 효성스럽게 받들어서 이 탑을 세우고 불사리 10개를 넣어 무구정단을 여니, 주관한 스님[開師]은 황룡사皇龍寺의 현거賢炬이다. 당 함통 8년(867)에 세웠다."

釋彦傳 母親諱明端 考伊湌金亮宗公之季女 親自發弘誓 專起佛塔已 感淨土之業 兼利

穉国之生 孝順此志 建立玆塔 在佛舍利十粒 作旡垢淨一賣 開師皇竜寺僧賢炬 大唐咸

通 八年建

다라니 신앙으로 김유신을 추복한 중화 3년명 사리기

9세기 신라에 다라니 신앙이 유행하던 정황이 '중화仲和 3년명 사리기'에
잘 나온다. 높이 19.6㎝의 길쭉한 원통형인 이 사리기는 두루마리 경전
을 넣는 경통經筒이다. 1966년에 황룡사 목탑지에서 도굴한 사리장엄이
시중에 유통되다가 경찰에 적발되어 압수될 때 이 사리기도 같이 있었
다. 그러나 경통에 새겨진 사리봉안기로 볼 때 황룡사와는 관련이 없어
서 다른 탑에서 도굴된 것으로 추정한다.

사리봉안기는 "대저 성인聖人의 남긴 자취와 도를 행한 이의 현묘한
경지를 찾아내어 신령한 탑을 세워 이를 널리 알리는 것은 명철한 임금
이 마땅히 해야 할 규범이다. 옛날에 유신裕神 각간角干이 세상에 태어

죽은 뒤 200년도 더 지나서 후손에게 추복받았던 김유신의 묘(경주)

중화 3년명 사리기

夫以追攀聖迹行人妙趣與揚靈塔明玉
通軌也 昔有裕神涌于成出生之業為
外國之寶敬造此大石塔仲和三年更復
時有普門寺亥余大德俊兎琀淳
光縄造小塔七十七軀寫真言七十七本安慶
火塔 碩普妻宗家亡有妙寶人亡得亞
珠六道含識四生稟氣圓此脉葉共證菩
提
仲和三年癸卯 □月日終

나서 큰 업적을 이루어 나라의 보배가 되었기에 삼가 이 큰 석탑을 만들었다. 중화 3년에…"라고 조성된 경위를 적었다. 그리고 문장 마지막 부분에 당시 다라니 신앙의 면모가 보이는 다음과 같은 글이 나온다.

"이때 보문사普門寺의 현여玄余 대덕이 무구정광경에 따라 작은 탑 77기를 만들고 진언眞言 77벌을 써서 큰 탑에 봉안하였다. 집집마다 신묘한 보배를 지니고 사람마다 영명한 구슬을 얻어 육도六道 중생이 모두 식識을 갖고 사생四生 중생이 모두 기운을 받음으로써, 이 뛰어난 업력業力 덕으로 함께 보리를 증득證得하기 바란다."

特有普門寺 玄余大德依无垢淨光經 造小塔七十七軀 寫眞言七十七本 安處大塔 願言表示 家家有妙寶 人人得靈珠 六道含識 四生稟氣 因此勝業 共證菩提

'유신裕神'이 김유신金庾信을 가리킨다고 봐도 무리가 없다. 김유신을 기리기 위해 세웠던 석탑을 200년 뒤에 수리하며 이 경통 사리기를 넣었다고 이해된다. 이 사리봉안기에는 신라 사회에서 김유신의 숭앙이 오랫동안 이어졌음과, 또 사람들이 어떤 마음으로 다라니를 믿었는지가 잘 나온다.

사리 신앙에 영향 받은 불상·불화의 사리 봉안

사리 신앙이 대중화 하면서 자연스럽게 탑이 사리 봉안의 중심이 되었다.
그런데 대략 7세기 후반에 이르러 인도나 중국, 우리나라 등지에서 탑 일변도에서 벗어나 불상이나 불화에도 사리를 봉안하기 시작했다. 7세기 후반은 우리나라 사리 신앙 역사에서 가장 변화가 크게 일어났

던 시기였다. 신라나 백제에서 주로 왕실과 귀족 계급 등 일부 계층이
특권으로 누렸던 사리 친견의 기회를 점차 대중들도 갖게 되면서 사리
신앙은 급격히 대중화의 길로 흘러간 것이다. 따라서 탑만이 아니라 불
상, 불화에도 사리를 봉안한 데는 사리 신앙의 대중화라는 배경이 있
었다고 봐야 한다.

　사실 불교가 대중에게 가까이 다가가며 발전하는 데 탑과 불상은 가
장 중요한 역할을 했던 두 중심축이었다. 그런데 재미있게도, 이 둘을
향한 사람들의 신앙의 정도가 늘 달랐다. 처음엔 탑을 매우 중시하였
다가, 어느 정도 시간이 흐르자 탑보다 불상을 좀 더 의미 있게 바라
본 것이다. 이런 추정은 탑과 금당의 공간 배치로도 어느 정도 뒷받침
된다. 금당은 불상을 봉안하기 위한 전각이니 불상 자체를 상징한다고
보아도 무방할 것이다. 예를 들어 4~5세기 평양 청암리의 고구려 절터
는 가람伽藍 한가운데 핵심 공간을 목탑이 널찍하게 차지한 데 비해서,

금당은 그 뒤편으로 다소 치우쳐 있는데다가 규모도 목탑보다 현저히 작은 편이다. 말하자면 불교 발전 초기에는 금당보다 탑에 신앙의 무게를 더 둔 것이다. 아마도 진신 사리를 봉안했는가 아닌가가 둘 사이 비중의 차이를 가름했던 것 같다. 7세기 중반에는 경주 감은사처럼 아예 탑 둘을 나란히 배치하는 쌍탑 가람도 나타났다. 높이도 13m가 넘을 정도로 웅장해 절터에 들어서는 사람은 먼저 이 두 탑한테 압도당하곤 한다. 이때가 사리 신앙의 전성기였는지 모르겠다.

그러다가 8세기부터 탑은 점차 작아지고, 그와 반비례해서 금당의 크기는 커진다. 이후 탑은 규모가 전과는 비교할 수 없을 만큼 줄어들고, 위치도 가람의 중심에서 비켜나 아래(주로 남쪽)로 내려갔다. 반면 규모가 훨씬 커진 금당은 당당히 중심구역을 차지하며 명실공히 신앙의 핵심으로 자리한다. 바야흐로 불상의 시대가 열린 것인데, 이때가 묘하게도 불상에 사리를 봉안하기 시작하던 시기와 일치하는 것이다. 불상 안에 사리를 넣으면 실제 석가모니를 대한다는 실감이 났을 터이고, 또 이로써 불상에 영험이 깃들 거라는 믿음이 생겨 불상의 권위가 더욱 높아졌을 것 같다.

그러면 과연 불상 어디에다 사리를 봉안했을까? 불상이 처음 나타났던 1세기 이후에는 정수리에 사리를 봉안했다. 인도 간다라 불상이 그렇고, 중국도 불교 전래 이후 초기에 만든 불상에도 역시 정수리에 작은 구멍을 만들어 사리를 넣었다. 불상 제작의 규범 및 관련 의식을 규정한 《조상공덕경造像功德經》에도 처음에는 불두佛頭에 사리를 넣었다는 말이 있다. 이 자리를 선호했던 뚜렷한 이유는 알려지지 않지만, 사리를 부처님 정신의 결정체로 이해해 머리야말로 가장 적합한 장소라고 생각했는지 모르겠다. 또 필요하면 사람이 가까이 다가가–아마도 불경不敬하다는 이유로 잘 그러지는 않았겠지만–눈으로 볼 수도 있는 자리였을 것이다.

왼쪽 | 간다라 불상의 정수리 육계 부분의 홈.
오른쪽 | 황복사지 삼층석탑 출토 금제여래좌상. 불상 육계 위의 홈에 사리를 넣었을 가능성이 있다.

　그런데 8세기부터 복장腹藏이 사리 봉안처로 애용되었다. 복장이란 불상의 배 또는 가슴에 해당하는 부위 안쪽에 공간을 두고, 그 자리에 사리를 비롯해 각종 진귀한 보배 등을 넣은 것을 말한다. 이때는 이미 비약적으로 발전한 불교 의식의 영향을 받아 오보五寶나 오곡, 각종 다라니를 적은 진언眞言과 경전, 후령통喉鈴筒, 비단 또는 옷 등이 사리와 함께 불상 안에 넣어야 할 중요한 품목으로 인식되었다. 품목이 다양해지니 더 넓은 공간이 필요해져서 선택된 자리가 바로 복장이다.
　이 중 후령통은 여러 가지 작고 귀한 물건들을 넣어두는 가늘고 기다

고려시대 후령통(국립중앙박물관 소장)

란 모습을 한 원통이다. 혹은 불상 내부에 사리 등을 넣는 것을 복장이라 하고, 이런 복장에 관한 물건을 넣은 장소가 후령통이라고 말하기도 한다. 중국은 8세기부터 불상 내에 복장을 했다는 기록이 있고, 유물로는 10세기 송나라 불상에서도 확인된다. 우리나라에서 '腹藏'이라는 말은 이규보李奎報(1168~1241)의 《동국이상국집》에 처음 나오는데, 실제 지금 전하는 유물은 대부분 고려 불상에서 확인되었다.

그런데 1척, 곧 30㎝ 아래의 작은 불상이나, 석불 및 금속불은 제작 기법상 복장 마련이 쉽지 않다. 이런 난제를 극복하기 위해 배와 가슴의 복장이 아닌 다른 자리를 찾게 되었으니 바로 대좌臺座이다. 대좌란 '불상이 앉은 자리'인데, 크고 높으니 자연히 불신佛身 복장에 비해 넓은 공간을 확보하기에 수월하다. 유물로 보자면 경상남도 산청 내원사內院寺의 '석남암사지 석조비로자나불좌상'이 대좌 내에 사리를 봉안한 불상 중 가장 빠른 예이다. 이 불상은 776년에 만들었으니, 적어도 8세기부터는 이런 새로운 사리 봉안 방식이 이뤄졌다고 볼 수 있다.

경주 석굴암 석조불좌상은 세계에 자랑하는 뛰어난 예술품이다. 그

통도사 신중도(1890년) 복장낭. 이런 모습의 복장주머니가 불화 상단 좌, 우, 중앙에 걸려 불화의 위신력을 높였다. 복장낭에는 사리를 비롯해 발원문, 향 등이 들어갔다.

런데 이 국보 중의 국보가 사리와 관련해 큰 수난을 당한 적이 있다. 석굴암 불상의 오른쪽을 자세히 보면 엉덩이 한쪽에 금이 간 흔적이 희미하게 남아 있다. 1965년 석굴암을 중수할 때 조사단은 여래좌상 대좌 주변에 엉덩이에서 떨어져 나간 것으로 보이는 조각이 바닥에 뒹굴어 있는 것을 확인했다. 조사단이 근처 마을 사람들한테 알아보니 일제강점기에 일본인 도굴꾼이 "이처럼 훌륭한 불상에 사리 같은 보물이 봉안되어 있지 않을 리 없다." 하며 그 부분을 쪼아낸 것이라고 하였다. 석불이라 대좌 윗부분에 사리가 봉안되었을 것으로 보고 엉덩이 한쪽을 떼어내는 만행을 저질렀다는 것이다(전 동국대 총장 고 황수영 박사의 전언). 떨어져 나갔던 부분은 조사단이 말끔히 수리했지만, 불신은 물론이고 대좌 어느 곳에도 사리 장치는 마련되어 있지 않았다. 아마도 신라 사람들은 석굴암 불상 자체가 진신 사리라고 생각했던가 보다.

불상 말고 불화에도 사리를 봉안한다. 복장을 넣은 복주머니 모양의 복장낭腹藏囊을 불화 맨 꼭대기에 걸어두거나, 불화 뒷면에 넣어두는 것이다. 불상 복장과는 달리 사리와 발원문 등 꼭 필요한 물품만 들어

간다. 또 불경에도 사리를 봉안했다. 8세기 중반에 만든 것으로 보이는 사경寫經(손글씨로 베껴 쓴 불교 경전) 《대방광불화엄경》에는 권축卷軸 아래와 위를 장식한 수정水晶에는 작은 구멍이 파였고 그 안에 사리가 각 1알씩 담겨 있었다.

이렇게 여러 방식으로 사리가 봉안되면서 대중들의 사리 신앙 역시 사찰을 중심으로 하여, 이전보다 자유스럽고 다양하게 나타나기 시작했다. 통일신라 이후 사찰의 발전은 분명 이전보다 훨씬 커진 사리 봉안의 열의에도 힘입은 바가 컸을 것이다.

사리 신앙의 역사가 담긴 사리봉안기

사리 신앙은 개인의 믿음에 따른 종교 활동이지만, 역사서나 여러 기록에 단편적이나마 그 다양한 모습들이 나온다. 개별 기록이라도 이들을 통해 사리 신앙 활동의 내용과 그 시대적 배경을 분석하면 역사 연구의 한 분야가 된다. 말하자면 사리 신앙 관련 기록 그 자체가 하나의 역사 자료인 셈이다. 개인의 종교 활동도 그 시대의 풍습에 따른 행위라면 그 자체가 역사적 의미를 띠기 때문이다. 마치, 동서양 고금의 모든 역사가 개인의 말 한마디, 걸음 한 발자국에서부터 비롯함과 같은 이치이다.

우리나라에서 행해졌던 사리 신앙의 다양한 모습을 알게 해주는 자료가, 불사리를 봉안하면서 그 시작과 끝을 적어 넣은 '사리봉안기舍利奉安記'이다. 사리봉안기는 재질이나 형태에 일정한 형식이 있는 건 아니고, 대체로 불사리를 봉안하게 된 인연과 과정, 참여자 등등을 적어 넣은 글을 통틀어 부른다.

불사리를 얻는 일은 아무에게나 주어지지 않는 행운이자 기회였다. 대부분 왕처럼 신분이 가장 높은 계층이 얻어볼 수 있었고, 그 밖에 신앙이 여느 사람과 비교할 수 없을 만큼 두텁고 수행이 깊은 인물에게 사리가 나타났다. 그렇게 귀한 사리를 봉안하는 일은 당연히 아주 중요한 행사이므로 이에 관한 기록이 남겨지는 건 당연했다. 문장 형식은 불교 및 사리의 의미를 먼저 설파한 다음, 해당 사리를 얻게 된 인연과 날짜, 사리 매수, 관련자 등을 적은 게 보통이라서 나름대로 일정한 문장 구성을 보인다. 그래서 이런 기록을 통틀어 '사리봉안기'라는 금석문의 한 장르로 분류해 볼 수도 있다. 예를 들면 익산 미륵사지 석탑에서 나온 〈사리봉영기〉, 대구 동화사 비로암 삼층석탑에서 나온 납석제 사리호에 넣어져 있었던 〈민애대왕 추숭기〉 등이 그러하다.

이 땅에 그간 얼마나 많은 탑이 세워졌는지 알 수 없다. 수백, 수천의 탑마다 사리봉안기가 넣어졌고 또 그 모두를 지금 볼 수 있다면 우리나라 사리 신앙 역사는 명료하게 정리될 수 있을 터이다. 하지만 실제로는 극히 일부만 전할 뿐이라 아무리 짧은 글만 남은 것이라도 한 자 한 자의 의미를 새기며 자료로서 소중하게 대하지 않으면 안 된다.

사리봉안기 중에는 고대 사리 신앙의 자취를 엿보게 하는 거의 유일한 자료인 것도 있다. 예를 들어 '고구려 조탑명 금판' 같은 자료는, 지금 우리가 다른 문헌 기록으로는 고구려 사리 신앙의 면모를 전혀 살필 수 없는 처지에서 아주 중요한 자료가 된다.

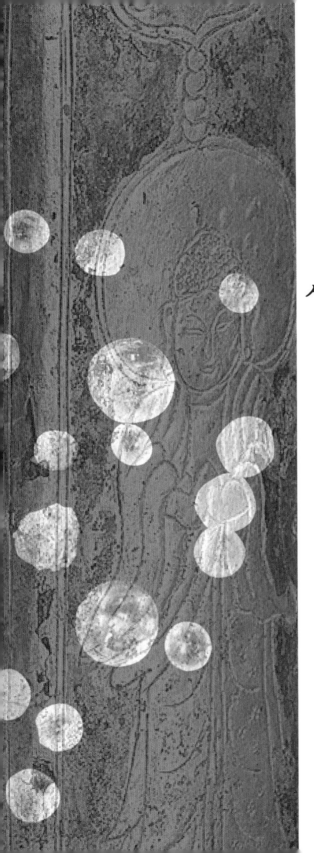

3장
우리나라
사리 신앙의 역사

삼국시대 사리 신앙

우리나라에 불교가 도입된 게 4세기 후반이니, 이보다 그다지 멀지 않은 시기에 사리 신앙이 움텄을 것이다. 그렇지만 그때의 기록이 아주 적어서 당시의 상황, 그러니까 사리 신앙이 처음 퍼져나가던 과정을 일목요연하게 말하기가 어렵다. 더구나 고구려 사리 신앙은 기록이나 실물 자료가 거의 없다시피 하다.

그래도 남은 자료로나마 삼국시대 사리 신앙의 역사를 보자면, 백제나 신라 모두 6세기는 사리 신앙의 여명기였고, 7세기에 이르러 만개하기 시작했다고 할 수 있다. 그런데 사리 신앙이 전래한 직후부터 가장 관심을 많이 보인 계층은 왕이나 왕비 그리고 측근들인 왕실王室이었다. 이후까지 전통적으로 이들이 사리 신앙의 주체가 되었다.

백제에서는 앞에서 본 것처럼 567년에 조성한 〈창왕명 석조 사리감〉에서 이미 왕실 사리 신앙의 모습이 짙게 나타나 있다. 이후 7세기에 들어와 활짝 꽃을 피웠다고 할 만하다. 익산의 제석사 칠층목탑과 미륵사 동서석탑 등이 그런 현상을 말해주는 실물 자료들이다. 다만 이때는 백제 왕조의 가장 끝자락이라 그런지 사리 신앙이 국가 발전의 핵심 동력으로까지 이어지지는 못했다. 신라에서는 569년에 완공한 황룡사

북한 지역인 함경도 신포의 오매리 절터에서 나온 금동 판. 6세기 고구려 목탑 표면에 장식했던 사리 봉안기로 볼 수 있다.

구층목탑이 사리 신앙의 결정체였다고 할 만한데, 여기에는 선덕여왕과 왕족 출신 자장 스님의 역할이 절대적이었다. 이 불사는 이후 신라 사회에 오래도록 아주 큰 영향을 미쳤다.

고구려 사리 신앙의 흔적이 담긴 금동 판

고구려 사리 신앙은 당시 상황을 전하는 자료가 거의 남아 있지 않아서 현재로서는 어떠했다고 말하기가 굉장히 어렵다. 그래서 간접적으로 이해할 수밖에 없는데, 고구려 초기 금동불상 광배에 새겨진 이 글이 어느 정도 도움을 준다.

금동으로 얇게 판板을 만들고 거기에 탑을 세우게 된 연유를 음각으로 새겨 넣었다. 비록 글에는 '불사리'에 관한 직접적 언급은 나오지 않고 왕명으로 오층탑을 세운 연유만 강조되었지만, 탑 자체가 불사리를 놓기 위한 시설이니 결국 사리 신앙으로 수렴된다.

이 유물은 북한에서 펴낸 《조선유적유물도감》(평양:조선유적유물도감편찬위원회, 1990)에 소개되어 있다. 1988년 6월 함경남도 신포시 오매리梧梅里

절골 유적을 발굴할 때 발해渤海(698~926)시대 지층에서 출토되었다고 나온다. 지금 이 금동 판만 따로 전하고 있어서 본래 어느 탑에 있었는지 알 수 없는 게 아쉽다. 지금 북한 지역에 고구려 탑도 거의 남아 있지 않아서 대략으로 추정하기도 어렵다.

그런데 이 금동 판에 적힌 글에 불사리를 얻어 오층석탑을 세웠던 과정이 담겨 있으니, 이 기록 역시 사리봉안기의 하나라고 할 수 있다. 고구려 사리장엄은 물론, 사리 신앙을 알 수 있는 자료가 아주 드물다. 그래서 이 글이나마 전하기에 고구려 사람의 불사리 신앙이 어떠했을지 어렴풋이나마 알 수 있다.

이 금동 판에 담긴 사리 봉안의 인연을 설명하기 전에, 이 기록에는 다른 사리봉안기와 다른 관점에서 바라볼 만한 두 가지 흥미로운 점이 있다는 걸 말해야겠다. 첫 번째는 '이 금동 판을 과연 탑 어느 곳에다가 두었는가'이고, 두 번째는 '언제 만들었는가' 하는 점이다.

먼저 사리봉안기를 두는 위치 문제이다. 탑 안에 놓는 사리봉안기는 보통 사리를 담은 사리호舍利壺 안에 사리장엄과 함께 넣어두거나, 적어도 불사리와 같은 공간에 두곤 하는데, 이 금동 판은 불사리나 사리장엄과 다른 공간에 둔 것으로 보여서 이색적이다.

그렇게 생각하는 이유는 우선 금동 판이 길이 41.5㎝, 너비 18.5㎝, 두께 0.3~0.5㎝로 아주 크다는 점에 있다. 탑 안에 불사리와 사리장엄을 안치하는 공간인 사리공舍利孔 안에 두었다고 보기에는 너무 크다. 미륵사지 서탑에서 나온 사리봉안기가 가로와 세로 각 25㎝인 점과 비교하면 잘 알 수 있다. 이만한 크기의 사리봉안기를 사리장엄과 함께 넣어 둘 만한 사리공이라면 탑 자체의 규모가 신라 경주 황룡사 구층목탑에 비견할 만큼 엄청나게 크지 않으면 안 되었을 것이다. 거기다가, 금동 판 표면에 못으로 고정하기 위한 작은 구멍이 있어서, 탑 안에 두었다기보다는 탑 표면 등에 부착하기 위한 용도로 보는 게 합리적이다. 혹은 지금까지 불사리를 봉안한 탑의 사리장엄은 모두 탑 안에 있어서 한번 봉안하고 나서는 볼 수 없었던 데 반해, 어쩌면 그와는 별도로 공개용 사리장엄도 있어서 사람들에게 그 불사리를 봉안한 내력을 알리기 위한 것이었는지도 모르겠다.

　다음은 제작시기 문제이다. 이 금판은 5~6세기 작품으로 보이지만, 그 제작연대가 분명하지 않다. 이제 보듯이 그 추정이 굉장히 복잡하다. 우선 문장 맨 뒤에 나오는 '和'는 문장 구성으로 볼 때 연호 두 글자 중 끝 글자 같은데, 그 앞의 글자가 보이지 않으나 일단 '태화太和 3년'으로 추정할 수 있다. '태화'는 중국 여러 왕조에서 사용했던 연호인데 477~488년까지 썼던 북위 효문제 때 연호가 고구려 연대 중 가장 가깝다. 그렇지만 금판에 적힌 '병인'이라는 간지干支가 효문제 태화 연간에는 없어 문제가 복잡해진다. 그래서 이 금판이 고구려의 옛 영토인 발해의 유적 층위에서 나왔다는 점을 참작해 '태화'를 고구려 독자 연호로 추정하기도 한다.

　하지만 그래도 문제가 남는다. 고구려에서 그런 연호를 썼다는 기록이 없기 때문이다. 그런 이유로 해서 처음으로 다시 돌아가, '□화'를 '예전에는 썼으나 기록에 전하지 않는 연호'를 의미하는 일년호逸年號로 볼 수도 있다.

　그렇다면, 연대 추정은 뒤에 나오는 간지인 '丙寅'이 핵심 요소가 된다. 5~6세기 병인년에 해당하는 연도로 426년(장수왕 14), 486년(장수왕 74), 546년(양원왕 2), 606년(영양왕 17), 666년(보장왕 25) 등이 있으니 그중 하나로 보는 것이다. 발해시대 층위에서 출토했다는 점에서는 666년이 유력하지만, 당시 고구려는 불교가 급격히 쇠퇴하고 왕가에서 도교를 적극적으로 수용했던 사실史實에 부합하지 않는다. 결국은 이런 여러 역사적 상황으로 볼 때 아무래도 불교가 성행했고, 또 금판의 양식과도 가장 부합하는 시대인 546년이 가장 적당해 보인다.

이 금판 내용의 핵심은 왕이 부처님의 법을 세상에 전하고자 발심하여 오층탑을 지었다는 것인데, 문투가 거의 선언에 가까울 정도로 단호하다. 만일 546년에 제작했다면, 그 신심 깊었던 왕은 바로 양원왕陽原王(?~559)임이 거의 틀림없다. 《삼국사기》〈고구려 본기〉〈양원왕〉에 그해 2월에 있었던 일로 다음과 같은 기사가 보인다.

"2년 봄 2월에 평양의 배나무 가지가 서로 붙었다."

二年 春二月 王都梨樹連理

나뭇가지가 서로 붙은 '連理'를 괴이한 현상으로 보고 매우 미심쩍은 눈길로 바라보는 듯한 뉘앙스가 느껴진다. 하지만 사실 불교에서는 그렇지 않았다. 석가모니가 오랜 수행 끝에 깨달음을 얻은 데가 보리수 아래였는데 그 나무가 바로 이런 연리지였기 때문이다. 그래서 불교도에게 연리 혹은 연리지連理枝는 상서祥瑞로운 현상이었다. 그래서 《삼국사기》위 기사는 지금까지 학계에서 보던 것과는 반대로 오히려 이 금판에 나오는 오층탑이 건립되는 시대적, 종교적 배경이 될 수 있다고 생각한다. 이렇게 보면 너무 심한 비약일까.

문장은 본문과 송頌으로 구성되었다. 본문은 오층탑을 세운 연유이고, 송은 이를 칭송하는 시이다. 전체를 소개한다.

"… 이와 같은 까닭에 여래께서 금하金河 신의 묘택妙宅에서 가없는 가르침을 펼치시다가 … 다비[闍維]를 했다. … 이에 혜량이 원각대왕을 받들어 삼가 이 탑을 세움으로써 이 뜻을 드러내니, 옛날 석가께서 펼친 삼륜에 부응하고자 한 것이다. 원하건대 왕의 신령이 도솔천에 올라가 미륵을 찾아 뵙고 이에 천손이 함께 만나 세상의 모든 중생이 모두 부처님의 은혜를 입기를 바란다. 이에 칭송한다.

'성스러운 지혜는 진리에 계합契合하고 진리의 오묘함은 뭇 중생에 부응하였으니 부처님의 모습과 말씀이 세상에 빛나 (지혜를) 길러 도를 이루었구나. 미혹迷惑한 이 세상에서 태어남과 죽음의 모습을 받았으나 정신에[□神會性] … 본성을 깨치니 이에 성명聖明에 올랐도다.' (태)화 3년 세차 병인 2월 26일 갑술 초하루에 적었다."

□所階是故 如來圓敎 於金河 □神之妙宅 現闍維□□□□□ □□後代 是以□□慧郎 奉爲圓覺大王 謹造玆塔 表刻(刹)五層相輪相副 願王神昇兜率 査觀彌勒天孫俱會 四生 蒙慶 於是頌曰 聖智契眞 妙應羣生 形言暉世 □育道成 迷□□□ 稟生死形 □神會性 則登聖明 (太)和三年 歲次丙寅 二月 六日 甲戌朔 記首

흥미로운 부분은 '是以□□慧郎 奉爲圓覺大王 謹造玆塔'이다. □□은 승려를 뜻하는 '沙門'쯤으로 추정되니 '이에 중 혜랑慧郎이 원각대왕을 받들어 삼가 이 탑을 지었다.'로 해석된다. 건탑의 주관을 혜랑 스님이 한 것인데, 이런 큰 선물을 받은 원각대왕이 과연 누구인지 궁금하다. '원각'이라는 글자로만 본다면 '커다란 깨달음의 왕'이니 석가모니를 우아하게 표현한 말일 수 있고, 아니면 앞에서 말한 것처럼 금판 제작연대에 해당하는 양원왕(재위 545~559)으로 볼 수도 있다. 양원왕이라면, 혜랑은 곧 《삼국사기》〈거칠부〉전에 당시 고구려 고승으로 나오는 혜량惠亮과 동일인인지 모른다. '慧郎'과 '惠亮'은 다른 글자지만 음이 비슷해서로 바꿔 쓸 수 있는 이른바 '음상사音相似'이기 때문이다. 만일 이런 가정이 성립한다면 지금까지 지나쳤던 고구려 불교사의 새로운 자료가 된다.

이 문장에서 압권은 후반부에 나오는 송頌이라고 생각한다. 특히 마지막쯤에 '미혹한 이 세상에서 태어남과 죽음의 모습을 받았으나, 정신을 모아 … 본성을 깨쳐 이에 성명聖明에 올랐도다.' 하는 대목은 생사를 초월해 지극한 이치를 깨달은 경지에 올랐다는 찬사 중의 찬사로서, 불교의 최고 이상을 언명言明한 수준이 대단히 높은 철학적 표현이다.

한편, 문장 중 '金河'란 인도 히말라야 산맥에서 발원한 야루짱부雅魯藏布 강을 말한다. 이 금하가 동쪽으로 흘러 중국에서 장강長江이 되었다. 불교에서 금하는 세상에 전하는 부처님의 법을 상징한다. 그래서 '금하의 신'이란 곧 석가모니이고, 그 묘택은 불국토를 뜻한다. 또 '闍維'는 팔리어 'jhapita'를 소리대로 쓴 글자로 다비茶毘를 말한다.

백제 사리 신앙의 대중화 과정

7세기는 공교롭게도 신라와 백제 두 나라 모두 사리 신앙이 대중화하던 시기였다. 처음엔 왕실이나 권력층 인사들이 개인적 신앙 활동의 하나로 불사리를 친견하고 숭앙했다가, 사리 신앙이 국가 전체에 이롭다고 판단해 일반 대중에게도 적극적으로 권장했을 것이라고 생각된다. 물론 그 전에 정권 차원에서 중국에서 한창 꽃피던 사리 신앙에 관련한 여러 가지 사례들을 충분히 살펴 사회정치적 손익을 따져보고 나서 국가 발전에 큰 도움이 된다는 결론을 내렸을 것이다.

백제에서는 643년 익산 제석사帝釋寺 목탑에서 불사리가 출현하였고, 이 기적에 왕은 물론이고 대중들까지 환희하면서 불사리에 큰 관심을 기울이게 되었다. 사리 신앙이 크게 유행하는 계기가 된 것이다. 그런데 불사리가 나타낸 이적異蹟은 이미 이전에도 있었다. 〈창왕명 석조 사리감〉에 새겨진 명문, 왕흥사 목탑지에서 발견된 사리봉안기에 그런 사실이 잘 나온다. 이들을 연대 순서대로 살펴본다.

∎ 부여 〈창왕명 석조 사리감〉의 주인공은 누구일까?
7세기 중반 백제에서 불사리 봉안과 가장 인연 깊었던 인물 한 사람을 꼽는다면 단연 위덕왕威德王(재위 555~598)일 것이다. 〈창왕명 석조 사리 감〉(국립부여박물관 소장)을 통해 그런 사실을 엿볼 수 있다.

〈창왕명 석조 사리감〉(일명 부여 능산리 사지 석조 사리감)은 1995년 발굴 때 발견되었다. '사리감舍利龕'은 벽이나 별도로 만든 석물 안쪽을 움푹 파 고 그 안에 사리를 놓아두는 시설물이다. 그런데 발견 당시 정작 사리 나 사리를 담은 사리기는 없었지만, 사리감 겉면 양쪽에 사리를 언제 누가 봉안했는지를 새긴 글씨가 있었다.

"백제 창왕 13년 정해년에 매□공주가 사리를 공양했다."

부여 〈창왕명 석조 사리감〉(오른쪽)과 명문 탑본(왼쪽). 567년 백제 위덕왕의 누이가 불사리를 봉안 하는 이유가 나온다. 위덕왕(창왕)은 불사리 봉안 행사에 개인 자격으로 참여했고, 10년 뒤 자신이 주도하여 대대적으로 왕흥사를 창건했다. 국보 288호.

百濟昌王十三季太歲在 丁亥 妹□公主供養舍利

　판독이 어려운 한 글자(□)를 포함해 모두 스무 자에 불과한 짧은 글이지만 해석은 분분했다. '백제왕 창'은 곧 위덕왕을 가리킨다는 데에는 이견이 없다. 위덕왕은 사후에 올린 존호尊號이고, 왕 재세在世에 창왕으로 불렸다고 이해할 수 있기 때문이다. 그동안 위덕왕이 즉위한 해가 《삼국사기》에 554년, 《일본서기》에는 557년으로 서로 다르게 기록되어 있었다. 그런데 이 명문에는 사리 봉안을 즉위 13년인 정해년에 했다고 나온다. 그래서 이 해부터 역산해 보면 그의 즉위가 555년인 게 분명해졌다. 그간의 오랜 의문을 이 사리봉안기가 풀어준 셈이다.

　문제는 '妹□公主供養舍利'라는 여덟 자였다. 앞에 든 번역이 가장 일반적 해석인데 '매□공주'는 왕의 손위 누나 또는 누이동생으로 추정했지만, 《삼국사기》나 다른 금석문에는 당시 백제에 공주라는 호칭이 전혀 없었다는 점이 이상하다. 그래서 '妹□公'을 왕의 매부로 보아, "(왕의 매부) '매□공'이 사리 공양을 주관하였다"는 뜻으로 해석해야 한다는 주장도 나왔다.

부여 능산리사지 복원 모형

어떤 경우든, 사리 봉안의 주체는 위덕왕이 아닌 왕실의 다른 사람으로 봐야 한다. 그래도 위덕왕 대에 왕실에서 사리 봉안이 이뤄졌다는 사실은 분명하다. 〈창왕명 석조 사리감〉에 새겨진 글을 읽어보면 어쩐지 위덕왕은 아직은 사리 신앙의 대중화에 그다지 관심을 보이지 않았다. 사리 봉안 행사에 이름을 올리기는 했어도 개인적인 참여 외에는 단 한 걸음도 더 넓히려 하지 않았다는 느낌마저 든다. 그러다가 10년이 흐르는 동안 개인의 신앙심이 부쩍 돈독해져 위에서 본 것처럼 왕흥사에서 불사리 봉안 의식을 대대적으로 열게 되었다.

▌▌부여 왕흥사 불사리 봉안

아마도 위덕왕은 '매□공주'가 불사리를 공양한 이후부터 사리 신앙에 적극성을 띠게 된 것 같다. 사리가 보이는 이적을 직접 경험한 것이 계기가 되었을지 모른다. 2007년 부여 왕흥사 목탑지에서 사리장엄과 함께 발견된 사리봉안기에 그렇게 추정할 만한 이야기가 나온다.

577년 2월 15일, 위덕왕이 부여에 왕흥사王興寺를 짓고 불사리를 봉안할 때였다. 이 불사佛事(사찰의 창건, 불상의 조성 등 불교와 관련한 여러 종류의 행사)는 위덕왕의 아들이 갑자기 죽자 불사리를 모셔와 명복을 빌기 위한 행사였다. 그런데 문득 기적이 일어났다. 처음 왕실에 들여올 때는 분명히 2매였던 불사리가 장례를 치르자마자 3매로 늘어났다. 이 '신의 조화[神化]'에 왕은 크게 감동했다. 그래서 '왕흥사'라는 이름으로 원찰願刹을 크게 짓고 왕실의 번영을 기원토록 했다. 또 이 사실을 순금 판에 새겨서 불사리와 함께 탑 안에 넣도록 했다. 이러한 이야기가 아래 금판(〈불사리봉안기〉, 국립부여박물관 소장)에 새겨져 있다.

"정유년 2월 15일에 백제왕 창이 죽은 왕자를 위해 절을 세웠다. 본래는 사리가 2매였으나, 장사를 치를 때 신의 조화로 3매가 되었다."

丁酉年二月十五日 百濟王昌爲亡王子立刹 本舍利二枚 葬時神化爲三

　　그런데 위 해석은 가장 무난하게 번역한 것이고, 좀 다르게 보는 시각도 있다. '爲亡王子'의 '亡'자가 '三'의 고자체古字體로 보이므로 '죽은 왕자'가 아니라 '삼왕자', 곧 '셋째 왕자'로 읽어야 한다는 주장이다. 하지만 이런 의견에 동의하는 사람은 그다지 많지 않은 것 같다.

　　〈사리봉안기〉가 발견되면서 왕흥사 창건 연도에 의문이 일어났다. 이전까지는 《삼국사기》와 《삼국유사》에 나오는 대로 600년(무왕 2)에 왕흥사가 지어졌다고 알고 있었지만, 사리봉안기에는 사리를 봉안한 시기가 그 23년 전인 577년(위덕왕 24)이라고 적혀 있기 때문이다. 이럴 때면 600년이나 뒤인 고려 때 편찬한 《삼국사기》나 《삼국유사》보다는 당연히 사리를 봉안한 당시에 적은 〈사리봉안기〉를 믿어야 한다.

　　그런데 그렇다고 해도 이번에는 〈사리봉안기〉에 나오는 '입찰立刹'이라는 용어가 걸린다. 위 번역처럼 '절을 세웠다'라고 해석하기에 적당한 용어가 아니기 때문이다. '절을 짓는다'라고 할 때 흔히 '창사創寺'라고 하지 '立刹'이라고 쓴 기록은 다른 데서 찾아볼 수 없는 점도 이렇게 생각하게 하는 근거이다. 만일 그렇다면, '刹'을 찰주刹柱로 보아 '立刹'은 글자 그대로 '찰주를 세웠다'로 볼 수 있다. 다시 말해서 〈사리봉안기〉를 쓴 시점이 절이 아니라 탑을 세운 때이고, 완전히 '창사'한 시점은 탑이나 전각, 불상 등을 모두 마쳤을 때, 곧 《삼국사기》 등에 나오는 600년(무왕 2)이 아닐까 하는 것이다. 《삼국사기》는 여러 관련 자료를 바탕으로 해서 좀 더 종합적 관점에서 기록했다고 볼 수 있다. 반면에 〈사리봉안기〉는 577년 이후의 상황은 담겨 있지 않다. 따라서 이 두 가지 기록들을 서로 비교하고 보완해서, 577년은 먼저 탑을 완성한 시점, 600년은 절의 완성 시기[창건]로 볼 수도 있지 않을까 한다.

　　굳이 이렇게 세밀하게 구분하려는 것이 어쩌면 불필요한 일일 수 있

부여 왕흥사 목탑지 출토 사리기. 사진 왼쪽의 청동 사리호에 불사리가 2매에서 3매로 변신한 이야기가 적혀 있다. 사진 중앙의 은제 사리호가 청동 사리호 안에, 다시 오른쪽의 금제 작은 사리병이 은제 사리호 안에 차례로 중첩되어 봉안되었다.

다. 하지만 후대 사람으로서 앞 사람이 쓴 글을 큰 고민도 안 하고서 쉽사리 잘못됐다고 단정하기보다는, 하나의 기록이 갖는 엄정함과 그에 기반한 신뢰성을 최대한 존중해야 한다는 생각이어서 그렇다.

문장 해석의 이견들은 이렇지만, 그것을 떠나서 그 내용에 주목해 당시 사람들이 사리를 대하는 태도를 살펴보려고 한다.

왕흥사의 불사리 매수가 늘어났던 영험은 아주 신기한 일이라서 사람들의 큰 관심을 모았을 것이다. 위덕왕은 이 신령한 조화에 관한 증언이 먼 후대 사람들에게도 길이길이 전해지기를 바랐던 모양이다. 그래서 사리장엄을 성장盛裝하고 이 일의 자초지종을 기록한 금판을 함께 봉안한 것이다. 왕흥사는 조선에서 폐사되어 오랫동안 땅속에 묻힌 채 기나긴 세월을 보냈다. 그렇게 사람들에게 까맣게 잊혔던 절터가 창건 1,430년 만인 2007년에 발굴되어 현대 사람들에게도 알려지게 되었으니, 따지고 보면 이것 역시 신의 조화라면 신의 조화가 아닐까.

익산 제석사지 전경

왕흥사 불사리와 비슷한 이적이 62년 후 익산 제석사帝釋寺 목탑에서 다시 한번 나타났다. 이번에는 사리가 출현하는 과정이 전보다 더 극적이었다. 그만큼 대중에게 미친 파장도 컸을 것 같다. 결과적으로 많은 사람에게 사리 신앙의 의미가 전달되었다고 보인다. 따라서 백제 사리 신앙 역사에서 압권은 바로 이 제석사 불사리 이적이라고 해야 할 것이다.

이 일은《관세음응험기觀世音應驗記》에 잘 나온다. 이 책은 중국 육조六朝(229~589)시대 불교 신앙의 모습을 전하는데, 특히 관음보살이 보인 갖가지 영험의 실례가 자세히 실려 있다. 일본 교토京都 청련암靑蓮庵에 비장되다가 중국불교 사학자 마키타 다이료牧田諦亮가 1970년에 처음 세상에 공개했고, 우리나라에도 그 무렵에 소개되었다. 88편의 응험기 중 마지막 〈백제 무광왕〉편에 제석사에 불사리가 나타났던 과정이 나

익산 제석사 목탑지(중앙). 639년 7층 목탑에서 나온 불사리 6매의 영험 이야기가 고대 중국의 《관세음응험기》에 실렸다.

온다.

"백제 무광왕武廣王은 지모밀지枳慕蜜地로 천도하여 정사精舍를 새로 경영하였다. 정관 13년 기해己亥(639년) 겨울 11월에 하늘에서 큰 뇌우가 쳐 제석정사帝釋精舍에 불이 나 불당과 7층 부도浮圖와 낭방廊房이 일거에 타버렸다. 탑 아래 초석 속에는 갖가지 칠보와 불사리, 수정 병이 들어있었고, 또한 구리로 만든 종이에 《금강반야경》을 베껴 목칠함木漆函이 들어 있었는데, 초석을 열어보니 모두 불탔고 오직 불사리 병과 반야경 칠함만이 온전했다. 수정 병을 바깥에서 들여다보니 뚜껑이 열린 흔적이 없는 데도 사리가 하나도 없었다. 사리병을 대왕에게 보냈는데, 대왕이 법사를 청하여 참회하고 나서 병을 열어보니 불사리 6과가 병 속에 들어 있고, 바깥에서 보아도 다 잘 보였다. 이에 대왕과 모든 궁인이 공경과 믿음을 배가하여 공양하였고, 다시 절을 지어 사리를 안치하였다."

百濟 武廣王 遷都枳慕蜜地 新營精舍 以貞觀十三年歲次己亥 冬十一月 天大雷雨遂災 帝釋精舍 佛堂七級浮圖 乃至廊房 一皆消盡 塔下礎石中 有種種七寶 亦有佛舍利 睬水精瓶 又璘作紙 寫金剛波若經 貯以木漆函 發礎石開視 悉皆消盡 唯佛舍利瓶與波若經 漆函與故 水精瓶內外徹見 盖亦不動而舍利悉無 不知所出 六個悉見 於是大王及 諸宮 人倍加敬信發 卽供養 更造寺貯焉

이 글에서 무광왕이 곧 무왕이라는 데는 학자들 사이에 이견이 없다. 그런데 "백제의 무광왕이 지모밀지[익산]로 천도하여 …"는 《삼국사기》와 같은 정사正史에 전혀 없는 이야기라 과연 맞는 말인지 의견이 분분하다.

그와 별도로, 불에 탄 목탑에서 발견된 불사리가 처음에는 모습을 감추었다가 나중에 보이는 과정이 자세히 묘사되고, 또 그러한 이적을 본 사람들이 부처님을 더욱 공경하게 되었다는 이야기는 사리 신앙 연구에 아주 중요한 자료가 된다.

석탑에 벼락이 떨어져 일부가 손상되거나 아예 무너져버린 예는 적잖게 있다. 목탑이라면 그 피해가 훨씬 심각한 건 당연했다. 제석사 7층 목탑[七給浮圖]도 이 천재天災로 불타 버렸는데, 남은 잔해 중 초석에서 사리장엄이 발견되었다. 이 초석은 아마도 심초석心礎石이었을 것이다. 탑 내부 중앙 한가운데 지면에 놓이는 심초석에는 중앙에 구멍이 있어서 여기에 찰주 밑부분을 끼운다. 찰주는 심주心柱라고도 하며, 탑 꼭대기에 놓는 상륜相輪을 세우기 위한 높고 기다란 쇠로 만든 원뿔이다. 심초석은 또 이외에 사리를 담은 사리장엄을 놓는 장소로도 활용된다. 심초석 한쪽에 별도로 구멍을 파서 사리장엄을 담아놓고 그 위에 철판 등으로 만든 뚜껑을 덮어 마감한다.

《관세음응험기》에 따르면 제석사 목탑 사리장엄은 심초석 한쪽에 다 뚫은 작은 공간 속에 나무 상자를 넣고, 그 안에 칠보, 금판으로 만든 《금강반야경》과 불사리를 넣은 수정 병 등을 담아 안치했던 것 같다. 이를 발견한 사람들이 수정 병을 살펴봤더니 투명해서 안이 들여다보이기는 했는데 응당 있어야 할 불사리가 보이지 않았다. 《관세음응험기》에 이 사리병의 뚜껑이 열린 흔적이 없다고 언급된 건 이 사리병이 처음 목탑을 짓고 나서 봉안된 것임을 강조한 말이다. 사람들이 왕에게 보고하니, 예사로운 일이 아니므로 법회를 성대히 열게 했다. 그러고 나서 다시 사리병을 살펴봤는데 기이하게도 이때는 병 안에 6과가 들어 있었다. 불사리가 보인 신령함에 왕을 비롯해 지켜보던 사람들은 놀랐다. 그제야 "(불사리는) 불에도 타지 않는다火不能燒."라는 《법화경》〈보문품〉의 이야기를 떠올렸고, "무릇 성인의 자취[불사리]는 어디든 나타나서 사람들을 이끌어주시니, 만일 지극한 마음으로 믿는다면 어찌 이런 일이 다시 일어나지 않는다고 말하겠는가?夫聖人神迹 導化無方 若能至心仰信 無不照復覆 捨拾右條追繼焉" 하고 생각하게 되었다. 이후 왕과 궁인들의 믿음이 더욱 커졌고, 절을 다시 지어 이 불사리를 공양하였다. 아마도 이 소식은 법회가 열린 왕궁뿐만 아니라 백제 전체에 퍼져나갔을 테고, 이로써 사리 신앙이 대중으로 확산하는 중요한 계기가 되었다고 생각할 수 있다.

처음에는 안 보였지만 사람들이 참회 법회를 하고 정성을 다하자 불사리가 비로소 감응했다는 이 이야기가 천여 년 전 중국 사람들의 입에 회자하다가 책에도 실린 것이다. 요즘 사람들한테는 환상적이고 전설 같은 이야기일지 모르지만, 1993년 제석사지가 발굴되어 불에 탄 목탑지, 금당지 등이 확인되면서 《관세음응험기》의 이 이야기가 허구가 아님이 인정되었다. 그런데 《관세음응험기》가 소개되자 그 전 1965년에 인근의 왕궁리 오층석탑을 해체하고 수리할 때 발견한 사리장엄이 새삼 주목을 끌게 되었다. 탑 안에서 발견된 수정 사리병, 금제 함 속에 담긴 금판 《금강반야경》의 재질과 형태가 《관세음응험기》에 나오는 묘사와 놀랍도록 일치했기 때문이다. 사리병에 담긴 불사리의 수만 6과 대 16과로 차이가 있을 뿐이다. 그래서 제석사 목탑에서 신령한 불사리가 출현하자 감격한 무왕이 부근에 오층석탑을 세우고 여기에 다시 봉안한 게 아닐까 생각하게 되었다. 실제 근래 석탑 부근이 본격 발굴되어 궁궐과 사찰 건물들, '王宮寺'가 새겨진 기와 등이 확인되어 이런 추정에 힘을 실어주었다. 1,400년 전 불사리가 나타났던 이야기를 그저 전설로만 생각했는데 오늘날 사람들 앞에 다시 모습을 보였으니, 전설의 화현化現이라고 해야 할까.

제석사에서 일어났던 불사리가 보인 이적異蹟은 대중에게 묵직한 울림을 주었을 듯하다. 사실 무왕은 국가사업으로 미륵사를 창건하며 불교를 통해 사회 발전을 도모하고자 했는데 마치 이를 축하해주려는 듯이 그 완공 한 해 전에 제석사에서 사리가 출현하는 기적을 경험한 것이다. 그게 우연이었을지 모르겠지만, 여하튼 그는 이 기회를 그냥 흘려보내지 않았다. 이를 통해 사리 신앙을 외연시키는 계기로 삼아 이 일을 전국적으로 홍보함으로써 국가적 부흥의 원동력으로 삼으려 했을 것 같다.

위덕왕은 왕흥사를 창건하였지만 불사리 봉안을 개인적 발원發願으로 삼은 데 그쳤었다. 그와는 달리 무왕은 제석사에서 출현한 불사리 이적을 적극적으로 드러내고, 더 나아가 자신이 창건한 미륵사의 불사리 봉안을 통해서 왕권 확립에도 활용했다고 볼 수 있다. 위덕왕과 무왕 두 사람의 서로 다른 행보는 결국 사리 신앙의 형성 여부에도 다른 영향을 미쳤다고 볼 수 있다.

▌ 익산 미륵사지 석탑 사리봉안기

신라 사리 신앙의 일대 전기가 자장 스님이 643년 황룡사, 통도사, 월정사에 불사리를 봉안한 일이었다면, 백제에서는 그보다 4년 전인 639년에 무왕의 제석사, 왕궁사, 미륵사에 불사리를 봉안한 일이 그에 버금갈 만하다. 이렇게 백제와 신라는 비슷한 시기에 앞서거니 뒤서거니 사리 신앙을 발전시켜 나갔다.

제석사와 왕궁사 불사리의 극적인 이야기는 미륵사로 마무리된다. 백제 최고의 사찰인 미륵사는 무왕이 부인 선화공주와 함께 창건했다《삼국유사》〈무왕〉조). 16세기 무렵에 폐사된 절터에는 우리나라에서 가장 오랜 석탑 1기가 자리를 지키고 서 있었다. 그런데 2009년 석탑 해체 수리 때 사리장엄이 발견되어 큰 관심을 모았다. 함께 나온 금판에는 639년 기해년에 무왕과 왕후의 발원으로 불사리를 봉안하고 국가와 왕실의 안녕을 기원했다고 그 유래가 적혀 있다. 백제 미술의 정수를 보여주는 금동 사리호를 비롯해 여러 수준 높은 공예장식품 중에는 불사리로 보이는 작은 구슬들과 함께 이미 깨져 있던 유리 사리병 조각도 있었다. 이전부터 전해오던 불사리를 석탑을 새로 지으면서 다시 봉안했

익산 미륵사지 전경(2009년)

느지 모른다. 그렇다면 혹시 무왕은 민심을 모으고 국력을 결집하기 위해 제석사 목탑에서 나온 불사리를 왕궁리 오층석탑에 넣고, 심혈을 기울여 창건한 미륵사의 탑에도 그 일부를 봉안하지 않았을까?

삼국부터 통일신라 시대의 사리봉안기 작성 사례를 보면 사리호舍利壺나 사리 상자 겉면에 직접 글씨를 새긴 형식이 가장 많다. 사리봉안기를 별도로 만들어 사리장엄과 함께 탑 내에 봉안하기도 했는데, 기록할 재료는 납석 같은 돌을 사용한 예가 대부분이다. 그것과 비교할 때 돌이 아닌 금속, 그것도 순금 판 사리봉안기로는 익산 미륵사지 석탑에서 나온 예가 지금까지는 유일하다.

금판 크기가 가로 15.3㎝, 세로 10.3㎝로 직사각형이며, 두께가 불과 0.13㎝일 정도로 아주 얇아 백제 금공金工 기술이 상당했음을 보여준다. 글은 앞면은 11줄에 99자, 뒷면은 11줄에 94자, 전부 193자를 돋을새김으로 새겼고, 글씨가 선명하게 드러나도록 붉은색[朱砂]을 칠했다.

익산 미륵사지 석탑 전경(2022년)

이 금판 사리봉안기는 사리장엄이 놓이는 사리공 안에 옆으로 뉘거나 세우지 않고 마치 다른 사리장엄을 덮듯이 가장 위쪽에 올려져 있었다. 처음 봉안하면서 후대에 혹시 누가 이 사리장엄을 열어볼 일이 있거든 부디 이것부터 먼저 읽어보라고 일부러 그렇게 놓았던 걸까.

　미륵사지 석탑은 현재 남아 있는 우리나라 석탑 중에서 가장 오래되었을 뿐만 아니라, 백제의 사리장엄으로 도중에 사람의 손을 타지 않아 인위적으로 손상되지 않고 온전한 채로 발견되었다는 점에서 남다른 의미가 있다. 특히 글 제목을 '사리를 받들어 맞이한 일을 적은 글'이라는 뜻인 '사리봉영기舍利奉迎記'라고 한 데에도 눈길이 머물게 된다. 다른 꾸밈이나 과장도 없이 그저 불사리를 모시고 정성스레 받들었노라고 말하는 데서 당시 사람이 가졌던 불사리에 대한 순수한 마음이 전해진다고 할까. 이 봉영기에는 이 불사리를 언제 어디서 어떻게 얻게 되었는지, 또 수량이 얼마나 되었는지가 안 나온다. 그냥 중국이나 다

익산 미륵사지 석탑 사리장엄(보물 제1991호).
2009년 해체수리시 미륵사의 유래가 적힌 금동판, 사리호, 사리병과 불사리 등이 나왔다.

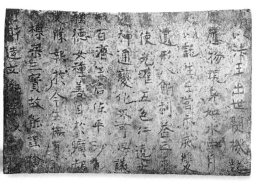

익산 미륵사지 출토 금판 〈사리봉영기〉(왼쪽이 앞면, 오른쪽이 뒷면)

른 나라에서 모셔왔고, 수량도 1과라는 뉘앙스만 느껴진다. 앞뒤 면에 걸쳐 적었지만 서로 다른 내용이 아니고 하나로 이어지는 문장이다. 특히 다음 글에는 백제에서 지녔던 사리 신앙의 일면이 담겨 있다.

"가만히 생각건대, 법왕法王(석가모니)께서 세상에 출현하시어 … 사라쌍수 아래에서 열반에 드시고 8곡斛이나 사리를 남겨 삼천대천세계를 이익되게 하셨다. 찬란히 빛나는 오색 빛을 비추어 그 주위를 일곱 번 돌게 하였으니, 그 신통 변화는 불가사의하였다. … 원하옵건대, 세세토록 공양하여 영원토록 다함이 없어서 이 선근善根으로 … 위로는 정법正法을 넓히고 아래로는 창생蒼生을 교화하는 데 도움이 되게 하며 … 또한 원하건대 무릇 이러한 마음으로써 모든 중생이 다 함께 불도를 이루게 해주소서."

竊以 法王出世 … 示滅雙樹 遺形八斛 利益三千 逐使 光曜五色 行遶七遍 神通變化 不可思議 … 願使 世世供養 劫劫無盡 用此善根 … 上弘正法 下化蒼生 … 又願 凡是有心 俱成佛道

이어지는 글은 아래와 같은데, 미륵사를 세운 주체가 당시 백제의 유력 가문 출신인 왕후임을 밝혔다. 그녀가 전생에 많은 덕을 쌓아 이 세상의 왕비로 태어났고, 백제를 떠받들 대들보로 삼기 위해 미륵사를 짓게 되었다고 말한다. 이런 글에 으레 나오는 수사修辭겠지만 창건주의 훌륭함을 돋보이게 하고, 나아가 석가모니의 권위를 왕실에 연결하려는 인식도 잘 보인다.

> "우리 백제의 왕후는 좌평 사택의 덕을 많이 쌓은 따님으로, 전생에 갖가지 좋은 인연을 심어 그 복을 얻어 지금 세상에 태어나셨다. 백성을 어루만지시는 한편 삼보에 동량을 세우기 위해 재물을 희사하여 가람을 지으시고, 기해년(639년) 정월 29일에 사리를 맞이했다."
>
> 我百濟王后 佐平沙乇積德女 種善因於曠劫 受勝報於今生 撫育萬民 棟梁三寶 故能謹捨淨財 造立伽藍 以己亥年正月卄九日 奉迎舍利

그간 미륵사의 역사는 무왕과 부인 선화공주가 함께 발원해 600년에 창건했다는 《삼국유사》 기록에만 의존해야 했는데, 미륵사의 건립 목적과 발원자에 관한 새로운 비교 자료가 나온 셈이다. 발원한 사람이 선화공주가 아니라 최고 벼슬에 해당하는 좌평을 지낸 아버지를 둔 귀족 가문 사택씨 출신 왕비이고, 창건연도가 600년이 아니라 639년이라고 나온 점이 다르기는 하지만 이를 계기로 여러 가지 다른 견해가 나올 수 있다. 이 두 자료를 비교 검토하면 그만큼 백제사 연구도 풍성해질 듯하다.

신라의 사리 신앙

▌신라 사리 신앙의 첫 걸음, 진흥왕의 진신 사리 영접

진신 사리가 언제 그리고 어떻게 우리나라에 전래되었는지 분명히 나오는 기록은 딱히 없다. 《삼국유사》에 몇 편의 사리 관련 기사가 실린 것 말고는 참고할 만한 자료가 눈에 띄지 않는다. 다만 불교사의 커다란 테두리 안에서 생각할 때 4~6세기에 고구려, 백제, 신라 순으로 불교가 전래했으니, 사리 신앙이 정착된 시기도 이 무렵이라고 보면 자연스럽다.

진신 사리를 이 땅에 들여오고 또 사리 신앙을 알리는 데도 가장 앞장섰던 계층은 인도와 중국에서 유학하고 돌아온 스님들이었다. 특히 자장, 의상 등 우리에게 잘 알려진 신라 고승들의 역할이 두드러졌다. 신라는 '이차돈의 순교'로 상징되는 혹독한 종교적 시련을 겪고 나서야 불교가 허용되었을 만큼 불교 전파과정이 순탄치 못했다. 하지만 불교를 원동력 삼아 이후 비약적으로 발전하였으니, 뒤로 움츠린 만큼 앞으로 뻗어나간 힘은 컸다. 그래서인지 불사리에 관련된 기록이나 일화도 고구려나 백제보다 훨씬 풍부하게 전한다.

불교는 삼국 중 고구려가 먼저 받아들였지만(372년), 정작 불사리 신앙과 직접 관련한 기록은 거의 남아 있지 않다. 오히려 가장 늦게 불교가 공인된(527년) 신라에 불사리 관련 기록이 훨씬 많다.

가장 이른 불사리 전래 기록은 "진흥왕 10년(549) 봄에 양粱에서 약간의 불사리를 신라로 보냈다."라는 기사이다(《삼국사기》〈진흥왕〉조). 양은 중국 남조南朝의 네 나라 중 최강국으로 그 28년 전인 521년에도 원표元表 스님을 파견해 신라 왕실에 불교를 소개해주었을 정도로 신라와 좋은 관계를 맺으려 노력하고 있었다. 549년에도 신라로 귀국하는 각덕覺德 스님 편에 사신 심호沈湖를 동행시킴으로써 진신 사리 전달의 의미를 극대화하는 외교적 수완을 보였다. 양나라 처지에서야 신라와의 우호 증진을 위해 귀한 선물을 보낸다고 생색내고 싶었을 것이다.

사실 진신 사리는 중국에서 불교가 전래한 1세기부터 매우 귀한 보배로 여겨졌던 데다가 수량도 한정되어 중국 정부는 외국으로 반출되는 일에 매우 민감했다. 반대로 우리나라로서는 진신 사리를 가져오는 일이 그만큼 어려웠다고 할 수 있다. 고려 문익점文益漸(1329~1398)이 원나라에 사신으로 갔다가 돌아오면서 목화 씨앗을 붓 뚜껑에 담아서 몰래 가져온 것만큼이나 위험한 일이었다고 말한다면 적당한 비유가 될까.

사적 제15호 '천경림 흥륜사지'(사진 위). 그런데 1965년 경주공업고등학교 교정을 정리할 때 길이 105㎝의 거대한 초석들이 발견되면서 흥륜사는 바로 경주공업고등학교 일대라는 주장이 제기되었다 (사진 아래). 2008년 운동장 배수로 공사 때도 '興'·'寺'·'王'자가 새겨진 기와가 나와 이런 주장을 뒷받침 했다.

뒤에서 말하겠지만, 자장 스님의 일화에서도 나오듯이 간혹 어떻게든 고국으로 가져가려는 신라의 스님과 이를 막으려는 중국 관리와의 쫓고 쫓기는 추격전이 국경까지 이어진 적도 있었다. 그만큼 우리나라에 진신 사리가 전래한 역사가 파란만장했다.

앞에서 보았듯이, 549년에 전래한 진신 사리가 "약간若干"이라고 표현된 것을 보면 수량은 그다지 많지 않았던 모양이다. 하지만 숫자의 많고 적음보다는 진신 사리가 처음 이 땅에 전래되었다는 사실 자체가 중요했다. 이는 불사리를 맞는 신라 사람들이 보인 태도와 인식에도 잘 드러난다. 진흥왕은 신하들을 거느리고 흥륜사 앞길까지 나가서는 중국에서 오는 일행을 공손히 맞이했고, 수많은 백성이 그 뒤에 서서 열렬히 환호했다. 그 뒤 300년쯤 지난 851년에도 경문왕이 원홍이 중국에서 가져오는 불사리를 맞이하기 위해 궁을 나와 교외까지 나갔던 적이 있다. 불사리를 빼면, 우리나라 역사상 중국의 사신을 맞이하기 위해 왕이 궁을 나선 예는 전무후무하다. 중국을 상국으로 대접했던 조선에서도 아무리 지체 높은 사신이 온다 한들 없던 일이었다. 하지만 신라 사람들은 왕과 신하, 그리고 백성들 모두 진신 사리는 곧 부처님이라고 생각했기에 부처님을 맞이한다는 마음으로 진신 사리에 대해 예를 다하여 영접한 것이다. 약소국 신라가 불교를 통해 국력을 하나로 결집하려 했던 여러 움직임 중에서도 첫 사례라고 할 만하다.

그렇다면 신라 사회가 불교를 중요하게 여기게 된 배경 중 하나가 바로 삼국 중에서도 유독 강렬하게 발휘되었던 사리 신앙이라고 말해도 아무 문제가 없다. 비단 신라에서만이 아니라 우리 불교사 전체로도 특기되는 사건인 643년 황룡사 구층목탑 건립도 따지고 보면 사리 신앙을 밑바탕으로 하고 있다. 그렇기에 신라에서 사리 신앙이 유행하고 큰 발전을 이루게 된 직접 계기가 바로 549년의 흥륜사 사리 영접이었다고 할 수 있을 것 같다.

그런데 양나라에서 가져온 이 불사리 '약간'은 그 뒤 어떻게 되었을까?《삼국유사》나《삼국사기》는 물론이고 후대의 어떤 기록에도 그 뒷이야기가 전혀 나오지 않는다. 분명 경주의 어느 탑 안에 봉안되었을 텐데, 이를 옛날 사람들이 기록으로 남겨두지 않은 건 아쉽다.

기록상 우리나라에 온 이 최초의 불사리는 한참을 건너뛰어 조선 후기에 와서야 다시금 등장한다. 무려 1,300년이 지난 뒤 까마득하게 잊혔던 최초의 진신 사리 이야기를 꺼낸 이는 허훈許薰(1836~1907)이다. 조선후기의 대학자 이익李瀷을 필두로 한 '성호학파星湖學派'를 계승한 정통유학자인데, 대부분 관심을 두지 않았던 불교사의 이면을 기록해두어 역사를 풍요롭게 해주었으니 불교계가 예사롭게 대하면 안 될 사람이다. 그는 평소 불교사에 관심이 많아 사적기事蹟記(사찰이나 불교 관련 인물의 역사와 행적을 적은 글) 같은 기록을 여러 편 지었는데, 고향이 신라 최초의 사찰 도리사桃李寺가 있는 경북 선산(현 구미시)이라는 점이 우연만은 아닌 것 같다.

허훈은 〈금당탑기〉에서 대구 동화사 금당암 석탑이 세워진 연유를 적으면서《삼국유사》에도 안 나오는 자세한 이야기를 남겼다. 신라 각덕覺德 스님이 양나라에서 가져온 진신 사리는 모두 1,200과顆가 넘었으며 사리함에 정성스레 담겨 신라 왕실에 전달됐고, 이를 통해 불심이 더욱 돈독해진 진흥왕이 출가를 결심하게 되었다는 것이다. 또 이 진신 사리들은 582년 전국 여러 사찰로 보내졌는데 특히 대구 동화사에 그 대부분 봉안되었고, 이 중에서 7립粒은 281년 뒤인 863년에 경문왕이 동화사에 석탑을 세울 때 사용되었다가, 875년에 금당암 앞마당으로 이건되었다고 나온다. 1958년 이 탑을 수리할 때 허훈의 이 이야기를 증명이라도 하듯이 꼭 그만큼의 진신 사리와 소탑小塔 99기가 발견되었다(김희경,《한국의 탑》, 1982).

그런데 〈금당암기〉를 읽다 보면 한 가지 의문이 든다. 처음 전해졌을

위 | 대구 금당암 동서 삼층석탑 중 서탑. 549년 중국에서
맞이한 불사리 중 7립을 봉안하기 위해 863년에 세웠다.
아래 | 금당암 서삼층석탑 사리함과 소탑들

때 '약간'이라던 사리가 얼마 안 되어 어떻게 1,200과로 늘었을까 하는
점이다. 사리를 쪼개어 이만큼 나눈 것일까? 그럴 수도 있겠지만, 강도
剛度가 다이아몬드급이라는 분석이 있을 만큼 사리는 그야말로 금강석
처럼 단단하다. 이런 사리를 잘게 잘라 여러 개로 나누기는 매우 어려
운 일이었을 것이다. 비과학적으로 들릴지 모르지만, 혹시 '분사리分舍
利'된 것인지도 모른다. 분사리는 하나의 사리가 스스로 여러 개로 나
뉘는 현상으로, 사리에서 뿜어 나오는 밝은 빛이 사방으로 뻗치는 '서
광瑞光' 현상과 함께 사리의 위의威儀를 이해하는 데 필요한 개념이다.
분사리에 대해서는 뒤에서 자세히 설명하겠다.

　신라에 처음으로 부처님 사리가 전해진 지 1,500년이 다 되어 간다.
이때의 진신 사리 전래가 신라에서 불교가 발전하는 데 결정적 계기가
된 일대 사건이었음을 불교사의 이정표에 잘 기록해둘 필요가 있다.

‖ 안홍 스님의 불사리 전래

앞에서 말했듯이, 549년 중국 양나라에서 신라로 전해진 진신 사리는
신라 사리 신앙의 첫걸음이었다. 이어서 27년 뒤 안홍安弘(혹은 안함安含)
스님이 중국 진陳나라에 유학 다녀오면서 불사리를 전래했다. 안홍 스
님은 중국에서 함께 공부했던 인도의 비마라 스님을 대동하고서 576년
에 귀국했다. 이때 중국에서 얻은 진신 사리를 일반에 선보여 신라 사
회에 큰 반향을 불러일으켰고, 동시에 사리 신앙을 대중에게 알리는 데
큰 역할을 하였다(《삼국사기》〈진흥왕〉 37년).

　안홍 스님은 진신 사리 외에 《능가경》, 《승만경》 같은 불경도 함께
들여왔다. 이를 통해 불교의 대중화가 더욱 빨리 이루어질 수 있었다
는 게 학계의 정설이다. 《능가경》과 《승만경》은 돈독한 신행信行을 통
해서라면 누구나 성불할 수 있다는 이른바 '여래장如來藏 사상'의 핵심
경전이다. 그런데 안홍 스님이 여러 경전 중에서 하필 이 책들을 들여

94

온 데에 각별한 의미가 담겨 있었다고 가정한다면, 그건 바로 사리 신앙의 확산을 의도했기 때문은 아니었을까? 공부하려면 눈앞에 스승이 있어야 잘 되듯이, 대중들에게는 신행의 본보기나 구심점이 필요하다. 그렇다면 석가모니와 동일체로 인식되는 진신 사리보다 더 나은 대상이 또 어디 있겠는가? 이후 고구려·백제·신라 등 각국에서 진신 사리 전래와 사리 신앙에 관련한 이야기가 부쩍 많이 등장하는 것도 우연이 아닐 것이다.

549년에 공식적으로 처음 온 불사리는 국가 간 외교 또는 친선 차원에서 온 것이고, 또 신라 처지에서 보자면 다소 수동적으로 전해 받은 셈이다. 그런데 이번에는 신라의 스님이 개인 자격으로 적극적 의지를 갖고 가져왔다는 점에서 남다른 의미가 있었다. 한 세대가 흐르는 동안 불사리에 관한 수용 의지가 그만큼 커졌다고 볼 수 있다. 이렇게 잇달아 불사리가 공식 전래하면서 사리 신앙은 더욱 비교할 수 없을 만큼 다량으로 전래함으로써 왕실과 귀족계층을 넘어서서 드디어 일반 대중에게까지 전파되는 중요한 계기였다고 할 수 있다.

또 하나 사리 신앙 역사에서 눈여겨보아야 할 대목은 이 무렵부터 불사리를 가져와 대중에게 소개하는 주체가 주로 인도·중국에서 귀국하던 구법승求法僧으로 바뀌었다는 점이다. 승려라고는 해도 한 개인이 머나먼 이국에서 진신 사리를 얻어서 가져오는 일이 보통 힘든 게 아니었을 것이다. 언제나 큰 위험을 감수해야 했고, 때론 적잖은 희생을 치르기도 했다. 하지만 이렇게 진지하고 이타적 노력이 쌓인 덕분에 사리 신앙은 그만큼 빠르고 단단하게 뿌리내릴 수 있었다.

▌ 사리 신앙의 일대 사건, 자장 스님의 불사리 장래

576년 안홍 스님이 중국에서 신라로 불사리를 전래한 지 67년이 지난 643년, 사리 신앙의 기념비적 사건이 신라에서 일어났다.

자장慈藏(590~658) 스님이 중국 당唐나라에서 유학하던 중 문수보살을 친견하고 불사리 100립粒과 석가모니가 입었던 비라금점 가사 한 벌을 전해 받아 신라에 가져온 것이다《삼국유사》〈전후소장사리〉). 이 일은 신라 사람들이 자기들이 살고 있는 이 땅이 드디어 인도나 중국 못잖은 불교 중심지가 되었다는 자존감을 한껏 드높이도록 해주었다. 그가 가지고 온 진신 사리 수량도 이전과 비교가 안 될 정도로 많았다. 그래서인지 일연 스님은《삼국유사》에 이 일을 '장래將來'라고 특히 강조했다. 어감상 '금의환향'같이 어떤 큰일을 이루고 돌아왔다는 느낌이 드는 말이니 이 상황에 꼭 들어맞는다.

더군다나 불사리 100립 중에는 정수리 사리 및 치아 사리가 있었던 게 꽤 의미심장하다. 정수리는 머리 꼭대기이니 바로 깨달음의 정신을 상징하고, 치아는 입과 관계가 있으니 곧 깨달음을 펼치는 설법을 의미한다. 신라 사람들이 정수리 사리와 치아 사리를 보면서 느꼈을 환희심과 신행에의 굳은 다짐을 충분히 상상해 볼 수 있다. 그리고 자장 스님이 그 소임의 일선에 선 것이다.

자장 스님이 불사리를 봉안한 사찰들   고려 일연一然 스님이 지은《삼국유사》에는 〈황룡사구층탑〉, 〈자장정율慈藏定律〉, 〈전후소장사리前後所將舍利〉 등 여러 편에 걸쳐 자장 스님 이야기가 나온다. 때로는 같은 얘기가 반복되어 있고 때로는 약간 다른 이야기가 보태어져 있기도 하다. 한 번에 그칠 수 없을 만큼 자장 스님의 이야기가 중요해《삼국유사》에 그와 관련한 이야기가 여러 군데에 나오게 되었을 테지만, 다른 한편으로 보면《삼국유사》를 지은 13세기에는 이미 자장 스님의 행적이 다소 모호해져 있던 상황이 드러난 것으로도 보아야 할 듯하다.

이런 기록과 현대에 황룡사지를 발굴할 때 발견한 〈황룡사 구층탑 찰주본기〉 등을 종합해 보면 자장 스님은 645년에 경주 황룡사 구층목

탑을 필두로 해서 646년에 양산 통도사通度寺 금강계단金剛戒壇, 울산 태
화사太和寺 탑, 그리고 강원도 정선 정암사 수마노탑 등을 세우고 불사
리를 봉안했다. 당시 신라 사람들에게는 이들 사찰이 가장 중요한 절
로 인식되었던 모양이다.

그중에서도 특히 통도사는 우리나라 사리 신앙의 핵심이 되었다. 뒤
에서 자세히 말하겠는데, 통도사 금강계단에 모셔진 불사리는 통도사
뿐만 아니라 고려와 조선에 걸쳐 다른 지역의 명산 명찰에도 일부가 나

누어 봉안되는 등 사리 신앙이 전
파되는 데 가장 큰 역할을 했다.
1642년에 편찬된 《통도사사적약
록通度寺事蹟略錄》 중 〈사리영이舍利
靈異〉에는 통도사 불사리가 보인
여덟 가지 신령한 이적이 이렇게
나온다.

첫째, 누구든 사리를 첨례瞻禮
하고 공양하면 다섯 가지 법신의
그윽한 향기를 맡을 수 있다. 둘
째, 인연 유무에 따라 사리가 나
타나기도 하고 밝게 빛나기도 한
다. 셋째, 사람들이 예배할 때 맑
은 하늘에 갑자기 비가 내리기도
하고, 비 내리던 하늘이 갑자기
개어 길흉을 알지 못한다. 넷째,
계단 석종 위에서 오색 광명이 비
쳐 산과 골짜기를 밝히고, 향과
초를 공양하고 정진하면 계단 반

자장 스님 진영(조선시대, 통도사 소장). 자장 스님은 중국에서 불사리
100과를 모셔와 경주 황룡사 구층목탑을 세워 봉안하는 등 신라 불교에
큰 자취를 남겼다.

양산 통도사 전경

상에 사리가 모래알처럼 나타난다. 다섯째, 사람들이 첨례瞻禮하여 향
과 초를 태워 공양하고 정진하면 변신사리變身舍利가 모래알처럼 무수히
나타난다. 여섯째, 몸과 마음이 깨끗하지 않고 하심下心(마음을 겸손하게 내
려놓지 못함)하지 못한 사람이 있으면 절 일원에 악취가 나 부정한 사람
을 광란에 빠트린다. 일곱째, 석종 부도 위 여의주석 구룡반석 아래 움
푹 파인 곳에 항상 물이 가득한데 그곳에 붙어 있는 한 쌍의 푸른 달팽
이는 사람이 보면 사방으로 흩어져 보이지 않다가, 사람이 흩어지면 전
과 같이 있다. 여덟째, 날짐승이 금강계단 위로 날아가지 않고, 주변을
시끄럽게 하지 않는다.

　이처럼 통도사 불사리에 관한 기록은 아주 풍부하게 전해 우리나라
사리 신앙의 역사를 풍요롭게 해준다.

　황룡사와 통도사가 비교적 잘 알려진 대찰인 데 비해서 태화사는 지
금은 터만 남아 있을 뿐 관련한 역사나 유적이 거의 남아 있지 않다.

자장 스님이 중국에서 가져온 진신 사리를 봉안한 통도사 금강계단 (국보 290호). 우리나라에 사리
신앙이 크게 확산되는 계기가 되었다.

그래서 오늘날 시각으로 볼 때 '자장 스님이 그 중요한 불사리를 왜 이
곳에 봉안했을까?' 하는 의문도 난다.

'太和'는 '태양'과 '태음'이 하나로 조화된, 하늘과 땅 사이 충만한 기
운을 말하니 곧 세상이 하나로 화합한다는 뜻이다. 나라를 안정시키
고 발전시키기 위해서 아주 중요한 가치 덕목이었기에 일찍이 중국에서
삼국시대 위魏나라 명제明帝(227~232)를 비롯해, 오호십육국시대 후조後
趙의 명제(328~330) 및 성한成漢의 후주後主(344~346), 동진東晋 폐제廢帝 사
마혁司馬奕(366~371), 남북조시대 북위北魏 효문제孝文帝(477~499) 등이 모두
즉위하면서 연호로 삼기도 했다. 또 우리나라에서도 진덕여왕이 즉위
하면서 연호(647~650)로 삼았다. '태화'라는 단어에 담긴 의미가 아주 크
다는 뜻이다. 울산 태화사 절 이름은 자장 스님이 중국에 있을 때 오
대산 태화지太和池에서 문수보살에게 불사리를 전해 받은 것을 기념해
서 지었다고 생각되지만, 그 밖에도 '태화'라는 말 자체에 담긴 깊은 의

울산 태화사지 십이지상 사리탑 (울산박물관 소장)

미와 중국과의 연관성도 그렇게 이름 짓게 한 중요한 요소였을 거라는
생각이 그래서 자연히 들게 된다. 이름에 걸맞게 태화사는 자장 스님이
불사리를 봉안한 이후 사격이 아주 높아졌다. 고려시대만 해도 997년
성종成宗이 경주에 왔다가 9월에 태화사의 누각인 태화루에 올라 연회
를 베풀었고, 고려 말~조선 초기에도 전국의 여러 명사가 자주 이곳을
찾아 시를 짓곤 했을 만큼 나라 안의 대표적 명찰이었다.

　태화사지에서 1962년에 석종 모양의 사리탑이 발견되었다. 겉면에
빙 둘러서 십이지상을 새겼고, 위쪽에 사리장엄을 놓기 위한 감실龕室
을 마련한 특이한 형태여서 발견되자마자 사람들의 비상한 관심을 끌
었다. 학자들이 이런 독특한 형태를 한 이유와 제작시기에 대해 연구를
이어왔지만 아직도 시원한 결론은 나지 않았다. 제작 시기만 해도 9세
기, 고려시대, 조선시대 등으로 크게 엇갈린다. 비록 정확한 연대는 알
수 없으나, 태화사가 자장 스님이 공들여 불사리를 봉안했던 자리였음

을 새삼 일깨워주는 유물인 건 확실하다.

〈전후소장사리〉에는 대체로 〈황룡사구층탑〉의 얘기를 그대로 한 번 더 말하고 나서 끝머리에 가서, "나머지 불사리는 어디에 있는지 자세하지 않다其餘未詳所在."라고 덧붙임으로써 자장 스님이 모셔온 불사리가 이 세 사찰에 봉안한 것 외에 다른 데에도 더 모셨을 가능성이 있음을 넌지시 암시하고 있다.

그런데 〈자장정율〉에는 자장 스님이 강원도 정암사淨巖寺 석탑(일명 수마노탑)에도 그중 일부를 나누어 넣었다고 나온다. 645년 황룡사, 646년 통도사, 647년 태화사에 이어 네 번째 불사리 봉안이 이뤄졌던 것이다. 그렇게 보면 지리적으로도 경주로부터 지방으로 순차적으로 퍼져나간 셈이니 신라 국토에 불교를 전파하는 궤적이 사리 신앙과 정확히 일치하는 걸 알 수 있다. 이렇게 불사리가 서울인 경주에만 치우치지 않고 신라 땅 골고루 봉안됨으로써 신라 국토 전역에 사리 신앙이 퍼지게 되었을 것이다.

자장 스님이 가져온 불사리의 불교사적 의미 앞서 본 것처럼, 신라에서 사리 신앙이 뿌리내리게 된 결정적 계기는 자장 스님이 가져온 불사리 100매였다. 이후 그 불사리 중 일부가 탑에서 꺼내어져 전국 주요 명찰에 나누어져 봉안되고, 고려와 조선에 걸쳐 이 사실이 계속 사람들 입으로 회자하여 끊임없이 사람들의 관심을 일으키곤 했다. 이런 과정을 지나며 사리 신앙이 확고히 자리잡게 되었으니, 비단 신라뿐만 아니라 우리나라 전체로 보더라도 매우 중요한 사건이었다고 해야 하겠다.

《삼국유사》는 큰 주제에 따라 전부 9편篇으로 편성하고 그 안에 다시 세부 일화를 담은 100여 개 조條로 구성되었다. 그런데 그중 10개 이상 조에 자장 스님과 그의 불사리 전래 및 봉안 사실이 기록된 건 바로 그런 사정이 반영되어서다. 또 그밖에 통도사, 정암사, 동화사 등 불교사에서 비중이 큰 대찰의 역사서에도 자장 스님이 가져온 불사리가 언급된 경우가 적지 않다.

그런데 자장 스님이 중국에서 불사리를 가져온 건 단순히 개인 신앙 차원이거나 혹은 왕실의 안녕을 빌기 위한 것만이 아니고, 마음속에 그 이상의 큰 그림이 그려져 있었던 듯하다.

우선 100과나 되는 엄청난 양에 주목해야 한다. 보통 사람이라면 평생 1과도 얻기 어려울 진신 사리를 어떻게 해서 이렇게 많이 얻을 수 있었을까? 앞에서 본 것처럼 《삼국유사》에는 자장 스님이 중국 오대산에서 문수보살을 뵙고 직접 받았다고 나온다. 요즘 사람에게는 환상적이고 신화적 이야기로 들릴 수밖에 없다. 그런데 그건 일연 스님이 이 일을 적을 당시는 이미 600년도 더 지난 때라 그에 관한 자세한 자료가 전하지 않았기 때문일 수 있다. 그래서 자장 스님이 불사리를 얻은 사실만 강조되고, 그 과정은 불사리의 신성함이 극대화하도록 신화적으로 포장된 채 세간에 전해졌던 게 아닌가 생각한다. 종교적 일화에는 종종 실제보다 조금 과하게 신성神聖이 덧붙여질 때가 많다. 자장 스님의 예도 비슷하다고 생각된다. 하지만 거기에서 종교적 신성함을 떼어놓고 역사적 해석을 해보면, 자장 스님이 불사리를 많이 가져올 수 있던 데에는 사전에 중국과 협의하는 등 상당히 치밀한 준비가 있었다고 볼 수 있다. 또 100과나 얻은 것도 역시 그만큼 필요했던 뚜렷한 목적이 있었기 때문일 것이다. 그리고 그 사용 목적은 이후의 행보를 보면 더 확실해진다.

결국 자장 스님은 이 불사리를 통해 신라 사회에 사리 신앙을 널리 알리고 그를 통해 불교를 발전시키고자 했던 분명한 의도가 있었던 듯하다. 그래서 가장 먼저 정치경제와 문화 중심지인 경주 한복판의 황룡사에 구층 목탑을 세워 불사리를 봉안함으로써 커다란 바람을 일으키려 했다. 그리고 당연히 서울[경주] 사람들에게 이 일은 최대의 화젯

거리였을 것이다.

중앙에 사리 신앙을 성공적으로 뿌리 내리게 한 다음은 지방 차례였다. 그 첫걸음으로 양산 통도사에 금강계단을 설치해 불사리를 봉안했다. 특히 통도사 금강계단에 불사리를 봉안한 일은 우리나라 승려들의 자존감을 한껏 높이는 계기가 되었을 것이다. 수계受戒 의식을 여는 금강계단에 모든 승려의 영원한 스승 석가모니의 사리를 안치한 건 아주 훌륭한 생각이었다. 처음 불문에 든 사문들로서는 마치 석가모니에게 직접 계를 받는 의미가 되어 더할 나위 없이 좋고, 나아가 우리 불교의 권위도 한껏 높았을 것이다. 다음으로는 울산의 대찰 태화사에도 불사리를 봉안했고, 더 나아가 당시 문화가 급속히 발전하던 강원도 지역의 대표적 명찰 평창 월정사月精寺와 정선 정암사에도 탑을 짓고 불사리를 봉안했다.

월정사 창건 이전부터 일찍이 신라 사람들은 강원도 오대산五臺山이 문수보살이 머무는 자리라고 생각했다. 그런 데에는 이유가 있었다. 석가모니 입적 후 얻은 불사리를 부촉付屬(일의 집행, 물건의 사용에 관해 위임받음) 받은 문수보살은 청량산淸凉山을 상주처常住處로 하여 1만 명의 보살과 함께 머문다고 《화엄경》에 나온다. 그런데 청량산의 다른 이름이 오대산이고 월정사가 자리한 산도 오대산이어서 자연스럽게 《화엄경》 이야기가 신라 오대산에 겹치며 '신라 땅은 곧 부처님의 나라'라는 불국토佛國土 사상이 펼쳐진 것이다. 이 같은 바탕 위에서 자장 스님이 월정사와 정암사에 진신 사리 봉안을 이루었고, 이후 이런 믿음은 더욱 확고히 자리 잡았을 듯하다. 이로써 7세기 중반 신라 영토 대부분에 불사리 신앙이 골고루 퍼지게 되었다.

통일신라시대 사리 신앙

세 나라가 500년이 넘게 서로 힘의 균형을 절묘하게 맞춰나가던 삼국시대는 660년대 후반에 접어들자 고구려와 백제가 신라로 합쳐지며 일대 변혁이 일어났다. 그때까지 경쟁과 협력으로 함께 성장했던 삼국은 이제 통일국가로서 거듭났고, 정치 경제 사회 모든 면에서 새로운 풍조들이 나타났다.

7세기 후반은 삼국을 모두 미증유의 소용돌이로 몰아넣은 통일전쟁에서 최종 승자가 되기 위해 극렬하게 전쟁을 벌인 탓인지 사리 봉안의 사례가 전해지지 않는다. 그러다가 세 나라가 합쳐지고 통일국가가 된 8세기부터 다시금 불사리 봉안이 활발해졌다. 그래서 8세기는 통일신라 사리 신앙에서 상당히 의미 있는 시기였다고 할 만하다.

사실 통일신라에서 불교는 국교國敎와 다를 바 없었으므로 사리 신앙도 자연스레 대중으로 확산하였을 것이다. 다만 자장 스님이 황룡사, 통도사 등 여러 사찰에 잇달아 불사리를 봉안했던 기념비적 사건 이후론 사료史料가 별로 남아 있지 않아 짜임새 있게 설명하기가 어려워 아쉽다. 그래도 그와 관련한 금석문 자료가 약간 전하니 이를 통해 띄엄띄엄하게나마 흐름을 말할 수는 있다. 연대기적 서술이 역사 연구의 기본이 되는 건 대세를 읽을 수 있기 때문이니, 그런 다음에 그 안에서 일어났던 하나하나의 사건을 들여다보면 실체에 좀 더 가까이 다가갈 수 있다.

사리 신앙의 역사 역시 마찬가지이므로, 여기서는 이들 자료를 시대 순으로 살피며 사리 봉안의 흐름을 먼저 본 다음, 이어서 이러한 실물 자료들을 하나하나 자세히 살펴보도록 하겠다.

삼국이 통일되고 30여 년이 지난 706년, 불사리 7과가 황복사皇福寺 삼
층석탑에 봉안되었다. '황룡사皇龍寺'가 그렇듯이 '황복사'라는 절 이름
에도 황실의 안녕을 비는 바람이 들어가 있다. 실제로 2016년 1차 발굴
때 절터 바로 부근에서 효성왕(재위 737~742)과 직접 관련 있어 보이는 미
완성 무덤이 발견되기도 했다. 황복사가 8세기의 중요한 신라 왕실 원
찰의 하나로 추정되는 까닭인데, 따라서 황복사 삼층석탑에 불사리가
봉안되었음은 곧 통일신라 왕실 사리 신앙의 일면을 보여준다고 할 수
있다.

한편 766년에 경기도 안성 미륵당에 탑을 세우고 불사리를 봉안했는
데, 탑 안에 넣어진 〈영태 2년명 탑지 대석臺石〉에 새겨진 사리봉안기에

경주 황복사 삼층석탑 사리장엄. 황복사에는 692년과 706년 등 두 차례 사리장엄이 봉안되었다. 이
시기는 신라에서 탑을 가장 활발히 세우던 시기였다. 사진 속 작은 은색 및 금색 상자가 불사리를 담
았던 사리기고, 청동제 사리함 뚜껑 안쪽의 금판에는 명문이 새겨져 있다.

경주 황복사 삼층석탑 사리장엄
위 | 왼쪽은 금제여래입상(국보 제80호), 오른쪽은 금제여래좌상(국보 제79호)
아래 | 금·은제 잔과 유리알

는 '불사리'라는 말이 전혀 나오지 않는다. 또 이후에 작성된 사리봉안기에도 대체로 '사리'라는 단어 자체가 아주 드물게 나타난다. 사리 봉안을 기념하는 글에 정작 '사리'라는 말이 안 들어간 건 이상한데, 아마도 이 무렵부터는 사리를 봉안한다는 사실을 넘어 탑 건립 자체를 중요시했기에 그런 것 같다. 이는 8세기 이후 석탑 건립이 이전과 비교해 부쩍 늘어났던 사실과도 연관 있다고 생각한다. 사리 신앙의 형식 면에서 대중의 관심이 진신 사리에서 탑으로 옮겨간 정황으로 볼 수 있다면, 이는 곧 8세기 중반에 이르러 사리 신앙의 내용에 다소 변화가 일어났다고 추정할 수 있다.

863년에 영남의 명찰인 대구 동화사桐華寺 비로암에 삼층석탑을 세우고 불사리를 봉안했는데 그 인연이 사리호舍利壺에 아주 자세히 새겨졌다. 경문왕이 죽은 민애왕을 위해 사리를 봉안한 것인데, 그 과정이 파란만장했다. 민애왕은 희강왕을 쫓아내고 왕위에 올랐다가 그 자신도 청해진 대사 장보고를 동원한 김우징에 의해 죽임을 당했는데, 민애왕

청도 운문사 작압전 발견 청동 사리호

이 쫓아낸 희강왕의 손자로 왕위에 오른 경문왕이 오히려 민애왕의 명복을 빈 것이다. 이 복잡다단한 인연은 뒤에서 자세히 설명하겠다. 동화사 삼층석탑에 봉안된 불사리에는 신라 하대 왕권 쟁탈전 영욕, 그리고 이를 불심으로 녹여내려는 화해와 용서, 관용의 자취가 투영되어 있다.

그로부터 2년 뒤인 865년에도 경문왕은 청도 운문사雲門寺 사리탑을 수리할 때 불사리 2과를 봉안했다고 운문사에 전하는 납석 사리호에 새겨져 있다('咸通六年 塔改造 … 咸通六年 塔治節 舍利二身').

장흥 보림사 남북 삼층석탑

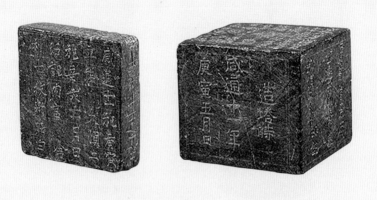

보림사 삼층석탑에서 출토된 탑지석

또 870년에 장흥 보림사寶林寺에서 남북 삼층석탑을 세울 때 왕명으로 왕궁에 모셔두었던 불사리 7매를 탑에 봉안하게 하였다(咸通 十一年祀 庚寅 立塔 大順二祀辛亥 十一月日 沽記 內宮 舍利七枚 勅在白). 이 사실은 1933년 두 탑을 보수할 때 사리장엄과 함께 발견된 탑지석塔誌石 2매 중 남탑 탑지에 기록되었다. 또 북탑 탑지에는 이 불사는 경문왕이 선왕인 헌안왕의 왕생을 위하여 서원부西原部(지금의 청주) 소윤小尹(지방의 차관급)으로 나말奈末(17관등 중 11위) 벼슬인 김수종金遂宗이 건의했고, 주관은 급간及干(17관등 중 9위) 벼슬인 진뉴珎紐가 했다고도 나온다.

통일신라시대 다라니 신앙

통일신라시대 사리 신앙에서 눈여겨볼 건, 8세기부터 유행했던 다라니 신앙이 탑 건립에도 영향을 주었다는 점이다. 다라니란 본래 지혜 또는 삼매三昧를 뜻하는 말인데, 나중에 범어를 번역하지 않고 음 그대로를 적은 진언眞言이라는 뜻도 갖게 되었다. 그러다가 진언을 외우는 의식인 주법呪法이 중요하게 대두되면서 진언만을 적은 다라니경이 나왔다. 그런데 다라니경에는 다라니를 외우면서 탑을 세워야 큰 공덕이 된다고 나와서 자연스럽게 탑을 짓는 일이 유행하게 되었다. 그리고 다라니경은 법신 사리이므로 진신 사리를 대신하거나 진신 사리와 함께 탑 안에 봉안된 것이다(본서 2장 탑과 사리 신앙, 〈법신 사리로 봉안된 다라니경과 보협인경〉 참조).

그런 사실을 보여주는 실물 자료가 8세기부터 많이 전한다. 766년 산청 석남암사지 삼층석탑 불상 대좌 명문, 846년 포항 법광사 삼층석탑 탑지, 855년 경주 창림사 삼층석탑 사리봉안기, 867년 봉화 축서사鷲棲寺 석탑 사리호 명문, 872년 경주 황룡사 구층 목탑 찰주본기, 883년 경주 석탑 등에서 발견한 사리봉안기 등이 그렇다. 그중 포항 법광사 삼층석탑 사리장엄과 경주 황룡사 찰주본기를 예로 들어 설명해 본다.

포항 법광사 삼층석탑은 828년(흥덕왕 3)에 처음 세웠는데 846년(문성왕 8)에 수리하면서 불사리 22매를 봉안했다(〈법광사 사리봉안기〉 참조). 왕의 복덕을 먼저 발원하고, 문성왕의 할아버지로서 사후에 성덕왕成德王이라는 존호를 받은 김균정金均貞(?~836)의 명복도 함께 기원한 것이다. 그런데 이 불사를 주관한 기관이 '성덕왕전成德王典'이라고 나와 법광사가 성덕왕, 곧 김균정의 원찰願刹이었을 가능성이 크다. 이 불사에 재산을 희사捨財했던 사람 중 한 명으로 원적圓寂 비구니가 보이는데, 기록상 우리나라에서 불사리를 봉안한 최초의 비구니일 듯하다. 또 사리를 담았던 납석 사리호에는 옆면에 '불정존승 다라니佛頂尊勝陁羅尼'라는 일곱 자가 새겨져 있어 법광사 다라니가 이후 유행한 이른바 '다라니 석당石幢'의 선구였다고 짐작해 볼 수 있다.

또 〈황룡사 찰주본기〉는 세계 최대의 목탑이었던 황룡사 구층 목탑을 872년에 중건하고 나서 지은 사리봉안기이다. 645년 자장 스님이 처음 지었을 때 '초석 안을 깊숙이 파고 여기에 금과 은으로 만든 고좌高座를 놓은 다음 그 위에 사리가 든 유리병을 봉안'했던 상황이 잘 묘사되어 있고, 아울러 872년에 불사리 100매를 새로 봉안했다고 나온다. 더욱이 872년 중건하면서 "무구정경에 따라 작은 석탑 99구마다 각각 석탑마다 사리 1매씩 넣고, 다라니 4종과 경전 1권을 넣었다."라고 당시 다라니 신앙이 최고조에 이르렀던 상황도 잘 나온다.

이렇게 다라니 신앙을 입각해서 세운 탑에 들어 있던 탑지 또는 사리봉안기를 자세히 검토하면 당시 사리 신앙의 면모와 더불어 역사의 한 부분까지 보인다.

사리 신앙의 모습을 보여주는 사리 봉안의 사례들

Ⅱ 감은사 동서 삼층석탑의 불사리

삼국 간 전쟁이 종식되자마자 국가에서 주도한 중요한 불사리 봉안 행
사 하나가 거행되었다. 경주 동해 바닷가에 새로 지은 감은사感恩寺에
동서로 세운 두 삼층석탑에 넣은 불사리이다.

《삼국유사》에 따르면 감은사는 통일을 완성한 문무왕의 명으로 짓
기 시작했고, 문무왕이 도중에 세상을 뜬 이듬해인 682년 신문왕이 완
성하였다. 이후 어느 때인지 폐사되었으나 탑만큼은 계속 그 자리에 우
뚝 서서 천 년을 넘게 내려왔다. 1959년에 절터를 발굴하고 서탑을 해
체 수리했는데, 이는 우리나라 사람의 손으로 이루어진 최초의 절터 발

감은사지 사리장엄 내함과 외함((보물 제1359호. 위는 동탑, 아래는 서탑)

굴로 기록된다. 그리고 동탑은 1996년에 해체 보수되었는데 사리장엄을 발견한 직후 대중에게 공개하여 국민의 큰 관심을 모았다.

그런데 발굴하고 보니 금당 자리가 굉장히 특이했다. 여러 장의 길고 가느다란 장대석長臺石을 촘촘하게 배열해 금당 마루의 바닥 면을 짰는데, 그 아래가 지표면地表面에 바로 맞닿은 게 아니었고 땅바닥 사이에 나지막한 높이의 공간이 나 있었다. 구들은 물론 아니었다. 당시는 물론이고 이후로 숱하게 절터 발굴을 했어도 아직 이런 구조를 한 곳은 없었다. 전문가들은 숙의한 끝에 이 전무후무한 구조를 창건담과 연결해 보기로 했다.

감은사는 문무왕의 절이라 해도 무방할 만큼 그는 이 절에 공을 들였다. 문무왕은 숨을 거둘 순간이 되자 자신은 죽어서 동해의 용으로 몸을 바꿔 신라를 지키겠노라고 다짐했다. 말하자면 문무왕은 자신의 사후 자기의 혼이 머물 자리로 감은사를 지으며 이 공간을 마련했다는 것이다. '세상에 용이 어디 있는가!' 하고 일소에 부칠 수도 있겠다. 하지만 꼭 몸이 용처럼 변해서 용이 아니라 마음이 그만큼 절실하다는 의미로 해석하면 꼭 아니라고 할 것도 아니다. 현대 건축인 홍콩 남부의 리펄스 베이 맨션 건물에는 중앙에 마치 문 같은 모양으로 자그마한 사각형 공간이 뚫려 있다. 이 건물에 사는 사람들에게 행운이 깃들기를 바라는 뜻에서 용이 드나드는 공간으로 마련한 것이라고 한다. 현대인도 이러할진대, 1,500년 전 사람이 밤에 용이 쉬게끔 바닥에 공간을 두었다 해도 하등 이상할 게 없다.

동서로 나란히 선 삼층석탑은 동시대 탑 중에서 가장 크다고 할 만큼 위용이 대단하다. 높고 크면서도 형태의 비례감이 아주 좋은데다가, 거기에 걸맞게 표면에 아무런 무늬도 장식하지 않아 담박한 아름다움도 뛰어나다. 이만한 탑이 세워질 정도였다면 감은사의 위상도 보통이 아니었을 것이다. 앞에서 말한 문무왕이 공력을 다해 지으려 했다는 추정도 여기서 비롯한다.

두 탑에서 각각 발견된 사리장엄은 모두 처음 넣을 때 모습 그대로였다. 그런데 사리장엄을 구성한 여러 유물이 천년 세월을 보내느라 삭아서 부스러지기는 했어도 중간에 인위적으로 훼손되지 않았던 건 천만다행이었으나, 어쩐 일인지 사리봉안기가 없었다. 백제의 왕흥사, 미륵사도 그렇고 뒤에 세워진 여러 사찰의 탑, 특히 중요한 사찰의 탑에는 사리봉안기가 있기 마련이었다. 중도에 손을 타서 사라졌다면 모르겠지만, 창건 당시 그대로 전해온 탑의 사리장엄에 사리봉안기가 처음부터 없었던 예는 아주 드물다. 어쩌면 감은사 경내에 사리 봉안의 내력을 적은 비석을 세웠으나 나중에 없어졌는지도 모르겠다.

사리봉안기는 없어도 감은사가 창건된 682년을 불사리를 봉안한 해로 생각해도 아무 무리가 없다. 이 사리장엄은 사천왕상이 조각된 외함이나 2층의 전각 형태인 내함의 조형성造形性은 아주 탁월해서 종류를 불문하고 불교미술의 최고 반열에 두어도 될 만한 작품이다.

두 탑의 사리장엄 모두 사리 외함, 내함, 사리병이 있고 맨 안쪽의 사리병 안에 사리가 들어 있는 등 기본적으로 같은 구조이고 다만 세부적인 면에서 약간 차이를 두었다. 그런데 두 탑에서 나온 사리의 수가 다르다. 서탑 사리장엄에는 사리가 단 하나만 나온 데에 비해서 동탑 사리장엄에선 좁쌀처럼 자그마한 사리가 50여 과나 담겨 있었다.

이를 두고 고故 황수영 박사는 '서탑에는 진신 사리가 봉안된 것이고 동탑에는 감은사의 창건주 문무왕의 사리를 넣은 아닐까' 하는 추정을 했었다. 근거가 희박해 막연한 추정이기는 해도, 앞에서 감은사 금당의 특이한 구조를 문무왕의 유언과 연결해 보았던 것과 같은 관점으로 이해한다면 한번 해볼 만한 추론이 아닐까 한다.

서탑 사리장엄과 동탑 사리장엄의 미세한 차이는 내함 중에서도 사리병이 놓인 자리에서 보인다. 사리가 한 알만 나온 서탑은 사리병 주

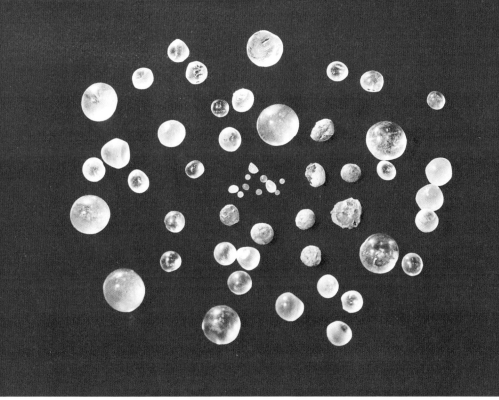

감은사 동탑에서 나온 50여 과의 사리들

위를 승려들이 에워싸고 악사樂士들이 악기를 연주하는 의장意匠으로 장식했다. 한 마디로 부처님의 고귀한 덕을 제자들이 찬탄하고 공경하는 모습이라고 할 수 있다. 그에 비해서 동탑은 승상이 아니라 무인武士들이 무장한 채 호위하는 모습이어서 서탑과는 사뭇 다른 긴장된 분위기를 자아내고 있다. 이런 의장이 베풀어진 배경을 평생을 전장을 누비고 치열한 전쟁 끝에 승리를 쟁취한 문무왕의 생애와 연결해 보면 잘 들어맞아 보인다(졸저, 《한국의 사리장엄》, 도서출판 혜안 참조).

동탑 사리의 주인공이 누구인가 하는 문제를 떠나서, 감은사 동서 삼층석탑에 봉안된 사리는 삼국통일 직후 신라의 자신감이 표현되었다는 면에서 중요하다. 하나가 된 나라가 부처님의 가피로 오래도록 보존되기를 기원하는 마음을 담았다고 생각되기도 한다. 또, 뒤에서

감은사지 동탑 사리외함의 사천왕상

감은사지 동탑 사리외함의 승상

감은사지 동탑 상대上臺의 기둥받침대

나오겠지만 불사리를 봉안하여 나라와 개인의 소망을 기원하는 일은 이후에도 여러 차례 등장한다. 감은사 사리는 곧 그 같은 풍조의 시작이었다고 할 만하다. 그렇다면 신라 사람들이 감은사를 그렇게 중요하게 여겼던 또 다른 이유는 혹시 없었을까?

토함산의 석굴암 불상이 바라보는 시선을 따라 직선을 죽 그으면 멀리 동해에 이르고, 그 끝자락은 아침에 떠오르는 붉은 해에 닿는다. 이 기다란 직선 위에 기림사祇林寺가 있고 또 감은사가 자리한다. 토함산의 맑은 정기와 석굴암 불상의 영험과 불력佛力이 기림사와 감은사를 지나서 국토 끝자락 동해까지 이어지기를 희망한 신라 사람의 염원이 여기에 드러나 있다(졸저,《불교미술 이해의 첫걸음》참조). 감은사에서 지척인 동해의 작은 섬이 바로 문무왕 해중릉인 대왕암大王巖인 점도 이런 연관성에서 이해해 볼 수 있다.

토함산에 담긴 토속적 믿음과 석굴암 불상에 표현한 불심佛心을 아울러 갖고 있었던 신라 사람들은, 이런 마음을 사찰 건축, 불상 조성 등 일련의 일관된 행위를 통해 국방의 요지이자 해가 떠오르는 희망의 상징인 동해로 집약하고자 했고, 그 화룡점정이 바로 감은사 사리 봉안이 아니었을까 추측해본다.

▋통일신라의 왕실 사리 신앙을 보여주는 황복사 삼층석탑 사리 봉안

8세기 이후 일어났던 불사리 봉안 불사 과정을 자세히 들여다보면 왕실의 안녕 외에, 격변의 시대를 지나온 대중들의 마음을 어루만지며 보듬으려 했던 사례들이 역사 곳곳에 남겨져 있음이 보인다. 이런 현상은 지금까지 전하는 몇 가지 기록으로도 증명된다.

그 첫 번째가 경주 황복사 삼층석탑 사리봉안기로, 여기에 통일신라 사리 신앙의 요체가 잘 드러나 있다.

1942년 황복사지에 있는 삼층석탑을 해체 복원하였다. 이때 2층 탑신 윗면에 있는 사각형 사리공舍利孔에서 금제 불상 2위, 불사리, 구슬, 금은 고배高杯 등 비교적 풍부한 유물이 발견되었다. 이 중 불사리를 담은 사리기는 안쪽에서부터 유리병-금합-은합-금동 외함 순서로 이루어졌다. 항아리 모양 금동 외함은 뚜껑에 이 사리봉안기가 새겨졌고, 또 네 겉면에는 작은 점을 찍어 연결해 그리는 점선묘點線描 기법으로 소탑小塔 99기를 새겨넣었다. 봉안기를 지은 사람과 글씨를 쓴 사람 이름은 나오지 않는다.

글에 따르면 황복사 삼층석탑은 신문왕 사후 그를 뒤이은 효소왕이 부왕의 명복을 위해 692년 처음 세웠다. 702년 효소왕이 승하하고 즉위한 성덕왕이 706년에 탑을 수리하면서 이번에는 효소왕의 명복을 빌기 위해 사리와 불상, 다라니경 그리고 이 사리봉안기를 새로 안치했다고 나온다. 말하자면 효소왕은 황복사 삼층석탑에 두 차례 불사리를 봉안한 일에 앞뒤로 직간접적인 관련이 있는 셈이다. 그런데 성덕왕이 불사리를 봉안했을 때는 처음 탑을 세운 지 불과 14년 만이라서 새로 수리를 해야 할 정도가 아니었을 텐데, 혹시 사리봉안기와 사리장엄을 새로 넣으려고 일부러 탑을 열었던 건 아니었는지 모르겠다.

황복사 삼층석탑 다라니경에는 적잖은 의미가 담겨 있다. 다라니 신앙이 중국에 본격적으로 알려진 건 《무구정광대다라니경無垢淨光大陀羅尼經》이 번역된 702년부터라는 게 정설이다. 그런데 그로부터 4년밖에 안 지났는데 신라는 벌써 황복사에 다라니경을 법신 사리로 봉안했다. 이렇게 매우 빠른 속도로 다라니 신앙이 받아들여질 수 있었던 건 이미 신라 사회 전반에 사리 신앙의 의미가 잘 스며들어 있었기 때문일 것이다. 그런 상황이 사리봉안기에는 이렇게 담담히 묘사되었다.

"신룡神龍 2년 병오 5월 30일, 지금 대왕(효소왕)께서 불사리 4개와 높이 6치 순금[全金] 미타상 1구와 《무구정광대다라니경》 1권을 석탑 2층 아래에 안

경주 황복사 삼층석탑에서 출토한
청동제 사리함(국립중앙박물관 소장)과 사리함 뚜껑 안쪽의 금판 명문

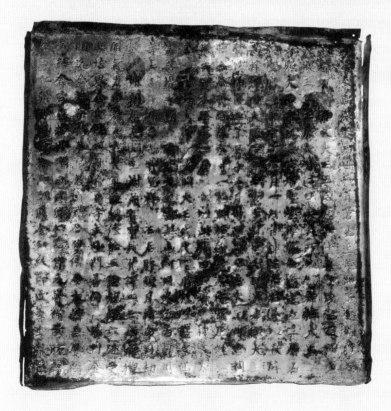

치하도록 했다."

神龍二年 丙午 五月卅日 今主大王 佛舍利四 全金彌陀像六寸一軀　無垢淨光大陀羅
尼經一卷 安置石塔第二層 以卜以此福田上資

위에 나오는 신룡 2년인 706년은 병오丙午년이다. 일부 논저에 '庚午'
혹은 '景午'라고 한 것은 잘못되었다.

그런데 이 사리봉안기에 적힌 내용과 실제 발견된 유물에는 차이가
있다. 글에는 순금 아미타상 1구라 했지만, 사리봉안기에는 언급이 안
된 순금 입상 1구도 함께 나왔다. 또 글과 달리 정작 《무구정광대다라
니경》은 발견하지 못했다. 유물을 넣을 당시에 쓴 글이고, 도중에 도굴
되지 않아 온전한 채로 발견된 유물인데 왜 이런 차이가 날까?

먼저, 사리봉안기에 언급되지 않은 순금 입상은 처음 탑을 세웠던
692년에 봉안했던 때문일 것이다. 다음으로, 《무구정광대다라니경》이
안 나온 이유도 재질이 종이라서 1300년도 더 지나오는 시간 동안 삭아
없어졌기 때문일 수 있다. 탑을 해체했을 때가 지금으로부터 80년 전이
니, 기술이 부족해 부스러기나 덩어리 형태로 훼손된 걸 알아차리지 못
하고 제대로 수습하지 못했을 가능성도 있다. 다만, 사리기가 새겨진
사리 외함의 네 옆면에 점각點刻으로 99개의 작은 탑들이 새겨진 것 자
체가 다라니 신앙을 바탕으로 한 것이니, 《무구정광대다라니경》이 간
접적으로 표현되었다고 할 수는 있다.

또한, 이 사리봉안기에 나오는 조성 경위, 조성에 참여한 인물들을
통해 신문왕-효소왕-성덕왕 대의 정치 세력의 변화를 알 수 있기도
해서 역사 자료로서도 의미가 깊다. 그와 관련한 내용은 이렇다.

"대저 성인은 가만히 손을 맞잡고 있기만 하면서도[垂拱] 혼탁한 세상에서
백성을 기른다. 보이지 않는 지극한 덕으로써 염부閻浮(남섬부주) 세상에 나

오셔서 모든 중생을 제도하는 것이다.

신문대왕이 오계五戒로 세상에 응하고 십선十善으로 백성을 어루만져 통치를 안정시키고 공功을 이루었다. 천수天授 3년(692) 임진년 7월 2일에 승하하자 신목태후(?~700)와 효조대왕(효소왕)이 종묘의 신성한 영령英靈으로 받들고 선원 가람에 삼층석탑을 세웠다.

성력聖曆 3년(700) 경자년 6월 1일에 신목태후가 마침내 세상을 떠나 높이 극락에 오르고 대족大足 2년(702) 임인년 7월 27일에 효조대왕도 승하하였다. … 이 같은 복전福田으로 위로 신문대왕과 신목태후·효조대왕 대대 성묘聖廟가 열반산涅槃山을 머리에 베고 보리수 위에 앉게 되었다.

지금 융기대왕隆基大王(성덕왕)은 수명이 산하와 같이 오래가고 지위가 건천乾川(옛날부터 경주 사람들의 삶과 문화, 신앙의 터전이 되어 왔던 하천. 요즘은 북천北川이라 부른다) 마냥 크며, 천손千孫 모두에게 한결같이 칠보의 상서가 나타나기를 빈다. 왕후는 수명이 월정月精처럼 겁수劫數하시기를 빈다. 내외 친척과 권속도 옥수玉樹처럼 높고 크며 가지마다 보물 열매가 무성하게 맺기를 빈다. 또한 범왕梵王, 제석帝釋, 사천왕 위덕이 더욱 환하게 비추어 그 기운이 이 땅에 충만하여 천하가 태평하여 항상 법륜을 굴려 삼도三塗(지옥·아귀·축생) 중생이 어려움에서 벗어나기를. 이로써 육도六道(삼도 및 수라·인간·천상의 세계) 중생이 즐거움을 받으며, 법계法界(모든 세상) 중생들 모두 불도佛道를 이루기를 빈다."

夫聖人 垂拱處濁世 而育蒼生 至德無爲 應閻浮而濟群有 神文大王 五戒應世 十善御民 治定功成 天授三年 壬辰 七月二日 升天 所以 神睦大后 孝照大王奉爲宗廟聖靈 禪院伽藍建立三層石塔 聖曆三年 庚子 六月一日 神睦大后 遂以長辭 高昇淨國 大足二年 壬寅 七月七日 孝照大王登霞 神文大王 神睦大后 孝照大王 代代聖曆 枕涅盤之山 坐菩提之樹 隆基大王 壽共山河同久 位與乾川等大千子 具足七寶呈祥 王后月精 命同劫數 內外親屬長大 玉樹茂實寶枝 梵釋四王威德 增明氣力 自在天下太平 恒轉法輪三塗

성덕왕(702~737) 때 있었던 불사리 봉안을 기념해 쓴 글인데 당대 왕만이 아니라 아버지 신문왕과 어머니 신목태후, 그리고 그 뒤를 이은 형 효소왕까지 2대를 더 거슬러 올라가 무려 3대에 걸쳐 왕과 왕비의 복덕과 수명을 빌고 있다.

그런데 윗글에는 신목태후가 유달리 비중 있게 강조된 느낌이다. 그녀는 신문왕의 두 번째 왕비였다. 첫 번째 왕비가 그녀의 아버지이자 왕의 장인인 김흠돌金欽突이 일으킨 모반 사건에 연좌되어 궁에서 내쫓긴 뒤 683년 5월 왕비로 책봉되었다. 그녀가 낳은 이공理恭과 흥광興光은 32대 효소왕과 33대 성덕왕이 되었다.

그녀는 내물왕 8대손 김흠운金欽運(?~655)과 태종무열왕의 딸 요석공주瑤石公主 사이에 태어났다. 아버지 김흠운이 655년 백제와 전투 중 전사한 뒤 어머니 요석공주가 원효元曉(617~686)와 재혼해 설총薛聰(658~?)을 낳았으므로, 신목왕후와 설총은 같은 어머니를 둔 남매 사이다. 자신도 왕후인데다가 두 아들 이공과 흥광도 각각 32대 효소왕과 33대 성덕왕이 되었으니 당시 왕실에서 상당한 존중을 받았을 것이다. 문맥으로 보아 이 불사리 봉안이 평소 도타웠던 신목태후의 불심佛心의 영향이 아니었을까 하는 생각이 든다.

한편, 공교롭게 위 사리봉안기와 같은 해에 또 다른 사리 봉안이 있었다. 일명 〈신룡 2년 금동 사리기〉인데, 사리기 뚜껑에 〈죽은 왕 신위를 모신 종묘의 신성한 영령을 위해 세운 선원 가람宗廟聖靈禪院伽藍〉이라는 제목이 있고, 이어서 몸체에 706년에 불사리 7매를 탑에 봉안했다고 다음처럼 나온다.

"신룡 2년 병오년 3월 8일에 … 7매를 봉안했다. … 문도는 범혜 등이다."
神龍二年 丙午三月八日 … 七枚 … 生 … 門徒梵兮等 … 成

글자 일부를 읽을 수 없어 윗글은 전체 뜻을 살려 대체로 무난하게 해석한 것인데, '七枚' 다음의 '生'자에 의미를 두고 추정하면 어떤 인연에선지 불사리 7매가 문득 나타나는 이적이 일어나 문도들이 이를 기념하기 위해 탑을 세운 것으로 볼 수 있을 듯하다.

이 사리봉안기와 사리장엄 실물이 학계에 소개된 적은 없고, 1958년 가야모토 모리토榧本杜人가 쓴 논문〈日鮮上代寺院の舍利莊嚴具について〉(《佛敎美術》33, 1958. 1)에 사진이 실려 있을 뿐이다. 이 논문에 따르면 유리 사리병과 금동 사리합 등 사리장엄의 일부이며, 사리봉안기는 지금 일본 미쓰이三井 집안에 소장되어 있으나 어느 탑에서 나온 것인지는 알려지지 않았다고 나온다. 일제강점기 관료 홍승균洪承均과 1896년부터 1946년까지 우리나라에 머물렀던 언어역사학자 아유카이 후사노신鮎貝房之進의 손을 차례로 거쳐 일본에 건너간 것 같다고 추정된다. 우리나라에서는《금석유문》(황수영 편)에 소개되었다.

‖ 사리에서 탑으로-사리 신앙의 변화를 알리는 영태 2년명 탑지 대석

신라 후기인 800년대, 곧 9세기 무렵부터 탑지塔誌 등 사리봉안기의 내용이 달라지기 시작했다. 탑을 세운 인연이 자세히 언급되지만 정작 사리에 관한 말이 거의 없다. 대신에 건탑을 강조하는 말은 자주 나오곤 한다. 사리에 대한 믿음과 숭앙 그 자체가 변한 게 아니라, 사리를 담은 탑을 경배하는 이야기가 사리봉안기의 주를 이루는 것이다. 이는 사리 신앙의 대상이 진신 사리로부터 탑으로 옮겨간 현상 때문이라고 할 수 있다. 어찌 보면 본말이 바뀐 듯하지만, 따지고 보면 불상이나 불화에 대해 경배하는 것과 같은 이치라고 할 수 있다. 우리가 불상이나 불화에 경배하는 건 그 형상 자체가 아니라 실은 그것이 상징하는 불성佛性을 존귀하게 여기기 때문 아닌가. 당장 자신의 눈에 보이는 대상에 머리를 숙이게 되는 건 인지상정이다. 그리고 사리 신앙에서 그런

왼쪽 | 안성 이죽면 미륵당 출토 납석제 탑지 대석. 사리호는 아래와 같이 탑지석 중앙에 놓여 있었다.
오른쪽 | 안성 이죽면 미륵당에 봉안된 '태평불'이라 불리는 불상

변화가 처음 감지되는 자료가 〈영태 2년명 탑지塔誌 대석臺石〉이다.

대석은 사리함을 받치는 받침돌이다. 이 대석은 가로 11.3㎝, 세로 10.5㎝, 높이 4.5㎝인 사각형 납석蠟石으로, 1966년 경기도 안성 이죽면 미륵당彌勒堂 석탑 안에서 발견되었다. 윗면 중앙에 지름 2.5㎝, 깊이 2.4㎝의 둥근 사리공이 마련되고 여기에 높이 6.5㎝, 밑지름 2.2㎝, 지름 4.0㎝의 청동 사리호舍利壺가 놓여 있었다. 사리호와 이 대석은 현재 동국대학교 박물관에 소장되어 있다.

이 대석에는 앞면[原刻]과 뒷면[追刻]에 시대를 달리해 각각 글이 새겨져 있는데 이런 예는 흔치 않다. 앞면은 처음 탑을 세울 때인 영태永泰 2년,

곧 766년에 새겨 넣은 글이다. "영태 2년 병오 3월 30일에 박씨인 방서芳序·영문聆門 두 승려가 서로 의논하여 탑을 세우고자 하였던 뜻을 드디어 이루었다(永泰二年 丙午三月卅日 朴氏 芳序聆門 二僧 謀一造之 先□行能)."라는 짧막한 글이다. 여기에도 탑 세운 일이 강조되었지 사리 공덕 같은 말은 없다.

뒷면에는 그로부터 200여 년이 지난 고려 초기의 일이 나온다. 몇 가지 중요한 대목이 보여 전문을 소개해본다.

"탑이 처음 세워진 영태 2년 병오부터, 이를 다시 수리한 올해 순화淳化 4년 계사 정월 8일까지 228년이 흘렀다.
전에 처음 만든 이가 박씨朴氏였고 또 지금 이를 다시 고친 이도 박씨이니, 연대는 비록 다르나 지금과 옛날이 자못 하나였다고 할 수 있다. 참된 정성으로 더욱 힘써서 보탑寶塔을 중수하였다.
장인匠人은 현□장로玄□長老이고, 탑을 세운 이[造主]는 박렴이다."
自鷹塔始成永泰二年丙午 到更治今年淳化四年癸巳正月八日竿 得二百二十八年 前始成者朴氏 又更治者朴氏 年代雖異 今古頗同 益勵丹誠重寶□也 造匠 玄□長老 造主朴廉

이 대석은 보기 드문 8세기 사리봉안기인데다가 중수 때의 일까지 함께 담고 있다는 점에서 중요한 자료이다. 다만 해당 사찰의 이름이 나오지 않고 또 이 대석이 넣어졌던 석탑이 세워진 절도 지금은 터만 남았고 절 이름도 몰라 아쉽다. 766년에 사리장엄을 처음 봉안했던 방서芳序·영문聆門 등 두 명의 승려도 다른 기록에는 전혀 나오지 않는다.

순화 4년, 993년에 뒷면에 새긴 글에는 "전에 (석탑을) 처음 만든 이가 박씨였고, 또 지금 이를 고친 이도 박씨다."라는 대목이 강조되어 있다. 박씨 방서·영문 두 스님이 탑을 처음 세운 766년으로부터 228년

이 흐른 993년에 탑 중수 불사를 주도한 박렴이 같은 성씨인 게 범상치 않은 인연임을 말한 것이다.

이 불사를 주도한 이로 '조주造主'라는 명칭이 보이는데, 당시에는 석탑 중수 불사를 지원한 사람, 보통 말하는 단월檀越을 이렇게 불렀던 모양이다. 조주였던 박렴朴廉은 이름으로 보아 승려가 아닌 것 같은데 누군지 알려진 바 없다. 혹시 《밀양박씨 밀직부원군파 세보密陽朴氏密直府院君派世譜》에 40세世로 나오는 '朴廉'과 같은 사람이 아닐까 조심스레 추정해본다. 또 탑을 중수한 기술자가 '현□ 장로'이니, 탑 건축이라는 고도의 건축기술이 여전히 불교계를 중심으로 이뤄지고 있었던 정황도 짐작하게 한다.

▮ 다라니 신앙의 유행이 나오는 산청 석남암사지 사리호 사리봉안기

경상남도 산청군 지리산 자락에 자리한 내원사內院寺에는, 본래 부근 석남암石南庵 절터에 있었던 비로자나불상이 모셔져 있다. 석남암지는 그때까지 보선암 터라고 알려져 있었다. 비로자나불상은 통일신라시대 작품으로, 1947년 주민이 가져가 집에 보관하다가 1959년 무렵 내원사에 양도했다. 그런데 주민이 집으로 처음 옮길 때 대좌 중대석 안에서 납석으로 만든 사리호舍利壺를 발견했다. 사리호 겉면과 바닥 면 등에 영태 2년에 해당하는 766년 사리를 봉안했던 일이 자세히 새겨져 있었다. 이 기록으로 연대가 확실한 비로자나불상 중에 가장 오래된 작품임도 알 수 있었다.

이 사리 항아리는 곧바로 다른 데로 반출된 뒤 여러 사람의 손을 거치는 등 제자리를 못 찾다가, 우여곡절 끝에 1981년 부산광역시립박물관이 입수함으로써 안정되게 관리할 수 있게 되었다.

사리호 겉면과 바닥에 158자로 새긴 사리봉안기는 봉안 주체와 일시, 목적이 담겨 있다. 특히 진신 사리가 아닌 법신 사리를 봉안했다

126

산청 내원사內院寺 '석남암사지 석조 비로자나불좌상'(국보 제233-1호)

고 분명하게 적어놓은 게 눈에 들어온다. 발견 당시 사리호 안에 성냥
갑 크기 청동 합이 들어 있었고 그 안에 거의 부스러기가 다 된 한지 뭉
치가 담겨 있었던 상황과도 일치한다. 그와 관련한 사리봉안기 내용은
이렇다.

석남암사지 비로자나불좌상 대좌에 봉납奉納되었던 납석 사리호 탑지석 (국보 233-2호)

"영태 2년 병오 7월 2일, 법승法勝과 법연法緣 두 승려가 함께 받들어 돌아가
신[飛賜] 두온애랑豆溫哀郎을 위해 석조 비로자나불을 조성하고 그 안에 《무
구정광다라니》를 봉안하여 함께 석남암사石南巖寺 관음암觀音巖에 두었다.

우리 둘이 함께 원하니, 두온애랑의 영신靈神이나, 우리 둘이나, 이 불상을
본 사람이나, 불상을 향해 정례頂禮한 사람이나, 이 일을 멀리서나마 들
은 사람이나, 이를 듣고 함께 기뻐할[隨喜] 사람이나, 이 둘 사이에 있는 사
람들이나, 이 자리를 스쳐 지나간 바람이 이르는 모든 곳에 있는 일체중생
모두가 삼악도三惡道 업이 없어지고 스스로 비로자나불임을 깨달음으로써
극락으로 돌아갈 수 있기를 서원한다."

永泰二年 丙午七月二日 釋法勝法緣二僧 幷內奉過去爲飛賜豆溫哀郎 願爲石毗盧遮那

佛成內無垢淨光陀羅尼 幷石南巖藪 觀音巖中在內如 願請內者 豆溫愛郞靈神賜那 二僧

□那 若見內人那 向尒頂禮爲那 遙聞內那 隨喜爲內那 影中遷類那 吹尒遷風遷所方處

一切衆生那 一切皆三惡道業滅尒 自毗盧遮那 是等覺去世爲尒誓

문장에 신라 사회에 널리 쓰인 이두吏讀가 사용되어 있어 완벽하게
이해하기는 어렵지만, 그래도 대체로 위와 같이 해석될 수 있다.

이두는 한문을 독해하기 쉽도록 신라시대에 창안되었다. 원문 중
간중간에 고유명사나 '을'·'를'·'이'··'가'와 같은 조사, 그리고 '~도',
'~(이)고', '~까?' 같은 어미語尾 등을 한자의 음과 훈訓(뜻)을 빌려서 표
기함으로써 이해하기 쉽게 했다. 그런데 오늘날에는 쓰지 않은 지가 한
참 된 데다 신라시대에 쓰던 우리말 자체가 낯설기에 오히려 이두가 있
으면 이해하기 더 어렵게 되었다. 이 글에서 이두는 '幷內(함께)', '內(곳)', '中
(안에)', '如(~이다)', '賜(높임말)', '那(~이나)', '尒(~하기를)' 등이다. 그리고 '石南
巖寺'와 '觀音巖'에 나오는 '巖'자는 '庵'과 같은 의미로 쓴 듯하다.

사리를 봉안한 인연이 자세히 나오는 전형적 사리봉안기인 이 글에
서 중요한 건 바로 《무구정광대다라니경》을 봉안했다는 대목이다. 다
라니 신앙이 중국에 본격적으로 알려진 때가 이 경을 처음 한문으로 번
역했던 702년일 텐데, 그로부터 불과 4년 만인 706년 경주 황복사 삼층
석탑에 불사리를 봉안할 때 사리함에 이 《무구정광대다라니경》에 근거
하여 소탑小塔 99개를 새겼으니, 우리나라에 다라니 신앙은 꽤 빠르게
소개된 셈이다(본서 〈통일신라 전성기 왕실의 사리 신앙〉 '황복사 금동 사리봉안기' 참
조). 그런데 거기에서 62년이 흐른 766년에 이 불상을 조성할 때 불사리
대신에 다라니 경전을 봉안했다고 나오니, 적어도 8세기 중반 무렵에
는 신라 사회에 다라니 신앙이 뿌리내리고 있었다고 짐작해 볼 수 있다.

그런데 이 《무구정광대다라니경》은 아쉽게도 지금 남아 있지 않다.
전하기로는, 1947년 불상 대좌 중대석 안에 들어 있던 항아리를 처음

발견했을 때 그 안에 자그마한 청동 직사각형 상자에 종이 뭉치도 있었다고 하는데, 이를 본 사람이 맨손으로 잡자마자 부서져 없어졌다고 한다.

두온애랑의 명복을 빌기 위해 석남암사의 관음암에 비로자나불상을 조성하고 《무구정광대다라니경》을 봉안한 법연과 법승 두 스님의 정성이 아주 지극하다. 더욱이 이 불상을 보고 절한 사람은 물론이고, 이런 얘기를 듣기만 해도, 얘기를 듣고 자기 일처럼 기뻐한 사람도, 그런 그들을 알기만 해도, 더 나아가 이 불상을 스친 바람이 맞는 사람이라면 전부 다 복락을 받도록 해달라고 기원하고 있으니, 그들의 마음이 얼마나 갸륵한지 모르겠다. 이런 정성을 가득 받은 행복한 두온애랑은 과연 누구였을까.

바닥의 글도 특이하게 약효藥效에 관한 내용을 담고 있어서 아주 흥미롭다. 약효를 언급한 유일무이한 사리봉안기라 특별히 눈길이 갈 수밖에 없다.

"안에 들어 있는 건, 지극한 마음[恒性]으로 두 알을 꺼내면 약이 되어 병을 쫓아낼 것이다."

內物是在之 此者恩等恒性爲 二介反藥者□ 還病□爲逐□

사리호 바닥에 새겨진 이 글에도 이두가 섞여 있어 이해하기 어렵다. 겉이 아니라 항아리 바닥에 새겨진 것도 그렇고, 무엇보다도 글씨체와 내용이 겉면의 글과 많이 달라 다른 시대에 새긴 걸로 보기도 한다. 겉면의 글도 그렇고, 이 바닥면 글도 뾰족한 촉으로 긁어 쓴 것이라 획이 뚜렷하지 않은 글자가 적지 않다. 그래서 판독하는 사람마다 글자 일부를 다르게 읽기도 한다. 지금 소개한 문장은 여러 연구자의 주장을 종합해 가장 뜻에 맞는 내용과 부합하게 해석했다.

사리호에 새겨졌지만 정작 사리는 나오지 않고 '藥', '病' 같은 글자가 눈에 확 들어온다. 불사리 자체가 약으로 쓰였다는 게 아니라 '아플 때 불사리 두 알을 꺼내 만지면, 병이 달아날 것' 쯤으로 이해된다. 불사리에 약의 효능이 있다고 본 것 같다. 아니면, 혹시 불사리 외에 정말 약이라도 들어있었던 건지도 모르겠다.

▮ 신라 후기 다라니 신앙 유행을 보여주는 경주 창림사 삼층석탑 무구정탑원기

경주 남산 창림사지 삼층석탑

9세기 신라 사람들은 석탑에 화려함과 웅장함을 나타내려 애를 썼다. 화려하게 하려면 모양이 너무 커서는 안 되고 부분적으로 무늬를 많이 넣게 된다. 반면에 웅장하게 보이려면 커다랗게 세우고 장식도 절제하여 딱 필요한 만큼만 표현한다. '동전의 양면'처럼 이 둘을 서로 어우러지게 하는 건 생각보다 쉽지 않다. 그렇지만 몇몇 탑에서는 조화를 잘 이루어 멋진 양상블을 보이기도 한다. 경주 남산 서북쪽 기슭, 일명 '탑골[塔谷]'에 자리한 창림사昌林寺 삼층석탑이 바로 그런 작품 중 하나다. 높이 6.98m로 다부진 크기에 각 석재 면을 큼직하고 두텁게 조각함으로써 늠름한 기상을 풍기는 한편, 상층 기단에 조각이 섬세한 팔부중, 1층 탑신에 문비門扉를 새겨 화려함을 잘 주었다.

신라 사람들은 855년 창림사 삼층석탑을 세우면서 금동 판板에 사리를 봉안한 인연을 담은 탑지塔誌를 함께 넣음으로써 사리 신앙 면에서도 중요한 이정표를 제공했다. 제목이 '무구정탑을 세우며 발원한 이야기無垢淨塔願記'인 데서도 이 탑을 세운 핵심이 《무구정광대다라니경》에서 비롯함을 알 수 있으니, 당시 다라니경을 봉안하는 법신 신앙이 상당히 유행했었음을 짐작하게 한다.

창림사는 문성왕(재위 839~857) 대에 창건되었고, 고려 초까지도 법등을 이어온 것 같다. 하지만 이후 역사가 분명하지 않은 것을 보면 점차 쇠락해간 것 같고, 급기야 1530년 편찬된 지리서 《신증동국여지승람》에는 폐사로 나온다. 1918년 오사카 긴타로大坂金太郎가 이 절터에서 '昌林'이라고 새겨진 수키와를 발견하면서 이곳이 창림사 터임이 알려졌다.

이 사리봉안기에는 겉면과 뒷면에 걸쳐 탑을 세운 인연과 시기, 관계자 등이 자세히 적혔다. 내용을 보아서 이 탑이 세워진 844년 무렵에 이미 다라니 신앙이 보편화했고, 《무구정광대다라니경》을 봉안한 탑도 많았을 거라고 짐작된다. 이런 상황은 이 글에 뒤이어 소개하는 〈황룡사 구층목탑 찰주본기〉에서도 확인된다.

창림사 사리봉안기는 신라의 유명한 문장가 김입지金立之가 썼다. 그는 탑을 세워 불사리를 봉안하는 의미와 공덕에 대해 이렇게 말한다.

"경전에 '공덕 짓는 만 가지 방법이 있는데, 탑묘塔廟(불탑)를 세워 만물에 가없는 이로움을 주는 일 만한 게 없다.'라고 나온다. 국왕께서 … 어려운 사람들을 구하고 장차 부처님의 정토로 인도하는 방도에 무구정탑을 세우는 일보다 더 나은 게 없으니, 지극한 정성으로 중생[含靈]을 구제하기를 서원하셨다. 이에 나라[海內]의 장인匠人을 뽑아 타산지석他山之石을 캐어 몇

층 탑을 세우고 여러 개 사리를 모셔 넣었다. 삼가 바라니, (불사리를 모시는) 공덕이 널리 먼 하늘을 날고, 깊은 물을 건너 그 이로움이 뭇 중생에게까지 미치기를[蠢動] 기원한다."

聞經之言 有爲功德 厥數萬端 而利物無邊者 莫若崇建塔廟 … 國王 … 將設拯濟之門 導引淨域者 無越於建立无垢淨塔 於是 竭至誠誓渡含靈 爰選海內之匠 以採他山之石 彫鐫累塔 藏諸舍利 恭願此功德 廣越天 湋高蹞 有頂利彼蠢動含靈

백성을 사랑하는 마음에서 창림사 석탑을 세우고 불사리를 봉안했다고 건립 배경을 밝혔다. 이 말에는 국왕에 대한 찬사讚辭가 의례적으로 들어 있다고 하더라도, 탑을 세운 데는 결국 문성왕 자신의 의지가 컸을 듯하다.

문성왕은 신라 46대 임금으로, 45대 신무왕의 아들인데 왕위 쟁탈전 속에 할아버지(김균정)와 아버지(김우징)를 잃었지만, 즉위 후 이런 개인과 가문의 원한보다는 국가와 사회의 안정을 최우선 국정과제로 삼아야 했을 것이다. 이 사리봉안기에는 그런 간절함이 드러나 있다. 실제로 희강왕(3년), 민애왕(2년), 신무왕(1년) 등 앞선 세 명의 전왕의 재위 기간이 3년 이내인 데 비해 그는 18년 동안 나라를 다스렸다. 문성왕과 비슷하게 대대로 오랫동안 이어졌던 증오의 마음들을 달래기 위해 원수랄 수 있는 민애왕을 추복追福하기 위해 불사리를 봉안한 경문왕도 제위 기간이 15년이나 된다. 당시가 신라 하대下代라는 격변기였던 데 비춰보면 상당히 긴 기간이다. 용서와 화해가 장수의 비결이었던 걸까 〈동화사 삼층석탑 민애대왕 사리호 사리봉안기〉 참조).

그런데 그 4년 전인 851년에 아찬阿湌 벼슬을 하던 원홍元弘이 당나라에 사신으로 갔다가 돌아오며 불경과 함께 치아齒牙 사리를 모셔온 적이 있었다《삼국사기》. 그래서 창림사의 불사리는 원홍이 가져온 바로 그 치아사리가 아닐까 추정해본다. 이때 문성왕은 이전 549년에 진흥왕이 중국 양나라에서 보내준 불사리를 맞이하러 흥륜사에 나갔던 전례를 좇아 궁을 나와 교외까지 나가서 이를 맞이했었다《삼국사기》.

한편, 고려에 와서 1021년에 현종이 창림사의 불아 사리를 가져오게 하여 궁 내전에 안치했다고 나온다《삼국유사》, 《고려사》). 창림사는 삼층 석탑에 봉안했던 사리 외에도 별개로 불아 사리를 봉안할 만큼 사격寺 格이 높았던 사찰이었음을 알 수 있다.

김정희의 창림사 사리봉안기 친견과 이후의 후일담   탑이 세워지고 나서 오랫동안 탑 안에 봉안된 사리기는 천 년이 지난 1824년 다시 세상에 모습을 나타냈다. 한 석공이 절터에 거의 무너져 있던 석탑 잔재에서 석재를 얻으려고 하다가 기단基壇 안에 이 사리봉안기가 놓여 있음을 발견했다. 이 일은 곧바로 경주 관아로 보고되었고, 다시 이 소식은 한양의 김정희金正喜(1786~1856)에게도 들어갔다. 잘 알려져 있다시피 그는 평소 금석학에 관심이 많았다. 소식을 듣자마자 경주로 내려가 경주 관아에서 실물을 보았다.

825년 당나라에 유학 가서 과거에 급제한 뒤 귀국한 김입지가 그 30년 뒤 이 사리봉안기를 쓸 당시는 지금 전라남도 담양에 해당하는 추성군楸城郡 군수로서, 내로라하는 명사가 되어 있었다. 이 사리봉안기 외에 그가 쓴 금석문 여럿이 전한다. 이 사리봉안기 글씨를 누가 썼는지 나오지 않지만, 김입지가 글도 짓고 글씨도 직접 썼을 가능성도 있다.

김입지가 쓴 멋진 문장과 유려한 글씨에 김정희는 매료당했다. 글자 모양 그대로 베껴 쓴 다음, 자신이 이를 본 과정까지 자세히 기록했다. 또 사리장엄의 구성도 꼼꼼하게 적었으니, 다음과 같다.

"갑신년(1824) 봄 석공이 경주 창림사 탑을 부수다가 그 안에서 다라니경 한 권을 얻었다. 구리로 된 둥근 함 속에 넣어져 있었고, 또 탑을 세운 사

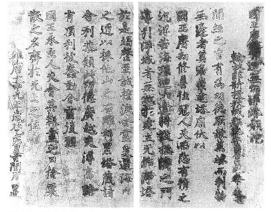

창림사 삼층석탑 출토 〈무구정탑원기〉의 사리봉안기(위)와 탁본(아래)

실을 적은 동판 한 개도 있었다. 동판 뒷면에는 탑을 세울 때 관여한 관리들의 이름이 나온다. 그 외에도 도금한 개원통보 동전, 청색과 황색의 번옥燔玉, 받침이 달린 구리거울도 있었는데 금속품은 손상되었다. 다라니경의 축軸은 금색 비단으로 감쌌고 금색 변상도[華經圖]가 그려져 있었다."

甲申 春 石工破慶州昌林寺塔 淂藏陀羅尼經 一軸 盛銅圓套 又有銅板一 記造塔事實 板背 並記造塔官人姓名 又有金塗開元通寶錢 靑 黃燔珠 又鏡片銅跌 爲鑄銅者所壞 軸面黃絹 金畫經圖

그런데 이렇게 중요한 글이 어떤 까닭에서인지 정작 그의 문집에는 실리지 못했다. 일제강점기 일본인 학자 아유카이 후사노신鮎貝房之進이 자신이 소장한 유물 서첩書帖 일부에 실어둔 덕분에, 이것이 1940년 조선총독부가 편찬한 보고서 《경주 남산의 불적》에 다시 자세히 소개되지 않았다면 잊힐 수도 있었다.

하지만 이후 이 금동 탑지 실물이 어디에 있는지 행방이 묘연해졌다. 우리나라 금석문을 집대성한 《금석유문》(황수영, 2010년 재판본)에도 《경주의 불적》에 실린 김정희의 글과 탑지 원문만 소개되었을 뿐, 실물의 존재에 대해서는 의문으로 남겨져 있는 걸 보면 적어도 해방 후 이 사리봉안기를 본 사람은 없었던 것 같다.

그러다가 2012년 용주사 효행박물관 유물 중에 이 금동 탑지가 있음이 확인됐다. 《경주 남산의 기록》에 수록된 김정희가 남긴 기록과 대조하니 내용이나 문장의 체제 및 서체까지 다 일치했다. 하지만 어떤 경로로 이 탑지가 용주사에 오게 되었는지를 처음엔 몰랐다. 그 뒤 몇 가지 관련 기록과 상황을 통해 추정한 바에 따르면 이렇다.

1968년 경기도 이천 영원사靈源寺에서 대웅전을 해체하다가 마룻바닥 아래 기단에 이 탑지가 놓여 있는 것을 발견했다. 사람들이 전혀 생각하지 못할 위치에 마치 숨겨놓은 듯 했기 때문에 당시 여러 신문 기사에도 소개되는 등 많은 사람의 이목을 끌었다. 그리고 2011년 영원사가 이를 본사인 용주사의 효행박물관에 기탁寄託했다. 신라 때 처음 탑에 봉안되었다가 1,000년이 지나 탑이 무너지면서 세상에 알려졌고, 다시 160여 년 동안 모습을 감추었다가 40여 년 만에 다시 대중에게 알려진 것이다.

그런데 처음에 창림사 삼층석탑에서 발견된 뒤 경주 관아로 옮겨졌다가 영원사에 보관된 까닭은 무엇일까? 아마도 김정희가 서울로 가져왔을 거라는 추정이 나온다. 김정희의 사회적 신분이나 위치로 보았을 때 그랬을 개연성은 충분한 듯하다. 그러다가 어떤 이유에서인지 당대의 세도가인 안동 김씨 가문으로 흘러 들어갔고, 영원사가 바로 안동 김씨의 원찰이었으므로 결국 이곳에 두게 된 것이 아니겠느냐는 것이다.

금동 탑지는 2012년 성분분석에서 순동Cu, 금Au, 수은Hg이 검출되어 동판에 금을 입힌 도금으로 확인했다. 글씨는 글자 가장자리 윤곽을 도드라지게 양각한 이른바 쌍구법雙鉤法인데, 이런 기법은 염거화상廉巨和尙 탑지(844년), 황룡사 구층목탑 찰주본기(872년) 등 통일신라 동판銅版에 새겨진 글씨에도 나온다.

창림사 삼층석탑이 무너진 건 도굴 때문이라는 얘기도 있다. 그러다가 무너진 탑 잔재 속에서 1824년에 금동 탑지가 발견되면서 세상에 다시 알려지게 된 것이다. 그 사이 일부 석탑 부재는 없어졌지만, 1979년 남은 부재를 사용해 원자리에 복원되었다. 절터에는 삼층석탑 외에도 머리와 비신碑身이 없어진 쌍두귀부雙頭龜趺, 석등 하대석, 초석 등이 남아 있다. 지금 국립경주박물관 경내에 진열된 석조 비로자나불상 2구도 일제강점기에 창림사 터에서 가져온 것으로 알려져 있으니, 웅장했을 그 옛날의 면모는 충분히 알 수 있을 것 같다. 또 본래 창림사에 있었을 거라고 추정되는 불두 1점도 국립경주박물관에 소장되어 있다.

▌통일신라 후기 사리 신앙의 정수, 민애대왕 석탑 사리호 사리봉안기

앞서 산청 영태 2년명 탑지 대석臺石과 석남암사지 사리호에 새겨진 사리봉안기 등을 통해 통일신라 후기에 사리 신앙 주체가 사리에서 탑으로 옮겨 갔음을 봤다.

그런 정황은 그로부터 100년쯤 뒤에 나온 863년에 세운 대구 동화사 비로암 삼층석탑에 봉안한 '민애대왕 석탑 사리호' 글에 더욱 확연히 드러난다. 사리장엄 일체를 담았던 항아리로 보이는 사리호 겉면에 새겨진 석탑을 세운 인연에 그런 분위기가 잘 나온다.

"국왕은 삼가 (돌아가신) 민애대왕을 위하여 복업을 추숭追崇하고자 석탑을 세우고 글을 지었다."라며 시작하는 머리글에 이어지는, "무릇 성인은 세상을 가르치고[聖教] 사람에게 이익을 베풀었으며[設利益], 말씀한 법문이 팔만 사천에 이른다. 그러하매 업장을 소멸시키고 널리 이로움을 주는 것으로 불탑을 세우고 참회의 예를 다하여 도를 행함보다 더 나은 게 없을 것이다."

國王奉爲 閔哀大王追 崇福業造 石塔記 若夫聖教 所設利益 多端 雖有八萬四千門 其中 聿銷業障廣 利物者 無越於崇建佛 禮懺行道伏

탑을 세우고 불사리를 봉안하는 일이 어떤 의미를 지니는가를 수준 높

은 불교 교리를 바탕으로 설명한
우아하고도 울림이 큰 명문名文
이다.

그런데 전부 360여 자 중에
'舍利'라는 글자는 단 한 번도 안
나온다. 단지 "석가모니의 자취
[蓮炲之業]를 숭앙하고자 동화사
원당 앞에 석탑을 세우니, 이는
아이들이 모래를 모아 탑을 쌓
고 공양하던 뜻을 본받으려 함
이다(欲崇蓮炲之業於□桐藪願堂之前 創
立塔翼効童子聚沙之義)."와, "삼가
원하노니 … 이 공덕으로 오탁
五濁의 인연이 늘 … 일어나 영
식靈識이 있는 모든 중생이 이에
의지하고, 그리하여 … 이들이
겁겁생생토록 사라지지 않기를
바란다(伏願□□ 此功德□□五濁之緣

대구 동화사 비로암 삼층석탑

常□□□之上 爰及□□□中跋行 蠢□□識之類 咸賴□□生生 此無朽)."라고 하여 탑을
세우는 공덕만 말했을 뿐이다. 이전의 사리봉안기에 빠짐없이 나오는
'사리 봉안의 공덕'이 '불탑 건립의 공덕'으로 대체된 것이다.

탑을 세우는 이유가 사리를 봉안하기 위함이니 넓게 보면 이 두 말이
기본적으로 동의어라고 할 수 있다.

그래도 '사리'는 없는 채로 '탑'만 나오는 데서 좀 달라진 분위기가 느
껴진다. 이전 사리봉안기마다 한결같이 석가모니 사리를 봉안하는 게
곧 석가모니 은혜에 보답하는 일이라는 의미가 강조된 데 비하면, 이

대구 동화사 비로암 민애대왕 석탑 사리호

글만 보자면 분명 불사리에 관한 비중이 좀 낮아지고, 대신에 탑 자체
로 무게중심이 옮겨간 듯한 느낌이 든다. 9세기 이후 우리나라 전역에
이전보다 비교가 안 될 만큼 빠르게 탑이 세워지는 추세가 반영되었다
고도 보인다. 사리 신앙의 대상이 사리에서 탑으로 변화된 것이다.

하지만 불사리의 존귀함과 영험을 강조했던 이전의 풍조와 비교해
보면 분명 큰 변화가 일어났다고 하지 않을 수 없다.

윗글 중 '아이들이 모래를 모아 탑을 쌓고 공양하던 뜻'은 《법화경》
에 나오는, "아이들이 장난삼아 흙모래로 탑을 세웠어도 모두 성불했
고, 여러 불상을 세우거나 부처님의 상을 조각한 이들도 함께 성불했
다."라는 구절을 인용했다. 여러 사람의 작은 공덕이 모이면 큰 자비가
된다는 것을 말한다. 다시 말해서, 탑의 공덕을 강조한 것이다.

경주 전傳민애왕릉

사리봉안기에 투영된 신라 하대 왕권 쟁탈전 영욕의 자취   이 사리기에
나오는 사리를 봉안한 주체는 경문왕이지만, 추복追福하는 대상은 민
애왕閔哀王(817~839)이다. 곧 경문왕이 죽은 민애왕을 위해 사리를 봉안
한 것이다. 민애왕은 희강왕을 쫓아내고 왕위에 올랐으나, 그 자신도
청해진 대사 장보고를 동원한 김우징에 의해 죽임을 당했다. 경문왕
은 민애왕이 쫓아낸 희강왕의 손자이니 할아버지를 축출한 인물을 추
복한 것이다. 이를 역사학계에서는 서로 반대하는 세력과 손잡기 위한
'통 큰 결단'이라는 정치적 의도로 본다. 혹은, 사리 신앙이 이런 해묵
은 원한 관계를 녹여준 계기가 되었는지도 모르겠다〈창림사 삼층석탑 사리
봉안기〉 참조).

희강왕의 손자가 나중에 경문왕으로 즉위했는데, 경문왕은 갈가리
찢긴 나라의 화합을 위해, 오히려 민애왕 명복을 비는 불사리를 봉안

140

한 것이 바로 동화사 비로암 삼층석탑이다.

한편, 이 동화사 사리호는 언제인가 탑에서 도굴되어 개인에게 매매되었다가, 1966년 고故 황수영 박사가 실물을 조사한 뒤 소장자가 동국대학교 박물관에 기증하였다. 2021년 3월 동국대학교 박물관에서 이 사리호를 비롯해 사리호가 놓였던 연화문 금동 판, 사리기를 감싼 견직물과 송진, 사리호 안에 있던 목제 소탑 3기 등 관련 유물이 함께 전시되어 도굴된 이후 처음으로 관련 유물들이 한자리에 모일 수 있었다. 또 본래 이 사리호 안에 있었으나 별도로 각각 팔려나갔던 삼존불상이 새겨진 사각형 금동판 4매는 나중에 경찰이 모두 압수함으로써 국립중앙박물관에서 소장하게 되었다.

▮ 다라니 신앙의 모든 것, 법광사 삼층석탑 탑지

포항 법광사 삼층석탑은 9세기 초에 세워졌다. 탑 곁에 세운 조선 후기 대문장가 청천靑泉 신유한申維翰 (1681~1752)이 지은 〈법광사 석가불사리탑 중수비〉에 따르면, 1746년 겨울에 기울어진 탑을 수리하려 해체하다가 불사리를 봉안한 사리장엄과 탑지석인 〈법광사 석탑기〉가 나왔다고 한다. 1747년 사리장엄을 다시 본래대로 안치하고 수리를 마

포항 법광사 삼층석탑

포항 법광사 삼층석탑 사리장엄. 청동 사리호 안에 그보다 작은 납석 사리호가 넣어졌고, 그 안에 사리가 담겨 있었다. 납석 사리호에 828년 법광사가 창건된 사실이 나온다.

마친 다음, 통도사에서 예전에 했던 전례에 따라 탑 앞에 법당을 새로 짓고 '금강계단'이라 편액을 달았다고 나온다.

그렇게 200년 넘게 잘 지내왔으나 1968년 8월 무렵 탑에서 사리장엄이 도굴되고 말았다. 우여곡절 끝에 1970년 초 부산 시경市警이 되찾아 확인해 보니 사리호舍利壺 2점과 그 안에 2점의 작은 탑지석塔誌石이 들어 있었다. 그 직후 이 사리호와 탑지는 여러 가지 사정으로 한때 동국대학교 박물관에서 보관되다가 지금은 국립경주박물관이 소장하고 있다.

사리호와 납석蠟石으로 된 탑지석은 크기가 다른 2점인데 큰 제1석은 직사각형 비석 위에 옥개석이 얹힌 모양이다. 작은 제2석 역시 직사각형 비석 형태로 위가 둥근 무지개 모양이다. 둘 다 앞뒤 좌우에 사리를 봉안한 사유를 적은 사리봉안기가 해서체로 음각되었다. 그런데 제1석 뒷면에 새겨진 글에 탑은 처음 828년에 세웠다고 나오므로 법광사의 창건도 그때로 봐야겠다(본서 〈통일신라시대 사리 신앙〉 참조). 그로부터 18년 뒤인 846년에 어떤 사정이 있어서 절터를 원 자리에서 조금 아래로

포항 법광사 삼층석탑 탑지석

물려 새로 조성하게 되었는데, 그때 탑도 함께 옮겨지면서 제1석이 만들어진 것이다. 이 제1석 탑지석은 법광사 삼층석탑이 언제 만들어졌는지에 관한 확실한 기록이어서 중요하다.

제2석은 세월이 한참 지나 조선시대에 만들어졌다. 앞뒷면에 1698년, 1747년에 각각 탑을 중수했다고 나온다.

사리호는 청동 및 납석제 2점인데, 납석 사리호 몸체에 세로로 네 줄에 걸쳐 쓴 '佛頂尊勝陁羅尼(불정존승다라니)'라는 묵서墨書에는 이 안에 크기가 서로 다른 사리 여덟 개가 있었다고 나온다.

《불정존승다라니경》은 밀교 계열의 경전이다. 부처의 몸 중에서 가장 중요한 곳이 육계肉髻, 곧 불정佛頂이므로 특히 이를 숭앙하는 의식을 펼쳤다. 이를 불정도량佛頂道場 의식이라고 하며, 우리나라에서는 고려시대인 1085년 처음 열린 후 꾸준히 열렸다. 그에 앞서 중국 당나라에서 사찰에 《불정존승다라니경》을 새긴 당주幢柱(깃발을 달거나 경전을 새긴 기둥)가 유행했었는데 그에 영향을 받은 것이다. 당주는 석당石幢, 또는 경당經幢이라고 하며 대부분 다라니경을 새겼다. 평안북도 용천군 불정사佛頂寺의 석당처럼 현재 실물로 전하는 작품은 모두 고려시대에 만들어졌다. 법광사에서 '불정존승다라니'라고 새긴 사리호를 봉안한 게 그보다 100여 년 이상 빠르니, 고려 초 다라니 석당 유행의 단초를 여기에서 찾을 수 있을지 모른다. 비록 탑에서 사리장엄이 도난당하는 불상사가 있었으나 그로 인해 신라 사리 신앙의 일면을 확인할 수 있었던 건 뜻밖의 수확이었다.

▌ 황룡사 구층목탑 찰주본기

신라의 자장 스님이 중국에서 모셔온 불사리를 황룡사 구층목탑, 통도사 금강계단, 울산 태화사, 정선 정암사 등지에 봉안했음은 《삼국유사》에 나온다. 특히 서울인 경주에서 처음엔 왕궁으로 지으려다 도중에 절로 바꿨을 만큼 국력을 기울여 창건한 황룡사 구층목탑 불사리는 분명 신라 사람에게 각별하게 생각되었을 것이다. 이 일을 계기로 신라의 불교가 급속히 발전하였고, 나아가 국력을 결집하는 데도 중요한 역할을 했을 듯하다.

황룡사와 구층목탑은 오랫동안 이어져 내려왔으나 고려 때 몽골군의 침략과 방화로 사라져 버렸다. 조선시대 이래 폐사되어 버려졌다가, 1980년대에 이뤄진 대규모 발굴로 절터에 남은 초석으로나마 옛날 황룡사의 위용을 볼 수 있게 되었다.

1964년 12월 절터 심초석心礎石(목탑에서 맨 아래 중앙에 놓아 철제 기둥을 받치게 하던 시설) 안에 안치되었던 탑지塔誌이자 사리봉안기인 금동 판板 〈황룡사 찰주본기刹柱本記〉가 도굴되었다. 개인에게 팔려 한동안 종적을 알 수 없었으나, 1966년 무렵 전문가 감정을 받는 과정에서 소재가 알려졌고, 이후 여러 과정을 거쳐 국가에 기증되어 국립중앙박물관이 수장하게 되었다. 이 금동 판은 3매의 안팎, 총 6면에 〈황룡사 찰주본기刹柱

경주 남산 탑골 마애조상군의 황룡사 구층목탑 모습

本記〉라는 제목의 글이 음각으로 새겨졌다. 구층목탑은 645년에 처음 세운 이후 여러 차례 중수와 중건이 있었다. 872~873년(경문왕 12~13)에도 중건이 있었는데, 이때 일을 자세히 적은 기록이 바로 이 〈황룡사 찰주본기〉이다. 1966년 회수할 때까지만 해도 녹이 두껍게 덮여 있어서 겨우 몇 글자만 확인할 수 있었지만, 이후 복원해서 지금은 900자가 넘는 글자 거의 모두 판독되었다. 이 찰주본기 3매와 신중상이 새겨진 또 하나의 판 1매를 서로 이어서 세우면 상자 모양이 되어, 그 안에 사리장엄을 두었던 듯하다. 앞에서 보았던 동화사 비로암 삼층석탑의 사리호, 곧 민애대왕 사리호에 넣어졌던 금동 사리함이 금동판 4매로 이뤄진 것과 비슷한 모양이다. 그런데 이 찰주본기 자체가 사리함이기도 해서 일명 '황룡사 구층목탑 사리함기舍利函記'라고도 한다.

찰주본기를 지은 이는 박거물朴居勿이고, 글씨는 요극일姚克一이 썼

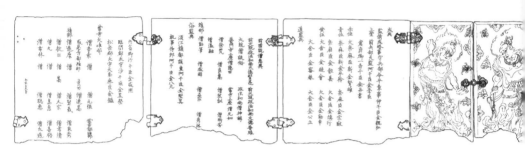

황룡사 구층목탑 찰주본기(위. 국립중앙박물관 소장)와 모사본(아래)

다. 이 두 사람은 872년 만든 〈삼랑사비三郎寺碑〉에서도 글과 글씨를 맡
았다. 요극일은 신라의 명필 김생金生과 쌍벽을 이뤘던 명필이다.

그 내용은 전반부에 구층목탑을 짓게 된 경위, 후반부에 이후의 중
수重修 사실, 그리고 이어서 구층목탑 중건을 위해 설치했던 여러 기관
과 관계자들 이름이 나온다. 전체적으로《삼국유사》에 나오는 내용과
일치하여 덕분에《삼국유사》의 사료적 가치가 높아지기도 했다.

황룡사 구층목탑 사리장엄에서 나온 사리 5과

〈찰주본기〉에는 중건하면서 "무구정경에 따라 작은 석탑 99구마다 각각 석탑마다 사리 1매, 다라니 4종, 경전 1권씩을 넣었고, 경전 위에 사리 1구(불사리를 넣은 사리기)를 안치해서 이를 철반 위에 두었다(其中更依 無垢淨經 置小石塔九十九軀 每軀 納舍利一枚 陀羅尼四種 經一卷 卷上安舍利一具於鐵盤之 上)."라고 나온다. 8세기에 시작해서 9세기에 절정을 이룬 법신 사리 봉안 유행이 여기서도 나타나 있다.

또 하나 흥미로운 것은 645년에 황룡사 구층목탑을 세우고 봉안했던 사리장엄의 형태를 다음처럼 묘사하고 있는 점이다.

"9층까지 끝냈으나, 찰주가 움직이지 않았다. 왕께서 본래 찰주에 봉안했던 사리가 어떠한지 염려하시며 이간(伊干)에게 명을 받들어서 사리를 살펴 도록 하셨다. 임진년(872) 11월 6일에 여러 사람을 데리고 가서 기둥을 들어 보게 하니 초석 안 깊숙이 판 자리에 금과 은으로 만든 고좌가 있고 그 위에 사리가 든 유리병이 봉안되어 있었다. 그렇지만 봉안했던 날짜와 사유가 없어 어떻게 된 것인지 알 수가 없었다. 25일에 예전 그대로 다시 두고, 거기에 더해서 불사리 100매와 법사리 2종을 넣었다."

九層畢功 雖然利柱不動 上慮柱本舍利如何 令臣伊干承旨取 壬辰年十一月六日 率群僚
而往 專令擧柱觀之 礎臼之中 有金銀高座 於其上安 舍利琉璃甁 其爲物也 不可思議 唯
無年月事由記 廿五日 還依舊置 又加安舍利一百枚法舍利 二種

윗글을 좀 더 설명하자면, 맨 아래층부터 차례대로 수리해 나가던 공사는 위에서 소개한 것처럼 불사리도 새로 봉안하는 등 막바지에 이르렀다. 이제 9층 위에다가 상륜부, 곧 찰주 상부만 다시 제자리에 놓으면 다 끝날 참이었다. 그런데 본래부터 놓인 찰주를 옮겨서 다시 놓아야 하는데, 그 과정에 문제가 생겼는지 찰주가 조금 삐걱거렸던 모양이다. 이 보고를 받은 경문왕은 찰주 아래에 있을 사리가 손상되었을지도 몰라 근심이 컸다. 신라 17관등 중 2위인 이간伊干(伊湌)이자 왕의 아우인 김위홍金魏弘(?~888)더러 직접 가서 잘 살펴보라고 명했다. 이간이 사람들을 데리고 찰주를 들어보았더니 찰주 아래에 마련된 공간에 금과 은으로 만든 고좌高座(불상 대좌의 일종)가 있고 그 위에 불사리를 담은 유리 사리병이 있더라는 이야기이다.

덧붙이자면, 경문왕의 명을 받고 현장을 찾아 찰주 아래에 놓였던 불사리를 확인했던 김위홍은 이 불사를 성공리에 마친 공 덕분인지 3년 뒤인 875년에 최고 벼슬인 상대등에 올랐다. 그는 자신의 조카이기도 한 진성여왕을 등에 업고서 실권자가 되었는데 권한을 멋대로 쓰며 정치를 어지럽혔다는 평가를 받는다. 대구大矩화상과 함께 한국 문학 사상 최초 가집歌集으로 알려진 《삼대목三代目》을 편찬했다. 지금 합천 해인사 대비로전 비로자나불상 2구를 진성여왕과 함께 발원해 조성했다는 이야기도 있다.

고려시대 사리 신앙

우리 역사에서 불교가 가장 성했던 때가 고려시대이기는 해도, 사리 신앙에 관한 한 자료가 많이 남아 있지 않다. 말하자면 정보의 밀도가 그다지 높지 않고 역사 서술의 행간에 빈칸이 많은 셈이다. 역사 자료가 많고 적음이 반드시 역사의 이해도와 비례하는 건 아니지만, 정밀한 연구에 걸림돌이 되는 건 분명하다.

강원도 설악산 봉정암鳳頂庵 석가사리탑

물론 사리 신앙과 떨어뜨려 놓고 보면 안 될 탑과 사리장엄舍利莊嚴을 갖고도 얘기해 볼 수 있다. 그러나 사리기舍利器에 글이 새겨져 있지 않으면 정확한 연대라든가 과정이나 배경을 알기 어렵다. 또 탑 역시 사리장엄이나 탑비塔碑가 남아 있지 않은 예가 아주 많아 사리장엄과 마찬가지로 불교미술로서 가치는 있어도 역사 기록자료로 활용하기 쉽지 않다. 강원도 설악산 봉정암鳳頂庵 석가사리탑같이 탑 이름에 '석가 사리'라는 수식어가 들어간 탑도 있다. 어느 탑이든 사리가 봉안되어 있기 마련이지만, 특히 이런 이름이 붙었을 때는 적어도 진신 사리 봉안 유래 등에 관한 구전이나 전설이 있었을 가능성이 크다. 다만, 이 책에서는 사리 신앙을 구체화하고 체감할 수 있는 실체를 얻기 위해 1차 사료인 문자 기록을 대상으로 한정하였기에 이런 예들은 제외할 수밖에 없었다.

그래도 지금까지 전하는 기록에 남아 있는 몇몇 장면들을 통해 고려 시대 불사리 봉안의 흐름을 살필 수 있는 건 다행이다. 이런 기록들을 토대로 하여 고려 사리 신앙의 면모를 살펴보았다.

고려 왕실에서 150년 이어진 불아 사리와의 인연, 불아전

고려에서는 불교가 국교라 할 만큼 널리 믿어졌기에 사리 신앙 역시 보편화되어 있었다. 특히 고려 왕실에서 불사리 봉안에 유난히 비중을 두었던 모습이 눈에 띈다. 고려에서 불사리를 얻은 경로는 대부분 중국으로, 당시 중원을 차지한 송宋나라와 정치, 경제, 문화 등 여러 면에서 매우 가까운 관계였기에 상당량 불사리를 모셔 올 수 있었다.

그런데 고려 사람들은 불사리 중에서도 불아佛牙 사리, 곧 '어금니 사리'를 특히 존숭했던 듯하다. 어느 불사리인들 소중하지 않을 리 없지만, 특히 불아는 여느 신골身骨과는 다른 모양인데다가 '부처님 말씀'을 상징한다고 여겼기 때문이 아닐까 싶다. 사실 인도를 비롯

중국 산동성 한상현 '불아앙시佛牙仰視' 불아전佛牙殿

중국 베이징 취미산 불아사. 고려에서도 불아 사리에 대한 특별한 존숭감이 있어서 그 봉안에 관한 이야기들이 전한다. 예종과 고종은 궁중에 불아전을 세워 불아 사리를 예경했다.

하여 석가모니의 자취가 많이 남아 있는 동남아시아에서도 옛날부터 불사리 중에서도 불아 사리를 더욱 존숭했던 풍습이 있었다. 그래서 외국에는 스리랑카 캔디Kandy의 불치사佛齒寺, 중국 산동성 한상현의 '불아앙시佛牙仰視' 불아전佛牙殿 같은 불아를 모신 고대 사원이 아직도 많이 남아 있다.

고려도 석가모니의 고귀한 정신을 상징하는 정골頂骨 사리와 더불어 이 불아 사리를 각별하게 대했다. 그래서 그에 관한 기록도 여럿 전한다. 예를 들어, 현종顯宗(재위 1010~1031)이 1021년 경주 고선사高仙寺에 있던 금라가사金羅袈裟와 정골 사리, 창림사昌林寺의 불아 사리를 가져오게 하여 궁 내전에 안치한 일이 있다. 얼핏 생각하면 잘 보관되고 있는 탑을 억지로 열어 꺼낸 게 아닌가 오해하기 쉽다. 하지만 탑에 어떤 종류의 불사리가 있는지를 모르는데 함부로 열지는 않았을 것이다. 아마도 탑 외에 사중寺中에 별도로 불사리가 모셔져 있어서 궁중에서 그걸 가져오게 했다고 보는 게 자연스럽다.

《삼국유사》에는 1119년 송나라에 사신으로 갔던 정극영鄭克永, 이지미李之美가 극적으로 불아 사리를 모셔온 이야기가 나온다. 그런데 《삼국유사》에는 이야기가 거기서 그치지 않고, 이후 150년에 걸쳐 일어났던 후일담까지 드라마처럼 소개되어 있다. 이를 보더라도 고려 사람들이 불아 사리를 얼마나 존숭했는지 잘 알 것 같다. 그 이야기를 소개해 본다.

12세기에 접어들자마자 송나라는 도교를 숭상하며 민란을 일으킨

경주 고선사지 삼층석탑(국보 제38호, 국립경주박물관)

황건적으로 인해 사찰이 큰 타격을 입고 있었다. 정극영과 이지미가 조공사朝貢使(중국에 조공을 바치러 가는 사신)로 송나라에 갔을 때가 바로 그런 상황이었다.

공식 임무를 마치고 귀국할 무렵에 사신들의 귀가 번쩍 뜨이는 소식이 들려왔다. 황건적 도당의 한 패거리가 어느 사찰에 난입해 경전을 불사르고 불상을 부수며 행패를 부렸는데, 불사리만은 감히 어쩌지 못해 바다에 배를 띄워 어디든 보내버리려 한다는 것이다. 두 사신은 불사리를 얻을 좋은 기회라 보고 황급히 그곳으로 달려갔다. 먼저 황건적의 수령에게 뇌물을 주어 달래고, 또 그 지역 담당 관리에게도 따로 돈을 주었다. 황건적과 관리는 빈 배만 띄워 보내 불사리를 보내는 시늉만 냈고, 불사리를 받은 고려 사신들은 서둘러 본국으로 돌아왔다.

뜻밖에 불사리를 친견하게 된 예종睿宗(재위 1105~1122)이 크게 기뻐한 것은 물론이다. 불아전佛牙殿을 지어 봉안한 다음 바깥엔 향등香燈을 달아 화려하게 장식하고 늘 정성스럽게 경배를 드렸다. 이 불아 사리는 적어도 13세기 후반까지 잘 보관되고 있었다《삼국유사》〈탑상〉〈전후소장사리〉).

예종을 이은 인종仁宗(재위 1122~1146)은 불아 사리를 지리산 수정사水精寺에 보내어 봉안토록 했는데(권적權適, 〈지리산수정사기智異山水精社記〉 및《동문선東文選》), 이 불아가 바로 전왕 예종이 불아전에 봉안한 그 사리의 전부나 일부일 가능성이 크다. 왕자 신분으로 출가해 고승이 된 대각국사 의천義天(1055~1101)이 경상남도 하동 청암면 일대에다 오대사五臺寺 터를 잡았는데, 이곳이 나중에 수정사가 되었다. 인종은 수정사가 자신에게 작은할아버지가 되는 의천과 관련한 절이라 특별히 불아 사리를 봉안토록 했던 듯하다.

그로부터 100여 년이 흐른 1232년, 몽골이 대군을 이끌고 고려를 공격해왔다. 막아낼 힘이 모자랐기에 고종高宗(재위 1213~1259)은 황급히 강화도로 피난했다. 그런데 너무 경황이 없어 그랬는지 그만 불아 사리

를 놓아둔 채 떠났다. 4년 뒤 몽골군이 물러간 틈을 이용해 강화도를
나와 개성에 들렀을 때 불아 사리를 다시 찾아보았다. 하지만 난리 통
에 이미 누군가 훔쳐가 버린 사실을 알았다. 불당을 관리하던 관원들
을 조사하고, 지난 4년간 관리문서를 사흘 내내 샅샅이 뒤진 끝에 혐의
자는 궁중 물품관리 최고책임자였던 김서룡金瑞龍으로 압축되었다. 그
러나 그가 범행을 극구 부정해 사건은 점차 미궁으로 빠져들었다. 그
러다가 나흘째 되는 날 반전이 일어났다. 아침 일찍 김서룡이 입궐해서
는 드디어 불아 사리를 찾았노라고 왕에게 아뢴 것이다. 전날 한밤중
에 자기 집 담장 안으로 뭔가 "쿵!" 하고 떨어지는 소리가 들려 나가보
니 다름 아닌 잃어버렸던 그 불아를 담은 사리함인데 안에 사리가 그대
로 들어있더라는 것이다.

　비록 불아 사리를 되찾기는 했어도 그의 설명이 너무 궁색해 거짓으
로 꾸민 것이 뚜렷했다. 김서룡과 일당을 처벌하자는 논의가 나왔지
만, 왕은 불사리를 되찾은 것에 만족하고 죄를 더는 묻지 않았다. 궁궐

강화도에 있는 고려 고종의 왕릉(홍릉). 고종은 몽골군을 피해 4년 동
안 강화도에서 웅거했다. 환궁 후 선대왕 예종이 봉안했던 불아 사리를
한때 잃어버렸다가 되찾은 위 신심이 더욱 깊어졌다.

陽府以白銀合貯而安之 時主上謂臣下曰 朕自亡佛
牙已來自生四疑 一疑 天宮七日限滿而上天矣 二疑
國亂如此 牙旣神物 且移有緣無事之邦矣 三疑 貪財
小人 盜取函幅 棄之溝壑矣 四疑 盜取珍利 而無計自
露 匿藏家中矣 乃放聲大哭 滿庭皆
酒漑懴壽至有煉頂燒臂者 不可勝計 得此實錄於當
時內殿參俟前祗林寺大禪師覺猷 親所眼見 使予
錄之 又至庚午出都之亂頭師以身佩持襆於賊難逢
監主禪師心鑑 上身佩持僅免於賊 達於大內 大賞
其功 移授各刹今住氷山寺 是亦親聞於覺猷與王代

150년에 걸친 불아 사리 봉안 이야기가 기록된 《삼국유사》〈전
후소장사리〉조. 일연 스님은 글 말미에 직접 경험한 각유 스님
에게서 전해 들었다며 사실임을 강조했다.

안에 불아전을 새로 짓고 봉안식도 성대히 치렀다. 개풍 신효사神孝寺에서 온 온광蘊光 등 30명의 스님이 재를 베푼 다음 고위 관료들이 한 사람씩 차례로 나와 사리함을 머리에 이고 경배를 올렸다. 사람들은 함에 난 구멍으로 보이는 숱한 불사리들을 보면서 경탄해 마지않았다. 재가 끝나갈 무렵 고종은 갑자기 긴 탄식을 뱉으며 말했다.

"내가 불아 사리를 잃은 후 네 번 의심이 생겼었다. 첫 번째는 의상 스님이 빌려온 불아 사리가 천궁의 7일 기한이 다해 다시 하늘로 올라간 것일까 하는 것이고, 두 번째는 불사리는 신물神物인데 나라 사정이 급박하여 인연 있는 안전한 나라로 옮겨간 게 아니었을까 했던 것이며, 세 번째는 재물을 탐낸 소인이 함은 갖고 사리는 함부로 버리지 않았을까 한 점이다. 마지막으로 네 번째 한 의심은, 누군가 훔쳐 갔다가 차마 이것을 밝힐 수 없어 집 안에 감추어 두었으리라는 것이다. 네 번째 의심이 맞았구나."

朕自亡佛牙已來 自生四疑 一疑 天宮七日限滿而上天矣 二疑 國亂如此 牙旣神物 且移有緣無事之邦矣 三疑 貪財小人 盜取函幅 棄之溝壑矣 四疑 盜取珍利 而無計自露 匿藏家中矣 今第四疑當之矣 〈전후소장사리〉

그리고는 불아 사리를 잘 챙기지 못했음을 자책하며 큰소리로 흐느끼니, 주위 사람들도 모두 눈물을 흘리며 비통해했다. 그런데 이런 분위기가 오히려 사람들의 신앙심을 더욱 자극했고, 감동한 나머지 그

자리에서 이마와 팔에 연비燃臂(향을 올리고
태움)를 하는 사람들이 부지기수였다고 한
다. 불아 사리를 잃어버렸다가 되찾은 커
다란 소동을 겪은 뒤 고종과 이하 관리들
의 사리 경배의 마음이 훨씬 깊어졌던 모
양이다.

고종이 탄식한 '천궁의 7일 기한'이란, 옛
날 의상 스님이 중국 종남산에서 공부할
때 하늘의 제석천 상제에게 청하여 불아
사리 40개 중 하나를 7일 동안 빌려왔는
데, 제석천의 하루는 인간 세상에서는 100
년이라서 700년 동안 이 땅의 사람들이 친
견할 수 있게 되었다는 고사를 말한다(《전
후소장사리》). 의상 스님이 중국 유학할 때가
632년이니, 아닌 게 아니라 불아 사리 실종
소동이 일어났던 1232년은 그때로부터 꼭
600년째가 된다.

그 38년 뒤, 고려는 끝내 몽골에 항복하
고 말았고, 막대한 배상을 치른 다음에야
강화도를 나와 개성으로 환궁하였다. 그
런데 그 과정이 순탄치 않아 삼별초의 난
이 일어나는 등 극심한 혼란을 겪었다. 그
렇지만 이번에는 불아전 관리를 맡은 심감
心鑑 스님이 결사적으로 지켜낸 덕에 다행
히 별 탈이 없었다.

1284년에는 고종의 손자 충렬왕과 왕비

고려시대 금동 다층 소탑(공양탑, 국립중앙박물관 소장)

가 개성 묘각사妙覺寺에 행차하여 할아버지 때의 일을 떠올리며 이 불아 사리와 양양 낙산사의 수정 염주, 여의주를 가져와 금탑 속에 함께 봉 안했다.

이런 이야기를 통해 고려에서도 불사리 경배에 가장 열성이었던 계층 은 왕실이었음을 알 수 있다. 그런 분위기가 형성된 건 아무래도 왕의 개인적 믿음이 가장 큰 원인이었겠지만, 불사리를 통해 왕의 권위를 높 이려는 의도도 깔려 있었다고 생각해 볼 수 있다.

예종부터 시작해 인종, 고종, 충렬왕에 이르는 4대에 걸쳐 귀중한 불 아 사리를 중국에서 구해와 궁전에 두고 경배했던 일부터, 몽골 침입으 로 강화도에 천도하는 와중에 잃어버렸고, 그러다가 우여곡절 끝에 극 적으로 되찾기까지가 마치 대하드라마같이 길고 자세하게 서술되어 있 다.《삼국유사》에는 이처럼 복잡한 인연이 얽혀 일어났던 기묘한 일들 이 많이 나오는데, 이 〈전후소장사리〉는 그중에서도 백미인 것 같다.

불사리를 봉안하기 위한 전용 건물인 불아전은 전각 안에 불상이나 불화가 아니라 불사리만을 봉안한 전각이었을 것이다. 이는 사리를 봉 안하는 형식에 있어서 탑과는 좀 다른 성격이라고 할 수 있다. 탑보다 불사리를 좀 더 존숭하는 의미가 있다. 탑은 야외에 있어서 경배가 비 교적 자유로운 편이다. 비록 그 안의 불사리를 볼 수는 없어도 탑이 곧 불사리이므로 신앙 면에서는 마찬가지였을 것이다. 그에 비해서 불아 전은 안에서 불사리를 보고 참배할 수 있도록 꾸며졌겠지만, 왕실 사 람 등 아주 극소수 사람에게만 출입과 경배가 허용되었을 테니 결국 폐 쇄적이었다고 할 수 있다. 여하튼, 고려 말에서 조선 초에 걸쳐 이뤄졌 던 불아전은 왕실의 사리 신앙을 바탕으로 한 특수 용도의 전각이었 다. 불아전은 이후 사리전舍利殿으로 이어졌다. 고려 말 양주 회암사檜 巖寺에 1칸 규모 사리전이 있었고(이색李穡,〈천보산 회암사 수조기天寶山檜巖寺修 造記〉), 그 외에 조선을 건국한 태조 이성계도 몇 년 동안 공력을 기울여 서울 흥천사에 지은 사리전도 있다.

그런데, 지엄한 왕실에서 지성으로 발원한 불사리를 담은 사리장엄은 과연 어떤 모습이었을까? 고려의 경우, 오랫동안 지속되었던 왕실 불아전의 사리장엄은 물론이고 지리산 수정사, 개성 묘각사 등 왕실 발원으로 봉안한 사찰 탑의 사리장엄이라고 분명하게 전하는 유물은 없다. 다만, 국립중앙박물관 소장의 〈금동 다층 소탑〉이 주목된다. 높이 75.5㎝의 고려 초기 공양탑인데, 사각형 기단에 11층의 당당한 탑신 그리고 상륜부까지 잘 갖춰진 정교한 제품이라는 점 등으로 볼 때 전각 내부에 세웠던 탑이 바로 이런 모습이었을 가능성이 보인다.

일연一然(1206~1289) 스님은 이 일화를 소개하면서, 충렬왕이 흐느끼는 대목에다가 이 일은 자기 제자 무극無極이 행사에 참여했던 경주 기림사 각유覺猷 스님에게서 직접 들은 걸 자신에게 전해준 이야기이며, 불아 길이가 약 3촌寸 가량 되더라고 각주脚註처럼 설명을 자세히 덧붙였다. 그저 떠도는 전설 같은 이야기가 아니라 실제 있었던 사실임을 강조하고 싶었던 모양이다.

일연 스님이 불사리에 대해 이렇게 특기했던 까닭은 무엇일까? 불사리가 영험함을 후대 사람들에게 꼭 전해주려는 뭔가 특별한 이유라도 있었던 걸까? 일연 스님의 속내가 못내 궁금하다.

고려시대 분分사리 영험의 이야기들

사람들이 불사리를 친견하고 싶은 건 부처님의 큰 덕을 찬탄하고 가르침을 따르겠다는 마음이 절로 일어나기 때문이다. 거기에 더해서, 그렇게 마음을 다잡게 되면서 극락왕생의 길이 한 걸음 더 가까워질 거라는 믿음도 컸을 듯하다. 《대비경》에 부처님이 제자 아난阿難한테, "내가 입멸한 뒤에 만일 어떤 사람이 내 사리를 공경히 공양한다면 그 선근善根

불사리가 일으킨 이적의 영험 이야기가 많이 실린 《법원주림》 (보물 제1838호)

으로 말미암아 열반의 세계로 나아갈 수 있을 것이다.”라고 나오는 경전 속의 이야기들도 그런 믿음을 더욱 굳게 해주었을 것이다.

물론 그보다는 좀 더 세속적인 바람도 있었으니, 불사리 앞에서 진심으로 경배를 드리면 현세에 감응을 얻는다는 믿음이 그것이다. 사실 이런 생각이야말로 사리 신앙 확산의 중요한 배경이 되었는데, 이는 인지상정이라고 해야 하지 않을까?

불사리의 영험과 감응이 전설이나 설화로만 전하면 사람들이 덜 실감할지 모른다. 하지만 역사상 실존 인물들이 직접 경험한 이야기라면 좀 더 큰 울림을 주게 된다. 그래서인지 《법원주림法苑珠林》 같은 중국 옛 기록에 불사리가 일으킨 오색 광명, 그윽한 향기, 병의 치유, 탈출, 재난 구제 등 영험靈驗을 겪은 사람들 이야기가 수도 없이 많이 소개되어 있다.

그런데 불사리는 석가모니 유골이다. 석가모니는 실존 인물이니, 그렇다면 그 유골이 물리적으로 수량이 한정될 수밖에 없는데 어떻게 해서 시공간을 달리해서 수많은 사람이 서로 다른 불사리들을 볼 수 있었던 것일까? 그에 대한 해답 중 하나가 분사리分舍利 현상이다. 분사리란 하나의 사리가 스스로 나뉘어 여러 개가 되는 이적異蹟이다.

고려시대 분사리의 영험을 적은 대표적인 글이 민지閔漬(1248~1326)의 〈국청사 금당주불 석가여래 사리영이기國淸寺金堂主佛釋迦如來舍利靈異記〉이다.

황해도 개풍에 자리한 국청사國淸寺는 왕족으로서 출가한 대각국사 의천義天(1055~1101)이 1095년에 창건했다. 천태종 종찰宗刹(으뜸가는 사찰)로 왕실의 후원을 받았는데, 특히 의천의 어머니이기도 한 인예태후가 가장 적극적이어서 그녀의 지원으로 1104년에 황금으로 된 13층탑을 세웠다. 고려 역사상 황금탑은 개성 흥왕사의 탑과 더불어 이 국청사 탑단 2개 사례만 전할 뿐이다. 하지만 몽골의 침입으로 사찰 전체와 함께 불타 없어졌다. 절은 1315년에 진감眞鑑 스님이 금당을 새로 짓고 중창하였다. 불사리의 영험은 이때 나타났다.

금당과 불상까지 다 지어 중창을 눈앞에 두었지만, 인연이 안 닿아 그랬는지 불상 복장에 넣을 불사리를 아직 얻지 못한 게 진감에게 큰 근심거리였다. 함께 걱정하던 노우盧祐, 정천보鄭天甫 같은 단월檀越(절의 신도)들이 "만일 지금 우리가 참된 일을 하는 것이라면 부처님의 사리를 왜 못 얻겠습니까?"라고 하며 다 함께 부처님 앞에서 간절히 기도해보자고 하였다. 이에 벽에 걸어 둔 백의白衣 관음보살도 앞에 검은 비단을 깔아 단을 마련한 다음 향을 피우고 공손히 절을 세 번 올렸다. 그러자 단 위에 문득 둥근 사리 한 알이 나타났다. 절을 하던 사람들이 깜짝 놀라며 서로 부둥켜안고 환호하였다. 가까이 다가가 만져보고 굴려보았더니 그때마다 저절로 하나씩 더 늘어났다. 색깔도 청색·백색·흑색·황색으로 다양했는데 단지 붉은색만 없기에 노우가 "만일 붉은 사리만 있으면 오색이 다 갖추어질 텐데." 하고 아쉬워하였다. 그런데 그 말이 끝나기도 전에 붉은 사리가 연달아 네 개나 나타났다. 이에 눈물을 흘리며 감동하지 않은 이가 없었고, 모두 "과연 부처님의 경지는 막힌 곳이 없고 공덕이 헛된 것이 아니구나!" 하며 큰 깨달음을 얻었다고 한다.

우리나라는 중국에 비하면 불사리 봉안에 관한 기록이 아주 드문 편이다. 본래 기록이 적었는지 아니면 기록이 나중에 없어졌는지 알 수 없으나 여하튼 사리 신앙을 문헌으로 고찰하기에는 사료가 빈약하여 아쉽다. 그래도 위에 소개한 두 이야기나마 전해져서 고려시대 사리 신앙의 한 면모가 엿보이는 분사리 일화들을 알 수 있는 건 다행이다.

사실 이렇게 사리가 저절로 나누어지는 모습을 보는 건 엄청난 경험이라서 사리 신앙이 더욱 도타워지게 되는 건 말할 필요도 없다. 더군다나 왕실에서 일어난 분사리 경험은 아무래도 사람들에게 더욱 특별한 일로 여겨지질 수밖에 없기에, 조선 초에도 그런 일들이 화제가 되곤 했다. 예를 들어 조선을 건국한 태조 이성계李成桂(재위 1392~1398)가 역점을 두고 지었던 흥천사 사리전 낙성 기념 법회에서 일어났던 분사리 영험이 그렇다(〈태조의 불사리 숭앙〉 참조).

태조는 사리 신앙에 관한 한 우리나라 모든 왕조의 역대 왕들 중에서 단연 첫손가락에 꼽을 만큼 돈독했다. 고려나 조선 왕실에서 일어났던 분사리 영험은 그것을 겪은 왕 당사자에게 큰 감동을 주었던 것은 물론이고, 이를 전해 들은 일반 사람들에게도 큰 관심을 불러일으켜 결국 사리 신앙이 확산하는 데 많은 이바지를 했다.

한편, 꼭 저절로 된 것만이 아니라, 필요에 따라 사람이 하나를 여러 조각으로 나눈 것도 역시 분사리라고 할 수 있다.

고려에서 이런 인위적으로 했던 분사리 실례 중에서 가장 오래된 건 양산 통도사 금강계단 불사리일 것이다. 자장 스님이 중국에서 모셔와 먼저 경주 황룡사 구층목탑에 봉안하고 나서 곧바로 통도사를 비롯해 여러 곳에 나누어 봉안[分藏]했으니, 우리나라 사리 신앙 역사에서 아

태조 이성계 초상(전주 경기전)

주 중요한 의미를 갖는 불사리이다. 그런데 자장 스님이 처음 모셔왔던 수량이 《삼국유사》에 100매라고 한 것과 달리, 조선 초기의 문인 서거정徐居正(1420~1488)이 엮은 《동문선東文選》에는 4매였다고 나온다. 어느 기록이 옳다고 단정하기 어렵지만, 통도사 같은 전국 주요 사찰에 분장할 정도라면 수량이 꽤 많았을 테니 《삼국유사》 기록에 좀 더 시선이 오래 머물게 된다.

통도사 불사리는 함께 모신 석가모니 가사와 더불어 통도사의 상징

西天國薄隄尊者指空大和尙

통도사에서 불사리를 친견했던 인도 지공 스님. 통도사 성보박물관 소장 '삼화상 진영' 중

처럼 되었다. 숱한 사람들이 여기에 와서 친견하곤 했다. 예를 들면 인도의 지공指空 (?~1363) 스님은 중국을 거쳐 1326년 고려에 와서 1328년 까지 머물렀는데, 처음 고려 에 와서 금강산에서 법기보 살을 참배한 뒤 통도사에 와 서 금강계단을 참배하고 불 사리와 가사를 친견하기도 했다(《통도사지》〈서천지공화상위 사리가사계단법회기西天指空和尙爲舍 利袈裟戒壇法會記〉). 중국과 우리 나라에서 대단한 명성을 얻 고 있었던 그가 일부러 찾아 왔을 정도이니, 통도사 불사 리의 신앙적 의미가 얼마나 컸던가를 짐작할 수 있다.

고려 후기 저명한 학자 이 색李穡(1328~1396)이 쓴 〈양주 통도사 석가여래사리지기梁州通度寺釋迦如來舍利之記〉에 통도사 분사리에 관한 일화가 더 자세히 나온다.

고려 말에 왜구가 통도사 일대까지 쳐들어오자 주지 월송月松이 금강 계단의 불사리 중 일부를 꺼내서 개성 왕궁을 향해 피난을 갔다. 월송 스님은 당시의 실력자로 정2품 찬성사였던 이득분李得芬을 찾아가 사리 를 건넨다. 이득분은 곧바로 왕궁으로 들어가 이 불사리를 우왕禑王(재위 1374~1388)에게 보였다. 뜻밖에 불사리를 맞이한 왕과 왕비는 아주 기뻐하며 개성 송림사에서 친견 법회를 크게 열었다. 이때 법회에 참석한 이들 중 상당수가 '분신分身', 곧 나눠 가졌다고 나온다. 이는 인위적으로 사리를 나눈 것이지만 넓은 의미에서 보면 역시 분사리의 하나라고 할 수 있다. 이득분 3매, 경창대군 왕유王瑜 3매, 시중 윤항尹恒 15매, 회성군檜城君 황상黃裳 부부 31매, 법회에서 재齋를 드린 개성 주변 천마산天磨山의 스님들 3매, 성거산聖居山의 스님들 4매 등으로 이를 합하면 모두 59매나 되었다. 월송 스님이 통도사에서 가져간 게 4매였다는 기록이 있으니(이색의 〈양주 통도사 석가여래 사리지기〉, 〈신라 자장 스님이 봉안한 불사리의 고려시대 후일담〉 참조) 이것을 가지고 59매로 나눠 가졌으면 분사리를 좀 과하게 한 셈이다. 남은 불사리로는 얼마 뒤 송림사에서 친견 법회를 열었다. 이 불사리들은 조선 건국 직후 1396년에 왕명으로 궁내로 가져왔다가, 1398년 서울 정릉에 흥천사興天寺가 낙성되자 사리전舍利殿에다 봉안했다고 한다(《조선왕조실록》 〈태조실록〉).

그런데 사실 대부분 불사리는 크기가 아주 작다. 6세기에 진제眞諦 스님이 번역한 《무상의경無上依經》에 석가모니 제자 아난이 "여래께서 멸도滅度(입적)하신 뒤 겨자씨만 한 사리를 얻어 탑 속에 안치하되 …"라고 크기를 말한 대목이 나온다. 또 중국 남산율종 시조 도선道宣(596~667)과 제자들이 624년에 장안 숭의사崇義寺 탑 아래에서 불사리 3매를 얻었을 때도 크기가 기장 씨만 했다고 나온다. 비록 크기는 이렇게 작아도 아주 단단해서 "망치로 때려도 부서지지 않고, 불에 태워도 타지 않는다."《법원주림》)라고 한다. 그래서 불사리를 물리적으로 나누는 일은 대단히 어렵다. 그런 이유 때문인지, 앞의 통도사의 예처럼 사람들이 하나를 여러 개로 나눈 예는 그다지 많지 않고, 분사리에 관련한 기록을 보면 인위적이 아니라 참배자의 정성에 감응해 사리 스스로 나누어졌던 경우가 대부분이다.

고려시대 불사리 신앙의 몇 가지 예들

고려 초기 왕실에서 주도한 개국사 불사리 봉안　고려가 건국한 지 30년 이 지난 948년의 어느 날, 사람들은 정종定宗(재위 945~949)이 궁궐을 나와 지금의 개성시 독암동 탄현문炭峴門을 지나 걸어가는 행차를 지켜보았다. 임금이 친히 개국사開國寺에 불사리를 봉안하기 위해 나선 걸음이었다《고려사절요》2, 〈정종문명대왕〉). 궁중에서 개국사까지 십 리나 되는 길이었다. 어느 시대 어떤 임금이든 누구를 맞이하려고 궁 바깥까지 나가는 일은 아주 드물다. 정종이 고려의 여러 임금 중에서도 손꼽는 호불好佛의 군주이기는 해도 이 불사리 봉안 행차를 맞이하기 위해 나간 건 아주 이례적이었다.

당시 정종은 서경西京 천도, 곧 개성에서 평양으로 서울을 옮기려 했다가 뜻을 이루지 못해 권위에 적잖은 타격을 입었을 때였다. 태조가 창건한 사찰이라 후대 왕들이 개국사에 특별히 관심을 기울이기는 했어도, 이렇게 정종이 직접 불사리 봉안 행차에 나선 데는 어떤 정치적 고려가 깔려 있었을지 모른다. 그렇다 하더라도 궁을 나와 불사리를 소중히 가슴에 품고서 한 걸음 한 걸음 걸어가는 왕의 모습을 지켜본 백성들은 분명 크게 감동했을 듯하다. 이 영향을 받아서인지 이후 조야朝野에 불사리에 예경 올리는 사람들이 급격히 늘어났다. 그렇게 보면, 정종의 파격적 불사리 봉안 행차가 고려 초기에 사리 신앙이 번성하는 데 중요한 계기가 되었다고 할 수 있다.

그런데 정종에 앞서서 광종光宗(재위 949~975)이 통도사에서 석가모니 가사袈裟를 친견했다고 나와《통도사지》〈가사희기袈裟希奇〉), 정종이 개국사에 봉안한 불사리는 바로 통도사에서 온 것일 가능성도 있다.

그리고 그 뒤 태조의 손자 현종顯宗(재위 1009~1031)도 1018년에 개국사 탑을 수리하도록 명했고, 이때 불사리를 봉안하고 계단戒壇을 설치했

속리산 법주사 내경

다《고려사》〈세가〉. 현종은 또 3년 뒤인 1021년에 상서성尙書省 좌승左丞(종
3품)인 이가도李可道를 시켜 경주에 가서 고선사高僊寺의 금라가사와 불
정골 사리, 창림사의 불아 사리를 가져오게 해서 내전에 안치하는 등
《고려사》〈세가〉, 불사리 봉안에 큰 공을 들였다.

사랑했던 노국공주의 천도를 위해 불사리를 봉안한 공민왕　그로부터
350년쯤 지나서 공민왕恭愍王(재위 1351~1374)도 불사리와 특별한 인연을
맺었다.

먼저 1362년 8월 15일에 속리사俗離寺(지금 법주사)에 행차해 통도사에서
보장保藏하고 있던 불사리와 가사를 살펴보았다《고려사》〈세가〉〈공민왕〉.
공민왕이 법주사에 간 것은 1361년 11월 19일에 홍건적紅巾賊이 쳐들어
오자 급히 몽진蒙塵(임금이 피난 가는 일) 했을 때와 연결된다. 개경을 떠난
피난행차가 파주 – 양주 – 광주 – 이천 – 충주 – 조령 – 용궁을 거쳐 12월

166

15일에 안동에 닿았다. 그 사이 홍건적을 물리치고 개경을 되찾아 이듬해 2월에 다시 상경할 수 있었다. 그런데 이번에는 조령을 지나지 않고 상주를 거쳐 청주–죽주–파주를 지나서 돌아갔는데, 궁실을 수리하는 시간도 필요해서 꽤 천천히 올라가게 되었던 것 같다. 그리고 8월 15일에 일부러 법주사에 가 석가모니 사리와 가사를 친견한 것이다. 그 전에 왜구의 침략을 피해 통도사 금강계단 불사리 일부가 법주사로 옮겨져 있었다.

속리산 법주사 세존사리탑

그런데 공민왕이 친견했을 때만 해도 불사리는 탑이 아니라 절 안에 별도로 보관되었던 모양이다. 그러다가 조선 후기인 1710년에 법주사의 한 신도가 재산을 희사해 탑을 세움으로써 탑에 봉안하게 되었다. 이를 기념하기 위해 법주사 여적 경수汝寂慶秀 스님이 비문을 지었는데 여기에, "사리 1과가 사중에 봉안되어 있는데 천년이 지났어도 마치 어제 모신 듯하다. 신도 백귀선이 재산을 바쳐 절 동쪽에 탑을 세웠고, 또 비석을 세워 이를 기록했다."(《보은군 속리산 법주사 세존사리탑비명 병서》, 《조선사찰사료》)라고 나와 법주사 불사리 수량이 1과였다고 나온다.

다시 4년 뒤인 1366년, 공민

공민왕이 노국공주 천도를 위해 불사리를 가져왔던 하남 천왕사지 목탑의 심초석

왕은 궁중에서 대규모로 불사리와 관련한 법회를 열었다. 한 해 전 죽
은 왕비 노국공주를 추모하기 위한 행사였다. 광주廣州 천왕사天王寺에
있던 불사리를 궁내로 맞이하고 법회를 연 다음, 개성 송악동 왕륜사王
輪寺에 다시 봉안하는 행사였다.

　궁중에서 문무백관이 모두 참여한 불사리 봉안식에는 가장 먼저 공
민왕이 참배했고, 이어서 승려로서 왕의 총애를 얻어 실권을 쥐고 있던
신돈辛旽(1323~1371)이 배관했다. 또 여러 관리도 지위 고하에 따라 차례
로 불사리 앞에서 경배했다. 화려한 복장을 하고서 왕 옆에 나란히 앉
은 신돈의 오만한 행동으로 뭇 신하들이 분노했지만《고려사절요》28〈공민
왕 3〉), 당시 왕실이 불사리 봉안 행사를 얼마나 중요하게 여겼는지 잘
알 수 있는 행사였다. 공민왕은 즉위 초기부터 약 100년 전부터 이어진
중국 원나라의 내정간섭을 뿌리치고 부국강병에 힘쓰며 꺼져가던 국운
을 되살리려 노력한 이른바 개혁 군주였다. 하지만 사랑하는 노국공주

168

고려 공민왕이 친견했던 불사리가 봉안되었던 하남 천왕사의 '광주 철불'(보물 제332호)

의 죽음은 그를 깊은 실의에 빠트려 불사리를 봉안하며 왕비의 극락왕
생을 기원한 직후 궁중 깊숙이 침잠한 채 세상과 멀어졌다. 그 뒤로 고
려 왕실의 불사리 봉안 행사도 더는 열리지 않았으니, 쇠잔해가는 고려
국운의 잔영과 겹쳐지는 게 묘하다.

  불사리를 가져온 천왕사는 지금 경기도 하남시 하사창동에 있던 대
찰로, 고려 철불鐵佛 중 가장 큰 '광주 철불'(국립중앙박물관 소장)이 바로 이
자리에 있었다. 사역寺域에 백제 목탑 터가 있으니, 공민왕이 봉안한 불
사리가 바로 여기에서 나왔을 가능성이 있다. 또 천왕사 불사리를 새
로 봉안한 왕륜사는 고려 태조가 창건한 10찰 중 하나로, 공민왕의 불
공을 계기로 다시금 융성의 기운을 맞이했다.

중국과 고려 왕실을 오간 불사리   중국과 고려 두 왕실 간에 불사리
가 오가기도 했다. 1333~1370년 무렵 원나라 순제順帝가 고려에 불사리
와 무진등無盡燈('다함이 없는 등'이라는 뜻으로, 《유마경》에 나오는 불법을 상징한다)
등속을 보내오자 고려 왕실은 이를 금강산 장안사長安寺에 봉안했다.
300년이 지난 1631년, 동양위東陽尉(명예직 벼슬) 신익성申翊聖(1588~1644)이
장안사에 가서 이를 보고는 "참으로 기이하구나!" 하고 감탄하였다(신익
성, 〈유금강소기遊金剛小記〉). 신익성은 부마駙馬(임금의 사위)였기에 왕실 일원이
다. 고려 왕실에서 봉안한 불사리를 300년이 흐른 훗날 조선 왕실의 일
원이 찾아본 인연이 예사롭게만 보이지 않는다.

고려 후기에 이르러서는 왕실 및 사찰에 이어 일반인도 불사리를 봉
안하는 새로운 주체로 참여했음이 박쇄노올대朴瑣魯兀大 일화에 나온
다. 그는 본래 고려 사람인데 어렸을 때 원나라로 보내어져 황궁 내시
가 되었고 높은 벼슬까지 얻었다. 몸은 원나라에 있어도 마음은 고국
에서 한 뼘도 멀어지지 않아서, 지금 하남시 항동 금암산에 있던 신복
선사神福禪寺를 수리할 때 적잖은 비용을 보탤 만큼 평소 고향과 연결
끈을 놓지 않았다. 돈독한 불자인 그는 '사리가 나타나거나 사라지는
건 불사리를 공경하는 사람의 정성에 따른 것'이며, '자그마한 불사리
하나라도 얻어서 공경히 공양하면 한량없는 복덕을 반드시 받을 것이
다.'라고 믿었다. 그래서 1350년 무렵, 자신만 아니라 다른 많은 사람
도 불사리의 공덕을 입을 수 있도록 힘들게 얻은 불사리를 희사해 대도
大都(지금의 북경)의 곡적산 영암사靈巖寺에 봉안했다. 간혹 이 영암사를 우
리나라 절로 혼동한 글이 있는데 이는 잘못이다. 여하튼, 비록 고려 땅
이 아니라 원나라에서의 일이었지만, 이 소식은 금세 알려져 문인 이곡
李穀(1298~1351)이 〈곡적산 영암사 석탑기〉를 써서 특기할 만큼 당시 고려
사회에서도 화제가 되었다. 조선시대 초중기에 불교가 크게 억눌렸지
만, 소규모나마 사찰을 무대로 하여 개인의 사리 신앙은 여전히 이뤄지

곤 했다. 아마도 고려 말 이야기이기는 해도 박쇄노올대가 개인 자격으로 발원해 불사리를 봉안한 이런 일화들이 조선 초기에까지 영향을 주었으리라고 볼 수 있다.

사리기에 남은 사리 신앙의 흔적들 지금 미국 보스턴미술관에 고려시대에 만든 은제 사리탑 5개가 전한다. 일제강점기에 개성 화장사華藏寺 혹은 경기도 양주 회암사檜巖寺에서 도굴되어 일본 상인을 통해 반출되었다고 알려진 작은 공예탑工藝塔이다. 공예탑이란 불사리를 넣고 사찰 전각이나 다른 장소에서 봉안하기 위해 만든 금속제 작은 탑을 말한다. 그런데 이 탑들 바닥에는 각각 '釋迦如來 舍利 五枚', '迦葉如來 舍利 二枚', '定光如來 舍利 五枚', '指空祖師 舍利 五枚', '懶翁祖師 舍利 五枚'라는 먹글씨가 있다. 가섭여래탑과 나옹조사탑은 비어 있었지만 다른 탑들은 실제로 안에 사리가 들어 있다고 한다.

석가모니에게 사리가 나온 건 우리가 잘 아는 사실인데, 인간의 육신이 아닌 가섭불, 정광불에게도 사리가 있다는 게 흥미롭다. 아마도 육신으로서의 사리가 아니라 불법과 지혜가 응축되어 나타났다고 여겼던 듯하다. 이 탑들은 인도 스님으로 중국 원나라를 거쳐 고려에 온 지공(?~1363)과 그의 제자 나옹懶翁(1320~1376)이 입적한 뒤에 만들었을 것이다. 이 유물을 보면 고려시대 후기에 불사리의 개념이 석가모니 외에 다른 부처의 사리로까지 확장된 게 아닌가 생각하게 한다. 또 고승의 사리도 불사리에 버금가게 존숭했던 것을 알 수 있다.

한편, 고려시대 사리기舍利器가 적지 않게 지금까지 전한다. 그런데 명문이 있는 사리기가 많으면 이를 통해 사리 신앙을 찾아볼 수 있을 텐데, 실제론 〈개보태평흥국명開寶太平興國銘 사리호舍利壺〉처럼 대부분 봉안한 연도와 관련자 이름 정도밖에 나오지 않아 사리 신앙 연구에 애를 먹는다.

지금 개인이 소장한 개보태평흥국명 사리호에는 안에 뚜껑 있는 높이 5cm 녹유綠釉 사리병舍利瓶이 들어 있었다고 한다. 이 사리호 표면과 뚜껑에는 두 차례에 걸친 사리 봉안 사실이 다음과 같이 새겨져 있다.

"사리 20과를 넣었다. 계미 2월 개보開寶 8년이다. 태평흥국이 시작되고 8년째 되는 계미년 2월 20일이다."

入舍利 卄□ 癸未二月 開寶八年 太平興國 八年 歲次 癸未年 二月卄日

위 문장 중에서 "入舍利 卄□ 癸未二月 開寶八年"까지는 사리호 뚜껑 위에, 이하는 표면에 새겨 넣었다. 그런데 이 문장은 문법에 다소 어긋나게 쓰여 있어서 근래 이를 연구하는 사람들이 곧잘 착각하곤 한다. 얼핏 개보 8년(975)과 태평흥국 8년(983) 등 두 번에 걸쳐 사리 봉안을 한 것 같다. 그런데 잘 읽어보면 '개보 8년 계미 2월에 봉안했다. 그런데 이는 이전 연호인 태평흥국 연호로부터 8년째인 계미년의 2월 20일이다'라는 뜻으로 보인다. 이렇게 야릇하게 쓴 건 중국에서 개보(968~976) 연호에 이어서 곧바로 태평흥국(976~984) 연호가 나왔기 때문이다. 당시 고려에서 연호의 혼동을 피하려고 이렇게 쓴 듯하다.

불사리 과신過信이 낳은 부작용 '과유불급過猶不及(지나치면 모자람보다 못하다)'이랄까, 불사리를 지나치게 믿은 데 따른 부작용도 있었다. 1313년(충선왕 5)의 일이었다. 효가曉可라는 승려가 스스로 견성見性하였다고 하면서, 꿀물을 바른 쌀알을 보여주며 자기 몸에서 나온 감로사리甘露舍利라고 속였다. 사람들이 믿고 그걸 사서 마시거나 간직했다. 그러다가 나중에 들통이 나서 효가는 순군옥巡軍獄에 갇혔다《고려사절요》). 당시 사람들이 사리를 복용하면 좋다는 그릇된 생각을 한 것도 문제지만, 그만큼 사리에 관한 관심이 널리 퍼졌던 풍조가 엿보이기도 한다.

신라 자장 스님이 봉안한 불사리의 고려시대 후일담

앞에서 본 것처럼 신라 사리 신앙의 유행은 자장 스님이 중국에서 가져온 불사리 100과부터 시작한다. 그가 정성스레 봉안한 황룡사, 통도사, 태화사, 정암사 중에서도 유독 통도사의 금강계단 불사리가 풍파를 많이 맞았다. 고려와 조선에서 일어난 외적의 침입 때문에 두 차례나 제자리를 떠나서 개성과 강원도 등지로 옮겨진 적이 있었다.

고려에서 왜구가 통도사를 침략해온 탓에 이를 피하려 멀리 개성으로 옮겨야 했을 때 그 일부를 왕실 또는 개인이 나누어 받았다. 덕분에 고려 귀족들의 신심이 크게 올라가 중앙에까지 사리 신앙이 넓어진 측면이 있으나, 불사리들이 모두 온전히 되돌아오지 못하고 행방이 불분명해진 아쉬움도 있다. 또 조선에서도 역시 일본이 일으킨 임진왜란과 정유재란으로 말미암아 다시 한번 다른 지역의 고찰들(개성 송림사, 강원

자장 스님이 중국에서 가져온 진신 사리를 봉안한 통도사 금강계단(국보 290호). 우리나라 사리 신앙 확산의 뿌리가 되었다.

도 건봉사)로 옮겨야 했다. 그래도 이때는 대부분 다시 통도사로 되돌아와 잘 봉안된 건 다행이었다. 통도사 불사리가 자장 스님이 처음 봉안한 상태에서 자꾸 자리를 옮기고 그 과정에서 일부가 사라진 건 아무래도 그만큼 대중이 이를 잘 알고 있었고 또 갖기를 소원했기 때문일 것이다. 이에 대해서는 뒤의 조선의 사리 신앙 편에서 자세히 설명하겠다.

그런데 고려 시대에 일어났던 일로 사람들에게 잘 알려지지 않은 뒷이야기가 있다. 자장 스님이 공들여 잘 모셔두었던 불사리이건만, 외적의 약탈을 피하려 다른 데로 옮겼는데도 결국 빼앗기고 말았으나 우여곡절 끝에 결국 겨우 되찾아와서 안전을 위해 다른 곳에 분산시키는 등 이 불사리에는 굴곡과 명암이 엇갈렸던 이야기이다.

이 이야기의 대강은 앞의 〈고려시대 분分사리 영험의 이야기들〉에서 먼저 얘기했는데, 지금 소개하는 건 그 후일담으로 고려 후기 1379년에 목은 이색李穡(1328~1396)의 〈양주 통도사 석가여래 사리지기梁州通度寺釋迦如來舍利之記〉에 자세히 실렸다. 이 기문은 《목은문고牧隱文藁》와 《동문선東文選》에 전하고, 1858년 통도사에서 현판懸板으로 새겨서 걸어두었다.

통도사 진신 사리에 처음 변고가 생긴 건 1377년이었다. 고려 후기가 되자 국방이 쇠약해졌고 이 틈을 타 왜군倭軍이 수시로 우리 남해안에 출몰해 약탈했다. 더러 내륙 깊숙이까지 쳐들어오기도 했는데 이때도 통도사에 왜군이 절을 향해 온다는 소식이 들려왔다. 그러자 주지 월송月松은 가장 소중한 금강계단에서 정골 사리 1매와 신골身骨 사리 4매를 꺼내고, 별도로 보관하던 비라금점 가사도 함께 가지고 절을 나와 서울[개경]로 급히 도망했다. 그리고는 환관으로 권력을 쥐고 있던 이득분李得芬을 찾아갔다. 그가 사리를 지니고 멀리 개경으로 간 이유는 이득분에게 다음과 같이 말한 대목에 잘 나온다.

"정사년(1375) 4월에 왜적이 이곳에 쳐들어왔는데 목적이 사리를 얻는 데 있었습니다. 깊이 움을 파고 숨겼으나 혹여 파내지 않을까 겁이 나서 등에 지고 도망쳤습니다. 올 윤5월 15일에 왜적이 또 쳐들어왔습니다. 다시 등에 지고 절 뒷산으로 올라가 피신하였습니다. 덤불 사이에 몸을 숨기고서 왜적의 말을 엿들어보니, '주지는 어디에 있으며, 사리는 어디에 있느냐?'고 급하게 다그쳐 물으며 사노寺奴를 매질하고 있었습니다. 그런데 이때 마침 날이 깜깜한 데다 비가 또 멈추지 않아 뒤쫓아오지 않으므로 산을 넘어 언양彦陽까지 이르렀습니다.

이튿날 제 말을 끌고 온 사노를 만나서는 서로 부둥켜안고 울었습니다. 그러나 막상 돌아가려고 하니 왜적이 아직 물러가지 않았고, 또 마침 신임 주지가 오게 되었는데도 봉안할 데가 없기에, 마침내 받들어 모시고 이렇게 오게 되었습니다."

歲丁巳四月 倭賊來 其意欲得舍利也 窖之深 又恐其掘發也 負之而走 今年閏五月十五

日 賊又來 又負之登寺之後岡 翳榛莽聞賊語曰 住持安在 舍利安在 搒掠寺奴 鞠之急

會天黑雨 又不止 無追者 踰山至彥陽 明日遇寺奴持吾馬 相持泣 欲還賊未退 適新住持

將至 无所安厝 遂奉以來

  2년 전 왜적이 쳐들어와 불사리를 차지하려 하자 이를 피해 황급히 불사리를 품에 안고 도망가야 했던 급박한 정황이 잘 전해진다. 전란을 겪고 2년 뒤 월송이 주지를 그만둘 즈음이 되었는데, 아직 왜의 위협이 사라지지 않은 상태에서 불사리를 그대로 둘 수 없다고 생각해 개성으로 올라간 것이다.

  당시 이득분은 병중이었는데 진신 사리가 왔다는 말을 듣자마자 달려 나가 맞이했고, 그 즉시 병도 깨끗이 나았다고 한다. 그런데 이색의 글 중에서는 이득분이 불사리 봉안식이 끝나고 나서 이색을 만나 글을 청하면서, "과거 현릉玄陵께서 특별히 향香을 내리면서 나에게 직접 각처를 찾아다니며 예불하라고 명하셨다. 그래서 다시 통도사를 찾아가서 요청하여 사리 6매를 얻었으니, 나와 사리 사이에는 뭔가 인연이 없다고는 말할 수 없을 것이오."라고 말했다는 대목이 나온다. 이 말로 보면 월송이 개성에 가자마자 이득분을 찾아간 데는 미리 서로 연락을 나누었기 때문인 듯하다.

  이득분은 곧이어 사리를 가지고 궁중에 들어갔다. 우왕禑王(재위 1374~1388)과 왕비 근비謹妃가 예를 다해 공경히 맞이했고, 근비는 사리를 은접시에 담아 개성 용수산龍首山 송림사松林寺에 안치토록 했다. 송림사에서 성대한 사리 친견식이 열렸는데, 여기에 참석한 이색은 그 장면을 이렇게 적었다.

  "나라 안의 단월檀越(불교 신도) 중 귀한 사람이나 천한 사람, 슬기로운 사람이나 어리석은 사람들 할 것 없이 모두 물결처럼 모여들었다. 친견 후 사리를 나누어 이득분이 3매, 대군大君 유瑜가 3매, 시중 윤환이 5매, 황상이 1매, 그의 부인 조씨가 30여 매, 천마산 스님들이 3매, 성거산 스님들이 4매씩 얻어갔다.

통도사에 진신 사리가 모셔진 건 신라 선덕대왕 때부터였으나, 그로부터 500년이 지나도록 송경松京(개성)에 이른 적이 한 번도 없었다. 주상전하(우왕)께서 등극한 지금, 월송 스님이 불사리를 받들고 오게 된 일이 분명 우연만은 아닐 것이다."

이색이 유서 깊은 통도사 불사리가 500년 만에 개성에 온 게 우왕의 즉위와 관련 있는 듯한 뉘앙스를 담은 게 의미심장하다. 통도사 진신 사리가 개성에 오자 아래위로 수많은 사람이 기뻐하며 친견식을 성대히 베푼 장면이 눈앞에 선히 그려질 만큼 자세히 묘사되어 있다. 아쉬운 건, 이 진신 사리가 여법하게 봉안되지 않고 권세가들이 나누어 가져간 점이다. 그래도 궁중에 남은 사리 일부는 그 뒤 통도사에 돌려졌거나, 개성 부근 사찰에 재봉안했을 가능성이 크다. 만일 그렇다면 통도사와 마찬가지로 금강계단金剛戒壇(불사리를 봉안한 시설)이 있었던 개국사開國寺 · 흥국사興國寺 · 영통사靈通寺 · 용흥사龍興寺 등이 유력한 장소가 될 듯하다.

월송이 통도사 불사리를 개성으로 가져간 것은 전란을 피해 안전하게 보관하기 위해서였다지만 결과적으로는 불사리만 흩어지게 했다. 다만 이색에 따르면 불사리를 처음 가져간 월송은 이때 개성에 없었다. 그래서 친견식에 온 사람들이 사리를 청해 얻어간 일을 전혀 몰랐기에 그의 잘못이 아니라고 변명해주었다(月松適出 檀越來乞舍利而去 月松不盡知也).

인간을 위해 이 세상에 모습을 보인 진신 사리가 제자리에 온전히 있지 못하고 이리저리 옮겨지고 흩어진 것은 대부분 인간의 탐욕 탓이다. 하지만 그때마다 진신 사리는 말없이 우리에게 더 큰 가르침과 믿음을 주었다. 이것이야말로 사리의 놀라운 영험 아닐까.

조선시대 사리 신앙

불사리 신앙의 모범이 되었던 태조

흔히 '숭유억불'이라고 말하는 것처럼 조선시대에서는 국가가 정책적으로 불교를 억눌렀다. 초기부터 승려가 도성에 출입하기 어렵게 통제하거나 사찰에 과도한 세금과 노역을 부과하는 등 여러 면에서 승려와 사찰에 불이익을 줌으로써 불교계가 크게 위축되었다. 하지만 불교는 삼국부터 고려까지 국교처럼 믿어지던 뿌리 깊은 종교였다. 조선에서도 실은 많은 사람이 여전히 불교를 친숙하게 여기고 승려를 존중했다. 임진왜란 때 승려들이 분연히 일어나[의승군義僧軍] 외적에 항거하는 등 국난 극복에 이바지한 것 역시 불교의 위상을 높이는 데에 크게 이바지했다.

사실 조선 왕실만 보면 건국 초기만 해도 여전히 불교 친화적이었다

권근의 〈연복사탑중창기〉가 새겨졌던 '연복사탑중창비'. 현재 비석은 전하지 않고 귀부龜趺와 이수螭首만 남아 서울 용산역 주변 공터에 있다. 태조 이성계의 불교 신앙이 돈독했음이 비문에 잘 나온다.

고 할 수 있다. 신라와 고려 왕실에서 불사리를 경배하던 전통이 그대로 이어진 것이다. 태조 이성계가 조선을 건국한 1392년 바로 그 해에 개성 연복사演福寺에 비로자나불상과 대장경을 안치하고 불사리를 봉안한 게 한 예이다(권근, 〈연복사탑 중창기〉).

　흥천사 사리전 건립과 불사리 봉안　　태조 이성계는 누구보다도 사리 신앙이 도타웠던 사람으로, 그와 관련한 행적이 적지 않게 전한다. 예를 들면, 서울에 왕명으로 흥천사興天寺를 창건하고 사리전舍利殿을 짓는 데 큰 관심과 공을 들였다. 1396년 왕비 신덕왕후가 죽자 정릉을 조성했는데, 이 능을 관리하고 왕후의 명복을 빌기 위해 1398년 정릉 동쪽에 규모가 170칸이 넘는 대찰로 흥천사를 완공했다. 그리고 절이 창건되자마자 곧바로 불사리를 봉안하기 위해 사리전을 조성하도록 명했다《조선왕조실록》〈태조실록〉). 흥천사는 1504년 겨울에 일어난 큰불로 건물 상당수가 사라져 없어지고 1510년에 사리전까지 불타면서 폐허처럼 변했다. 1569년 임시로 정릉 근처 함취정含翠亭 터로 옮겼다가, 1794년

정릉 흥천사 내경

흥천사 범종
1462년에 조성했으며
흥천사 관련 유물 중 가장 오래되었다.
화재 후 덕수궁으로 옮겨졌다.

지금의 성북구 돈암동 자리로 다시 옮겼다. 창건 당시 유물은 거의 전하지 않고, 창건하고 얼마 안 된 1462년에 조성한 범종은 덕수궁으로 옮겨져 전한다.

태조가 사리 봉안에 얼마나 관심을 기울였는지는 몸소 사리전 지을 터를 살펴보았고, 착공 후에도 여러 차례 현장을 방문해 공사를 독려한 것만 보아도 잘 알 수 있다. 노쇠를 이유로 아들 정종에게 왕위를 물려주고 나온 뒤에도 사리전 완공만큼은 직접 챙겼다. 1399년 10월 마침내 낙성식이 열렸다. 사리전은 팔각 목조 건물로 내부에 석탑이 자리한 구조였다. 태조는 사리전 석탑에 불아 사리 4매, 정골 사리,《패엽경》, 가사袈裟 등을 봉안했다. 이 불사리들은 사실 신라의 자장 스님이 통도사에 봉안했던 사리들이었다. 1377년에 통도사 월송이 개경에 가져가 사리 친견식 때 여기저기 나누어지고 남은 일부가 개성 송림사에 봉안되었다가, 조선 건국 직후인 1396년에 왜구의 약탈 위험에서 안전하게 두기 위해 이때 흥천사 사리전에다가 둔 것이다(佛頭骨捨利 菩提樹葉經 舊在通度寺 因倭寇移置留後司松林寺 遣人取來,《태조실록》〈5년 2월 22일〉).

이듬해 1397년 태조는 흥천사 창건기념 법회를 7일간 베풀었는데, 이때 사리 4매가 분신分身하는 이적이 일어났다. 태조는 감격해 유동楡洞에 불당을 짓고 이 불사리들을 봉안케 했다. 유동이 지금 어디인지 분명하지 않으나, 경복궁 앞 태평로 자리이거나 혹은 천달방泉達坊으로 불렸던 서울 종로 동숭동 일대로 추정한다.

태조가 발원한 사리장엄   태조가 불사리에 얼마만큼 관심을 쏟았는지 알 수 있는 일화가 있다. 1407년 명나라에서 사신 황엄黃儼을 보내 불사리를 청했다. 태조는 곧바로 전국 사찰 등지로 사람을 보내어 충청도에서 45과顆, 경상도에서 164과, 전라도에서 155과, 강원도에서 90과 등 전국에서 454과를 모았다. 이를 400과로 추린 다음, 태조 아버지

이자춘李子春이 간직하던 300과와 자신이 갖고 있던 100과를 더해 전부 800과를 보내주었다. 태조 부자父子가 모았던 사리가 400과나 되었다니 그 열성이 놀랄 정도이다.

태조의 이런 특별히 돈독한 사리 신앙은 〈태조 이성계 발원 사리장엄구〉 실물을 통해서도 확인된다. 조선 건국 직전인 1390년부터 1391년에 걸쳐서 둘째 부인 강씨와 함께 발원한 사리장엄이다. 오랫동안 깊숙이 간직되었다가 거의 600년이 지난 1932년에 강원도 금강산 월출봉 석함 속에서 발견되었다(〈근대의 사리 신앙〉 참조). 백자 대발大鉢(큰 항아리) 4개로 이뤄진 이 사리장엄은 항아리 안에 은제 도금 나마탑형喇嘛塔形 사리기舍利器, 이 사리기를 넣은 은제 도금 팔각당형八角堂形 사리기, 청동 발鉢 등으로 구성되었다.

원나라의 영향을 받은 양식인 나마탑형 사리기 안에는 높이 9.3㎝의 유리 사리병이 담겨 있었다. 2021년 8월 국립중앙박물관이 이 사리병의 주요재질이 석영유리라고 밝혔다. 석영유리는 강도가 일반 유리의 2배에 달하며 제작에 고도의 기술이 필요하다. 형태도 매우 특이해 보통 사리병이 호리병 모습인 것과 달리 길쭉한 원통형에 은제 금도금 마개가 달렸고, 병 바닥을 은제 금도금 받침에 끼우는 형식이다. 이렇게 재료와 기술 모두 최상급이라 태조가 얼마나 공을 들여 불사리를 봉안하고자 했는지 잘 보여주는 작품이다.

조선 초기 왕실의 사리 신앙

이처럼 태조의 남달랐던 불사리 신앙은 당시 상류층은 물론이고 일반 대중에게도 분명 어느 정도 영향을 주었을 것이다. 그러다가 조선 중기부터 불교에 적대적 정책이 나오면서 대중이 불사리를 대면할 기회가 사라지면서 시들해졌다. 그렇지만 사리 신앙 자체가 사라진 건 아니고

〈이성계 발원 사리장엄구〉 중 은제 도금 사리감.
전체적으로 부드럽고 유연한 선각線刻 기법을 보여주는 걸작이다.

〈이성계 발원 사리장엄구〉 중 은제 도금 사리탑과 유리 사리병.
사리탑은 위가 넓고 밑이 좁아지는 라마탑 모양을 하며, 유리는 석영이 주성분이다.
재질과 형태에서 태조 이성계의 깊은 사리 신앙을 보여준다.

승사리僧舍利가 그 자리를 대신하였다. 고려 말과 조선 초에 이르러 승사리를 봉안한 부도浮圖 건립이 큰 폭으로 늘어났던 것이 이를 잘 말해준다.

태조의 영향을 받아 후대 왕들 역시 불사리가 갖는 의미를 잘 이해하고 있었고, 나아가 사리가 어떻게 해서 생기는지를 진지하게 고민한 흔적도 보인다. 그에 관한 일화 하나가 《조선왕조실록》에 나온다.

태조에 이어 왕위에 오른 정종定宗(재위 1398~1400)이 1400년에 신하 하륜河崙(1348~1416)과 불교에 대해 문답을 나누었다. 먼저 하륜이 임금에게 화복禍福 때문에 불교를 믿어서는 안 된다고 진언하였다. 정종은 그 말에 동의하고는, 이어서 "사리는 어떻게 해서 생기는 것인가?"라고 물었다. 하륜이 답했다.

> "사리는 정기精氣가 쌓인 것입니다. 모든 사람이 정신을 수련하면, 사리가 나옵니다. 바다의 큰 조개가 보주를 지니고, 뱀도 명월주라는 걸 갖는다고 합니다만, 뱀과 조개에 어찌 착한 마음이 있어서 그게 생겼겠습니까? 사리는 오로지 정기가 뭉쳐서 나오는 것입니다."
>
> 此精氣所畜也 人修練精神 則皆有舍利 海中大蚌有寶珠 蛇有明月珠 蛇與蚌 豈物之善
> 而獨有此乎 但精氣所畜耳 《정종실록》 2년 1월 10일)

사리란 조개나 뱀처럼 몸속에서 이물질이 뭉쳐서 생긴 게 아니라 마음의 정기가 모여 이뤄졌다고 본 것이다. 깊은 수행을 하여 사리가 생성된다는 오늘날 견해와 크게 다르지 않다. 임금은 하륜의 설명이 맘에 들었는지 빙그레 웃었다.

이런 영향을 받아서 조선 초기 몇 대까지는 후대 왕들도 불교를 믿었다. 예를 들어 우리나라 역사상 최고의 영주英主로 꼽는 세종世宗(재위 1418~1450) 역시 도타운 사리 신앙을 지녔던 임금으로, 1419년에 사리전에서 불사리와 《패엽경》, 가사를 꺼내어 내불당內佛堂에 따로 두도록 했다(《세종실록》). 그러다가 유생들의 빗발치는 반대 상소 때문에 결국 1447년에 아들 안평대군에게 명하여 이들을 다시 사리전으로 돌려놓게 했다(命安平大君瑢 藏佛骨于興天寺舍利閣 佛骨本在此閣 嘗取入禁中 外人莫之知 至是還之, 《세종실록》29년 9월 24일).

세종의 불사리 봉안 일화는 이후 왕과 조정의 불교를 향한 정책 변화의 서막이었다고 할 수 있다. 그 뒤에도 유생들은 잇달아 불교 반대 상소를 올렸다. 이는 결국 근본적으로 불교를 배척해야 한다는 여론으로 형성되었다. 유생뿐만 아니라 조정의 신하들도 이런 분위기 변화에 따라 불교 억압 시책들을 잇달아 내놓게 됨으로써 이후 불교는 오랜 시간 동안 그늘 속으로 움츠러들어야 했다. 태조가 심혈을 기울여 지었던 사리전도 1510년 불이 나 사라진 뒤 다시 짓지 못했다. 이로써 왕실 내에 불교 우호적 기운도 완전히 사라지게 되었다.

한편, 고려 말 우왕 대에 통도사에서 온 불사리를 우왕에게 전달했던 이득분이 조선 태조 대에 다시 한번 등장한다. 근년에 회암사지를 발굴하던 중 보광전 터에서 발견한 금동 풍탁風鐸에 그의 행적이 기록된 것이다.

풍탁은 탑이나 건물 사방 모퉁이에 매달아 바람이 불 때마다 소리가 나게 하기 위한 작은 종鍾이다. 회암사지 보광전 터에서 창건 당시 달았던 풍탁 중 2개가 발견되었다. 이중 형태가 완전하게 남은 하나가 지름이 30㎝나 되는 대형인데 여기에 1394년 검교문하시중檢校門下侍中 이숭李崇(?~1394)이 지은 문장이 새겨져 있었다. 전부 146자로 구성된 이 글은 중생들이 풍탁이 내는 소리를 듣고서 부처님의 본심을 깨닫고, 나라와 백성이 편안하기를 기원하는 내용이다. 그런데 회암사 창건과 관련한 사람들로 '왕사묘엄존자王師妙嚴尊者' 무학대사, '조선국왕朝鮮國王' 이성계, '왕현비王顯妃(신덕왕후 강씨, 1356~1396)', '세자世子' 이방석 등 조

조선왕실의 원찰인 회암사지에서 출토된 풍탁. 이득분이 공덕주로 참여했음이 풍탁 하단부 명문에 나온다. (국립중앙박물관 소장)

선 건국 직후 왕실 최고위 인사들이 망라되어 나오고 이 중에 공덕주功德主로 가정대부 판내시부사嘉靖大夫判內侍府事인 이득분의 이름도 있다. 회암사 창건 불사에 그가 상당한 비중을 갖고 참여했다는 의미였다.

사실 《태조실록》 5년(1396)조에도 "5월 8일 현비顯妃(신덕왕후)의 병환이 위독해져 이득분의 집으로 옮기자 태조가 그의 집을 찾았다."라고 나온다. 이를 풍탁 명문과 연결해 보면 이득분은 고려에서 조선으로 이어지는 격변기 속에서도 변함없이 왕실과 긴밀하게 연결되었음이 좀 더 분명해진다. 신덕왕후와는 아마도 불교 관련 행사를 매개로 해서 가까워졌는지도 모르겠다.

그는 왕조의 몰락을 감지하고 불안해하던 고려 왕실에 통도사 불사리를 전하고 화려한 사리 봉안식을 열어 일시적이나마 위안을 주었다. 또 조선으로 왕조가 바뀌었어도 회암사 창건 불사를 매개로 하여 태조와 신덕왕후의 신뢰를 얻으며 여전히 자신의 존재가치를 입증했다. 하지만 《정종실록》에는 태조에 이어 즉위한 정종이 1399년 불사佛事를 과도하게 행하도록 권한 탓에 국가의 창고가 탕진된 데 대해서 이득분에게 죄를 물었다고 나온다. 지나친 불사가 결국 그의 몰락을 재촉한 셈이다. 제행무상諸行無常이라는 가르침이 새삼 와닿는다.

조선시대 사리 신앙의 자취를 전하는 사리탑비

불사리를 봉안하는 일은 불교계로서는 아주 중요하고 의미가 크다. 그래서 이 불사佛事 과정을 글로 써 책이나 비석 형태로 남기곤 하였다. 이를 탑지塔誌 또는 사리봉안기라고 부르며, 삼국, 통일신라, 고려에서는 탑 안에 사리장엄舍利莊嚴과 함께 두곤 했다. 고려 후기부터는 사리장엄 안에는 불사의 처음과 끝 등 아주 기본 사항만 간략히 적고, 자세한 내용은 탑 곁에 별도로 비석을 세워 알리는 형식이 일반화했다. 이는 고려시대 이후부터 조선시대에 이르기까지 기록 욕구가 굉장히 왕성해지면서, 어떤 종류든 큰 행사에는 거의 예외 없이 이 일을 알리고 기념하기 위해 비석을 세우는 일이 보편화했던 흐름과도 일치한다.

그런 영향을 받아서 사리탑이나 부도浮屠 역시 세워진 인연을 별도로 적은 사리탑비舍利塔碑가 많이 세워졌다. 하지만 아쉽게도 탑은 아직 서 있어도 탑비까지 함께 남은 예가 그다지 많지 않다. 그래도 금강산 보현사의 석가여래 사리기(1603년)를 비롯해 대구 용연사의 사바교주 석가여래 부도비(1676년), 양양 낙산사의 해수관음 공중 사리탑비(1694년), 양산 통도사의 석가여래 영골사리 부도비(1706년), 고성 건봉사의 석가여래 치상탑비(1726년) 및 사명대사 기적비(1799년), 포항 법광사의 석가불사리탑 중수비(1750년), 양주 봉인사의 세존사리비(1756년, 현 국립중앙박물관), 원주 치악산의 세존사리비(1781년, 현 망실) 등 불사리 봉안에 관한 풍부한 내용을 담고 있어 사리 신앙의 역사에 중요한 자료가 되는 탑비들이 적지 않다.

사리탑비는 사리 신앙의 역사는 물론이고 불교사를 이해하는 데도 좋은 자료가 된다. 그리고 이 사리탑비에 나오는 내용을 잘 살피면 조선시대 사리 신앙의 역사가 눈앞에 일어나는 듯 생생하게 보이기도 한다. 이런 사리탑비들에 들어 있는 역사를 하나하나 살펴본다.

통도사 금강계단 불사리가 돌아온 길고 긴 여정

신라 자장 스님이 중국에서 모셔와 통도사 금강계단에 봉안한 불사리 중 일부가 고려 말에 왜구가 통도사를 침탈하였기 때문에 개성 왕실로 옮겨진 이야기를 앞에서 했다(〈고려시대 사리 신앙〉 참조).

그런데 조선시대에도 그와 비슷한 일이 생겼다. 이번에는 1592년 일어난 임진왜란으로 두 번째 환란을 겪은 것이다. 이 일은 통도사 역사에서 워낙 중요해서 조선 후기 이래 통도사와 건봉사에 전하는 비문이나 사지寺誌(사찰에 관련한 기록집) 또는 개인의 문집文集 등에 많이 전한다.

이런 기록들에 나오는 에피소드들은 그 시기가 임진왜란 직후부터 19세기에 이르는 등 시간의 폭이 아주 넓다. 그래서 '조선을 침략한 일본이 통도사 금강계단 불사리를 탈취해 갔다가, 전후에 사명대사가 이를 되찾아 왔다'라는 큰 줄거리는 대략 비슷해도 그 과정이 조금씩 다르게 기술되었다. 전쟁 중에 서산대사의 지시로 통도사 불사리를 다른 데로 옮기게 된 시점이 정확히 언제이고 또 어디로 옮겼는지, 또 빼앗겼다가 되찾은 불사리를 본래 자리인 금강계단에만 두었는지 아니면 일부 불사리를 다른 데에도 모셨는지 등 세밀한 부분들이 혼동되기도 한다. 이 기록들을 자세히 비교하고 검토하지 않으면 혼동하기 쉽고 기록 자체를 불신할 수도 있어서 주의해서 살펴보아야 한다.

이렇듯이 통도사 불사리가 임진왜란 때 이곳저곳 안전한 자리를 찾

양산 통도사 세존비각의 〈석가여래 영골사리 부도비〉

아 옮겨 다녔던 과정이 생각보다 복잡하다. 하지만 달리 보면 통도사
불사리를 얼마나 소중하게 여겼는지 꾸밈없이 보여주는 일화들이기도
하다.

사명대사 유정 진영(밀양 표충사)

　　다시 돌아온 통도사 불사리의 후일담　　1603년 서산대사가 쓴 〈보현사 석가여래 사리기〉에는 임진왜란 발발 직후 왜군이 통도사에 쳐들어와 노략질했으나 다행히 불사리만은 화를 면했다고 나온다. 6년 뒤 휴전이 되자 의승군을 이끌던 사명대사가 불사리를 상자 2개에 담아 금강산에 머물던 스승 서산대사에게 보냈다. 하지만 서산대사는 '불사리는 제자리에 있어야 한다'고 하고는 1상자는 다시 통도사에 돌려보내고 다른 1상자만 보관했다.

　　휴전이 끝나고 일본이 재침략해와 정유재란이 일어났다. 그러면 서산대사의 뜻에 따라 통도사 금강계단에 그대로 두었던 불사리는 어떻게 되었을까?

아쉽게도 결국 침탈을 피하지 못해 일본으로 넘어가 버리는 기막힌 상황이 벌어졌다. 하지만 전쟁 종료 후 열린 양국 전후 협상 과정에서 사명대사가 선조 임금으로부터 사신으로 임명되어 일본에 건너가 막부와 담판 끝에 통도사 불사리 전부를 되찾아 와 금강계단에 다시 봉안하기는 했다. 또 이때 일본에 끌려간 포로 상당수도 데리고 왔다.

그런데 이에 대해서도 조금 다른 이야기가 있다. 일본군이 통도사에서 불사리들을 탈취한 뒤 진중에 두었는데, 그때 일본군 진중에는 부산 동래에 살던 옥백玉白 거사라는 이가 붙잡혀 있었다. 그가 한밤중 이 불사리들을 몰래 훔쳐 달아났다가 전쟁 후 통도사에 돌려주었다고 한다(《축서산 통도사 금강계단 봉안 세존사리》).

이 이야기에 따르면 통도사 금강계단 불사리는 일본군에게 빼앗겼으나 일본까지 건너간 건 아니고 곧바로 되찾은 게 된다. 하지만, 정유재란 때 일본군이 통도사 금강계단 불사리를 탈취했고, 종전 후에 사명대사가 일본에 건너가 이를 되찾아 왔다는 이야기는 다른 여러 기록에도 보이므로 이것이 좀 더 사실에 가깝고, 옥백 거사 이야기는 이설異說쯤으로 보아야 할 듯하다.

대구 용연사에 금강계단이 설치된 까닭 　 사명대사가 일본에서 되찾아 온 불사리는 아직 전쟁 중인 탓에 봉안 과정이 순조롭지 못하고 곡절을 겪었다. 혼란한 상황으로 인해 불사리 일부가 나누어져 전국 유수의 명산 명찰에 분장分藏되었다. 지금부터 그런 과정이 나오는 비석들을 살펴보겠는데, 권해權瑎(1639~1704)가 지은 〈용연사 석가여래 부도비龍淵寺釋伽如來浮屠碑〉를 먼저 본다.

사명대사는 스승의 말씀에 따라 통도사 금강계단을 수리하여 전처

대구 용연사 금강계단. 임진왜란 때 묘향산으로 옮겼던 통도사 불사리 중 일부가 이곳에 봉안되었다.

럼 봉안하려 했다. 그런데 아직 전쟁 중이라 여력이 없어 공사가 미루어졌고, 그러다가 정유재란이 시작되자마자 일본군에게 결국 뺏기고 말았다. 하지만 전쟁이 끝나자 사명대사는 왕명을 받들어 전후 협상 대표로 발탁되어 일본에 가서 기어코 불사리를 되찾아왔다. 그런데 금강계단 수리 공사가 아직 시작되지 않은 상태에서 사명대사가 1610년 입적하고 말았다. 그러자 사리를 담았던 상자 일부가 강원도 원주 각림사覺林寺로 옮겨졌다가, 다시 사명대사의 제자 청진淸振 스님이 대구 달성군 비슬산毘瑟山 용연사龍淵寺로 가져갔다. 용연사 대중은 귀한 불사리가 오자 의논 끝에 사리탑을 세워 잘 봉안하기로 했고, 이윽고 1673년 5월 5일 절 북쪽 기슭에 사리탑을 세웠다고 한다. 이것이 지금 용연사에 금강계단이 전하는 인연이다.

건봉사로 옮겨진 치아 사리　통도사 불사리는 조선시대에 전국 명찰 여러 곳에 나누어졌는데 강원도 고성 건봉사도 그중 한 곳이다. 1726

192

위 | 건봉사 세존영아탑世尊靈牙塔. 통도사에서 이운된 치아 사리를 봉안해 1724년에 세운 불탑. 옆에는 봉안 사유를 적은 사리탑비가 있다.

왼쪽 | 건봉사 세존영아탑 봉안비

년 월봉 쌍식月峯雙式 스님이 지은 〈석가치상입탑비釋迦齒相立塔碑〉에는 사명대사가 전후 일본에서 찾아온 불사리 중에서 치아 사리 12매를 멀고 험해 외적의 발길이 닿기 어려운 강원도 고성 건봉사乾鳳寺 낙서암樂西庵으로 옮겼다고 나온다. 1799년 강원도 관찰사이자 규장각 직각直閣이었던 남공철南公轍(1760~1840)이 지은 〈건봉사사명대사기적비乾鳳寺四溟大師紀蹟碑〉에도 거의 비슷한 이야기가 나오는데 단지 치아 사리가 10매라는 말만 다르다. 지금 건봉사에 실제로 석가모니 불사리를 봉안한 사리탑이 있다.

이렇게 건봉사로 온 불사리는 그 뒤 어떻게 봉안되었을까? 조선 말에 내각 총리대신을 지낸 윤용선尹容善(1829~1904)은 〈금강산 건봉사 석가여래 영아탑 봉안비金剛山乾鳳寺釋迦如來靈牙塔奉安碑〉(1905년)에 이렇게 적었다.

"숙종 계해년(1683) 봄에 궁에서 금은으로 만든 합을 비단 보자기에 싸서 절에 내려보내며 불사리를 담아 탑에 봉안하도록 명했고, 그 곁에 비석을 세웠다."

肅宗 癸亥春 內下金銀盒綵袱 命建塔而藏之 碑于其傍

정유재란 직전(1597년으로 추정) 건봉사로 옮겨진 불사리 12매를 사중에서 잘 보관하다가, 1683년 궁에서 내린 금은 합에 담아 탑을 새로 세워 봉안했다는 것이다. 이 탑이 지금 건봉사에 있는 영아靈牙(치아 사리)사리탑이다.

혹심한 전란을 이겨냈고 또 나라에서 특별히 관심을 가졌던 불사리였던 만큼 보관을 잘했어야 할 텐데, 근년에 또 한 번 수난을 당하고 말았다. 1986년 6월, 건봉사가 당시 민통선 안에 있어 사람들의 발길이 드문 틈을 타 도굴꾼들이 영아사리탑의 사리장엄을 훔쳐 갔다. 이 일은 언론에서 비상한 관심을 보이면서 세간에 큰 화제가 되었다. 그런 압박감 때문인지 훔쳐 간 일당이 불사리 8매가 든 사리기를 모처에 두고 이를 편지로 알림으로써 다행히 바로 회수되기는 했다. 그러나 돌아온 내용이 과연 1683년에 처음 봉안된 원래 그대로인지 아닌지 알 수가 없었다.

어쨌든 되찾은 사리장엄은 건봉사 측에서 황색 가사 자락으로 불사리로 감싸고 이를 원통형 은제 사리통舍利筒에 넣은 뒤 다시 금제 합에 담았다. 대체로 윤용선이 묘사한 모습대로다. 1996년 되찾은 8매 중 3매는 영아사리탑에 다시 넣고, 5과는 건봉사에서 별도로 보관하고 있다.

통도사 불사리와 정암사 불사리에 관한 의문 　채팽윤蔡彭胤(1669~1731)

은 어려서부터 신동으로 이름난 문인이자 세자시강원을 지냈을 만큼 학문도 깊었던 사람이다. 그가 사간원司諫院 정언正言으로 있던 1706년에 명을 받아 〈통도사 석가여래 영골 사리 부도비〉를 지었다.

임진왜란이 일어나자 사명대사가 통도사 불사리를 외적에게 빼앗기지 않도록 상자 2개에 나누어 넣어 금강산에 머물던 스승 서산대사에게 보냈다. 그런데 서산대사는 1상자만 받아 보관하고, 나머지 1상자는 "통도사 불사리는 원 자리에 있어야 한다"며 도로 보냈다. 여기까지는 앞에서 본 〈대구 용연사에 금강계단이 설치된 까닭〉에 나오는 것과 같다.

그런데 채팽윤의 비문에는 이때의 사명대사가 한 이야기가 좀 더 자세히 소개되어 있다. 사명대사는, "'갈반葛盤 역시 태백산의 신령한 기운이 서린 곳이니 어찌 소홀히 하겠는가?'라고 하며, 두 문인에게 명하여 한 함을 받들어 서쪽으로 가게 하고 글을 지어 이 사실을 새겼다. 이로 인해 서쪽(정암사)과 남쪽(통도사)에 두 개의 부도(사리탑)가 있게 되었다(政旣而曰 葛盤太白山昭其靈也 其忽諸 乃命二門人 奉其一函而西 爲文而刻之由 是有西南二浮圖焉)."라고 나온다.

문맥으로 보면 스승으로부터 불사리 상자를 돌려받은 사명대사가 그중 일부를 '갈반', 곧 정선 정암사淨巖寺에 보낸 듯이 읽힌다.

그런데 이 글을 읽다 보면 몇 가지 의문이 든다. 우선 통도사에 있던 사명대사가 정암사를 '서쪽'이라 한 게 이해되지 않는다. 또 정암사에는 자장 스님이 불사리를 봉안하기 위해 세운 수마노탑이 이미 있었는데 다시 불사리를 보낸 정황도 의아스럽다. 채팽윤이 이 글을 지었을 때는 임진왜란으로부터 거의 100년이 지났다. 채팽윤은 정암사에 이전부터 있었던 불사리를 사명대사가 보낸 걸로 혼동했을까? 그게 아니라면 글 그대로 신라 때 봉안한 수마노탑에 사명대사가 보낸 불사리 일

오대산 중대 사자암 적멸보궁

부가 더해졌던 걸까? 내가 혹은 문장을 잘못 이해한 탓인지도 모르겠
다. 앞으로 연구가 더 필요한 대목으로 보인다.

　　자장 스님이 불사리를 봉안했다고 알려진 또 다른 사찰들　자장 스님
이 중국에서 모셔온 불사리를 《삼국유사》에 나오는 대로 황룡사, 통도
사, 태화사, 정암사 등 오직 네 곳에만 봉안했다고 보기 어렵다. 그가
처음 중국에서 불사리를 가져온 이유가 신라 땅 곳곳을 불국토로 장엄
하려는 뜻이 있었기 때문이다. 예를 들어 〈자장정율〉에 "대체로 자장이
세운 절과 탑이 10여 곳인데 매양 하나를 일으켜 만들 때 반드시 기이
한 상서祥瑞가 있었다(凡藏之締搆寺塔十有餘所 每一興造必有異祥)."라고 나온다.
따라서 최소한 열 곳의 절을 지어 탑을 세우고 여기마다 불사리를 봉
안했으리라고 추정하는 게 자연스럽다. 그렇다면 자장 스님이 모셔온
불사리 100과는 우리가 아는 것보다 훨씬 더 많은 사찰에 나누어졌다

천안 광덕사 삼층석탑

고 생각해 볼 수 있다.

그래서인지 조선시대 기록 중에는 자장 스님이 직접 불사리를 봉안했다고 나오는 사찰들이 꽤 나왔다.

먼저 조선 초에 지어진 오대산 사적 중 〈산중산기山中散記〉에는 자장 스님이 오대산 중에서도 중대中臺 아래 사자암獅子庵에 머물렀고 여기에 불사리와 불정골을 봉안했다는 이야기가 있다.

그 뒤로부터 여러 사찰에 자장 스님이 가져온 불사리가 봉안되었다는 기록이 더 나타나기 시작했다. 예를 들면 한계희韓繼禧(1423~1482)가 1463년에 지은 〈화산 광덕사 사리각기명華山廣德寺舍利閣記銘〉에 "세조世祖(재위 1455~1468)가 천안 광덕사를 참례했을 때 석가 진신 사리가 이적을 보였다"라고 나온다. 한계희는 당시 세자를 봉공하기 위해 설치한 기구인 인순부仁順府 책임자였고, 2년 뒤 이조참판이 되었다. 그의 글에는 광덕사의 불사리가 자장 스님이 가져온 그 불사리라고 명시하지는 않았다. 그런데 봉상시奉常寺의 관료였던 안명로安命老(1620~?)가 1680년에 지은 〈광덕사 사적기〉, 그리고 18세기 초에 내자시內資寺의 벼슬과 강원도 안협安峽 현감 등을 지낸 류응운柳應運이 지은 〈화산 광덕사 사실 비문 병서〉 등에는 832년 자장 스님의 제자 진산珍山(?~844)이 스승에게서 불사리를 전해 받아 천안 광덕사에 봉안했다고 나온다. 자장 스님이 직접 광덕사에 봉안한 건 아니지만 제자를 통해 전해졌다는 이야기이다.

완주 안심사 사적비

그러다가 조선 후기에 오면 자장 스님이 직접 불사리를 봉안했다는 사찰이 등장한다. 완주 안심사安心寺가 그중 하나로, 〈안심사 사적비〉(1759년)에 "옛날 기록에 안심사는 자장 스님이 창건한 절이고 석가모니 치아 사리 1개가 봉안되었다(舊記以爲寺初刱 慈藏大師 … 又寺舊有佛世尊齒牙舍利各一個□襲珍藏)"라고 나온다. 안심사에 지금 전하는 금강계단은 바로 이를 기념하기 위해 1759년에 지은 것이라고 한다.

또 저명했던 학승 호은 유기好隱有機(1707~1785)는 〈도리사석옹기桃李寺石甕記〉에서 어떤 이가 현몽을 통해 냉산冷山(지금 태조산) 기슭에 있는 석적사石積寺 옛터에서 크기가 율무만 하고 색이 백옥처럼 흰 불사리 1과를 얻어 석종 모양의 탑을 세워 봉안했다는 이야기를 소개하면서(冷山之麓 有石積寺古址佛舍利塔 現夢於洞居金界丈 丈得舍利一介 大如薏苡 其色如白玉 現放光矣 桃李居釋體眼大士 廣求施緣 造此石甕塔奉安), 이것으로 보았을 때 석적사 역시 자장 스님이 창건하지 않았을까 추정하기도 했다. 이 석종 모양의 탑이 지금 도리사에 전하는 세존사리탑이다. 그런데 1977년 해체 복원 중 8세기 무렵에 제작한 것으로 추정되는 금동 사리기(국보 208호) 안에 봉안된 불

완주 안심사 금강계단

사리 1과가 나왔다. 옛날 기록을 지금 유물이 증명한 셈이다.

위와 같은 이야기들을 종합해 범해 각안梵海覺岸(1820~1896) 스님은 《동사열전東師列傳》(1894년) 〈자장법사전〉에서 자장 스님이 월정사·태화사·대둔사大芚寺를 짓고, 대둔사에 불사리를 봉안했다고 적었다.

그 밖에 〈신흥사사적神興寺事蹟〉에도 자장 스님이 속초 향성사香城寺와 신흥사에 구층탑을 세우고 불사리를 봉안했다고 나오고, 산청 대원사大源寺에도 자장 스님이 봉안한 탑을 1724년과 1784년에 수리할 때 불사리를 얻었다는 이야기가 전한다. 실제로 1989년 대원사 석탑을 수리할 때 사리기와 사리 58과가 나왔고, 석탑 앞 배례석 옆면에 새겨진 1784년에 석가사리탑을 중건했다는 "釋迦佛舍利塔 乾隆甲辰重建"이라는 글씨가 새겨져 있어 이를 방증한다.

정말 자장 스님은 이렇게 우리나라 전국 곳곳을 찾아 불사리를 봉안했을까? 앞서 말한 것처럼, 자장 스님의 행적으로 볼 때 불사리가 《삼

구미 도리사 석종형 세존사리탑. 아래는 1977년 석종형 사리탑에서 발견한 사리를 봉안하기 위해 1987년 새로 조성한 사리탑이다.

도리사 세존사리탑에서 발견된
금동 사리기(국보 제208호)

국유사》에 기록된 네 사찰에만 봉안되었을 것 같지는 않다. 그렇다고
해도 신라와 백제의 사이가 극도로 나빠져 있던 7세기 정세政勢로 볼
때, 그중에는 신라의 자장 스님이 갔으리라고 도저히 생각하기 어려웠
을 법한 지역도 있다. 그래서 《삼국유사》에 나오는 이야기가 워낙 유명
했기에 훗날 어떤 절에서 탑을 세우면서 '우리 절에도 자장 스님의 불
사리 인연이 이어졌다.'라는 식으로 연결하는 이른바 '가탁假託'한 전설
이 조선 후기에 이르러 나타났다고도 생각할 수 있다.

　그렇지만 지금 합리적 해석이 안 된다고 해서 기록을 무시해서는 안
된다. 모든 기록은 나름의 이야기와 이유가 있기 때문이다. 또 비록 자
장 스님이 직접 봉안한 건 아니더라도, 후대에 그런 가탁이 생겨났던 건
그의 위대한 사상을 추념追念하기 위한 불사였다고 해석하기도 한다(황
인규, 〈자장의 진신 사리 봉안 및 분장〉, 2021).

예를 들면 김제 금산사 금강계단(일명 방등方等계단)에 봉안한 불사리가 그렇다. 1971년 금강계단 앞에 있는 오층석탑을 해체 수리할 때 사리 8 과와 기문記文이 발견되었다. 이 기문에는 982년에 석탑을 완성하고 그 전부터 전해오던 석가여래 사리 5과, 정광여래 사리 2과, 그리고 또 정 광여래 사리로부터 분신한 1과 등 전부 8과를 봉안했다는 내용이 담겼 다. 실제로 1971년에 발견된 사리도 거기에 부합하는 8과였다. 이 불사 리들은 2017년 본래 자리인 오층석탑에 다시 봉안되었다.

그런데 조선 후기의 고승인 무경 자수無竟子秀(1664~1737)는 〈금구현 모 악산 금산사 사적사金溝縣母岳山金山寺事蹟詞〉에서 982년에 금산사에 봉안 된 불사리의 유래를 이렇게 말했다.

"(자장 스님이) 바다를 건너 돌아와 탑을 세우고 사리를 받들었다. 한 곳 은 축서산 통도사이니 가람을 짓고 사리를 봉안했고, 다른 한 곳은 용황 사와 금산사이다."

刀折鰈海 建貧婆奉伽梨者 一曰鷲栖之通度 脩伽藍安舍利者 二曰龍皇與金山

금산사 불사리는 자장 스님이 직접 봉안했다고 쓴 것이다. 이에 영 향 받아서 18세기에 활동했던 송담 성유松潭性錄 스님도 1738년에 지은 〈호남 금구현동 모악산 금산사 대법당 중수기湖南金溝縣洞母岳山金山寺大法 堂重修記〉에 "옛날에 자장 법사가 중국에 들어가서 운제사에서 불두골과 사리 100매를 얻어 돌아왔다. 불두골은 양산 통도사에 모시고, 사리는 전국 명산에 분장하니, 금산사도 곧 그중 한 곳이다(昔慈藏法師 入中國雲際 寺 得佛頭骨與舍利百枚而還 安其頭骨於梁山通度寺 分藏舍利於四處名山 金山卽其一也)."라 고 적었다.

이 기사들 말고 자장 스님이 금산사에도 불사리를 봉안했다는 기록 은 달리 없다. 그렇지만 이와 직접 관련 있는 금강계단이 전하는데다가

김제 금산사 오층석탑과 금강계단

서산대사가 임진왜란 직후 통도사 금강계단 불사리 일부를 봉안했던 영변 묘향산 보현사(1929년)

기록의 내용이 구체적이고 이를 쓴 스님들이 당대에 저명한 학승이었다는 점에서 아니라고 보기도 어렵다.

불사리 봉안의 의미를 설파한
서산대사의 보현사 석가여래 사리기

평안북도 영변 묘향산 보현사普賢寺에서 1603년 사리탑을 세우고 나서 그 과정을 적어 세운 비석이 〈석가여래 사리기〉이다. 부제副題가 '사바교주 석가세존 금골사리 부도비娑婆敎主釋迦世尊金骨舍利浮圖碑'이고, 일명 '명고려 석가 금골사리 부도비明高麗釋迦金骨舍利浮圖碑'라고도 부른다. 흔히 서산대사로 더 잘 알려진 청허 휴정淸虛休靜(1520~1604)이 사리탑을 세

204

서산대사 청허휴정 진영(국립중앙박물관)

우기 3년 전에 지었다. 비석 건립은 서산의 제자 사명대사가 주관하면
서 비석 앞면에 스승의 글을, 그리고 뒷면에 불사를 완공한 데 대한 자
신의 감회와 함께 불사에 참여한 사람들의 이름을 새겼다.

　서산대사는 통도사 불사리를 금강산으로 옮기는 데 관여를 했던 당
사자 중 한 명이다. 이후 이와 관련한 여러 가지 기록이 작성되었는

데 그중에서도 이 비문이 가장 시기가 앞서고 또 당사자가 직접 쓴 글이어서 의미가 크다. 이 비문은 1832년 청나라 고증학자 유희해劉喜海 (1793~1852)가 추사 김정희 등이 제공한 탑본搨本 자료에 힘입어 엮은 《해동금석원海東金石苑》에도 실렸다. 하지만 정작 실물은 지금 북한 땅에 자리하고 있어서 어떤 상태인지 확인이 안 되어 아쉽다.

서산대사의 이 비문은 앞부분에 석가모니 일대기를 설명한 다음, 자장 스님이 처음 통도사에 봉안했던 불사리가 임진왜란 중에 금강산과 태백산으로 옮겨졌다가 보현사에 최종 봉안되었던 과정을 자세히 적었다. 먼저 서산대사는 통도사 진신 사리를 이렇게 표현했다.

"통도사의 신승 자장이 옛날 통도사에 봉안했던 석가세존 금골金骨 사리 부도에 신령한 영험이 아주 많이 있었다. 천 명을 선善에 들게 하였고, 일국에 인仁을 일으켰다. 세상의 존귀한 보배라 할 만하다."

通度寺神僧慈藏 古所安釋迦世尊金骨舍利浮圖 頗多神驗竟 使千門入善 又令一國興仁 可謂世之尊寶也

불사리에는 진신과 법신이 있다. 서산대사가 옛날 종사宗師의 말을 인용하여 석가모니 유골인 진신이 소중하여도 그 가르침인 법신 역시 못지않게 중요하다고 설파한 이 대목도 눈에 들어온다.

"법신이란 산의 꽃이요 골짜기의 물이로다"

古人問 堅固法身 宗師答曰 山花澗水

사실, 1592년 임진왜란이 일어나고 얼마 안 되어 일본군이 통도사에 쳐들어왔을 때 금강계단에 모셨던 불사리가 어떻게 되었는지 명확히 나오는 기록은 하나도 없다. 서산대사가 지은 비문에 따르면, 적군이 통도사를 약탈하면서 금강계단도 훼손당하기는 했으나 다행히 불사리는 무사했던 듯하다. 그런 정황이 다음 문장에 드러나 있다.

"전쟁의 화가 부도에까지 미쳐 장차 보배를 잃을 뻔했으나 … 전에 일본군이 부도를 파헤친 건 오로지 금은보배에 뜻을 두어서이지 사리가 아니었기에 보배를 가져간 뒤에 사리를 마치 흙처럼 보았다."

禍及浮圖 其實將爲散失 悶欝之際 … 向海兵之撥浮圖 全在金寶 不在舍利也 取寶後視舍利如土也

왜군은 부도를 파헤치고도 그 안에 들어 있을지 모를 금붙이에만 신경을 썼지 정작 진짜 보배인 불사리는 몰라보고 내팽개쳤던 모양이다. 덕분에 불사리는 그대로 수습할 수 있기는 했다. 이런 참상을 겪은 전쟁은 6년 동안 치열하게 이어진 뒤 일단 휴전했다. 한숨을 돌린 의승대장義僧大將 사명대사 유정惟政(1544~1610)은 불사리를 어떻게 안전하게 관리를 해야 할지 큰 고민에 빠졌다. 전황으로 볼 때 그대로 두면 적군 수중에 넘어갈 가능성이 커 안전하게 보관할 대책이 필요했다. 그래서 불사리를 상자 2개에 나누어 묘향산 보현사에 있는 스승 서산대사에게 보내어 보관해 달라고 부탁했다. 불사리가 담긴 상자를 받은 서산대사는 숙고하다가, "영남이 침해를 당하고 있으나 이곳도 안전하지 못하다. 영축산(통도사)은 문수보살이 불사리를 모시라고 명한 곳이니, 금강계단을 수리하여 그대로 잘 모시라."고 회신하였다. 상자 2개 중 1개는 통도사에 돌려보내고, 나머지 1상자에 있던 불사리는 보현사에서 보관하다가 1600년에 석종石鍾 모양으로 사리탑을 새워 봉안했다(《사바교주 석가세존 금골 사리 부도비》). 이때 서산대사는 통도사 불사리를 '금강金剛과 같은 사리'라는 뜻으로 '금골金骨 사리'라고 불렀으니, 그가 불사리를 얼마나 소중하게 여겼는지 알 수 있다.

《조선왕조실록》을 보관했던 전주사고

　여담인데, 통도사 금강계단 불사리가 전란 중에 여러 곳에 분장分藏
된 일이 이후 《조선왕조실록》을 보관하는 사고史庫의 재편성에 상당히
영향을 주었다고 생각한다. 임진왜란 때 사라졌거나 큰 위험에 직면했
던 보물이 한둘이 아닌데, 그중에 나라의 소중한 역사가 담긴 고려와
조선의 실록實錄이 있었다. 본래 실록은 한양 춘추관 실록각을 비롯해
지방인 충주·전주·성주에 사고史庫를 두었다. 그런데 이 4사고는 임
진왜란 때 전주 사고가 지역 의병의 헌신 덕에 정읍 내장산으로 옮겨져
무사했을 뿐, 나머지는 전부 사라져버렸다.

　내장산 사고는 다시 바닷길로 해주를 거쳐 영변 묘향산 보현사 별전
別殿으로 안전히 옮겨졌다. 전쟁이 끝나자 전주 사고본을 바탕으로 4
질을 더 인쇄했다. 하지만 언제 또 외적이 쳐들어올지 몰라 조정에서는
좀 더 안전한 곳에 나머지 4질을 두기로 했다. 그래서 선택된 곳이 강

화·묘향산·태백산·오대산 등이었다. 그래서 춘추각을 포함해 전부 다섯 곳에 분산해 보관하게 되었다. 그런데 이 중 묘향산과 태백산은 바로 사명대사와 서산대사가 의논해 통도사 금강계단 불사리를 묘향산과 태백산에서 분장했던 전례가 충분히 참고되어 정해지지 않았겠는가 하는 추측을 해본다.

법주사 팔상전의 사리

보은 법주사法住寺의 팔상전八相殿은 법당이자 거대한 목탑이다. 5층이라는 층수가 있고 지붕 꼭대기에 장식된 철제 상륜부 등 외관도 그렇고, 내부 중앙에 찰주刹柱를 놓고 그 주변에 고주高柱 4개를 배치한 구성도 목탑 건축의 원리를 따랐다. 고주와 찰주는 목탑 구성의 원리라고 할 수 있다. 무엇보다도 찰주 아래 심초석이 있고 여기에 사리를 봉안한 점은 목탑의 전형 그대로라고 할 수 있다. 경주 황룡사 구층 목탑을 지었던 신기神技의 자취가 깃들어 있는 셈이다.

본래 있던 탑은 임진왜란 때 불타버렸고, 지금 건물은 1625년에 중건하였다. 중건이라고는 해도 본래 모습을 충실히 구현했다고 생각한다.

1968년 8월에 보수할 때 5층 대들보에서 '천계 6년 병인(1626) 6월에 오층 전각을 다시 지었다(天啓六年 丙寅 六月日 重構五層殿)'라는 묵서가 나와 중건 연도를 분명히 알 수 있었다. 그리고 찰주를 받치는 심초석에 마련된 사각형 사리공에서 사리장엄이 나왔다. 그 구성은 금동판 5매, 대리석 합, 그리고 보자기에 싸인 은합, 유리 파편 등이었다. 금동판은 4매는 사리공의 네 벽면에 붙어서 장식되었고, 다른 하나가 그 위에 덮개처럼 덮어진 채 발견되었다. 황룡사 구층 목탑지에서 발견한 찰주본기처럼 일종의 사각형 내함內函이라고 할 수 있는데, 단지 찰주본기와 달리 서로 연결해주는 경첩이 없어 처음부터 분리 형식으로 만든 것 같

보은 법주사 팔상전(국보 제55호)

210

보은 법주사 팔상전 은제 사리호(동국대학교박물관 소장)

다. 이들은 지금 동국대학교 박물관에 소장되어 있다.

사리장엄에 대한 조사는 발견 이튿날인 9월 22일 절 안의 조용한 방에서 법주사 관계자가 함께 한 자리에서 진행했다고 한다(황수영, 《법주사 팔상전의 사리장치》, 《황수영전집 5》 참조). 이에 따르면 대리석 합은 비단 보자기로 겹겹이 싸였고, 그 안에 금동 받침이 달린 은제 사리호가 역시 보자기에 싸인 채 놓여 있었다. 또 은제 사리호 주변에는 크고 작은 수정 2개와 녹색 유리병 파편도 함께 있었다. 은제 사리호 뚜껑을 열자 좁쌀만한 흑백색 사리 18과가 있었고, 또 작은 금편金片도 함께 들어 있었다. 이런 발견 상황으로 볼 때 1626년에 중건하면서 깨져서 파편만 남은 녹색 유리병까지 신라 때 처음 봉안했던 사리장엄 그대로 다시 넣었던 정황을 알 수 있었다.

금동판에는 사리봉안기가 점각點刻으로 빼곡하게 새겨져 있었다. 그 중 남면에 해당하는 판에 "만력 24년 정유 9월에 왜인들이 다 태워버렸다. … 을사년 3월 9일에 고주를 올려서 세웠다(萬曆二十四年丁酉九月倭人盡燒…乙巳年三月念九日上高柱入柱)"라 하여 1596년에 불타버렸다가, 1605년에 고주를 세우며 중건을 시작했음이 나온다. 그래서 이 기록과 앞서 든

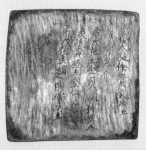

보은 법주사 팔상전 금동판 5매(동국대학교박물관 소장)

상량문 묵서를 종합해 볼 때 중건 공사는 1605년에 시작해 1626년에
마쳤음을 알 수 있다. 이 불사를 주도한 이는 '조선국 승대장 유정 비
구朝鮮國僧大將裕淨比丘'라고 나온다. '裕淨'은 곧 사명대사 유정惟政일 것이
다. 불사리와 관련해서, 신라의 자장 스님만큼이나 행동반경이 넓었던
이가 바로 조선의 유정 스님인 것 같다.

은제 사리호를 감싼 비단은 1626년 재봉안할 때 넣은 것인데, 겉에
'왕손께서 오래도록 창성하시고(王孫昌盛萬歲)', '옥체가 금강석처럼 튼튼
하고 몸과 마음이 모두 편하고 즐거우시기를(身如金剛 心身安樂)' 등의 축
원문이 먹으로 쓰여 있었다. 전쟁으로 뿌리부터 흔들렸던 왕실의 안정
을 불사리 봉안을 통해 기원한 것이다.

그런데 대리석 합 및 이 합과 은제 사리호를 감싼 두 폭의 비단 보자
기 외에 다른 일체는 신라 때 처음 봉안했던 사리장엄을 그대로 넣은

게 흥미롭다. 처음 불사리를 봉안했던 신라의 정기를 그대로 이어받아 피폐해진 국토를 재건하려는 마음이 담긴 건 아니었는지 모르겠다. 만일 그렇다면 그건 아마도 사명대사의 생각이 아니었을까? 이때 봉안한 불사리는 일찍이 고려 공민왕이 직접 와서 친견했던 그 사리였을 가능성이 크다. 그 전에 왜구의 노략질을 피하느라 통도사 금강계단의 불사리가 몇 군데로 흩어지게 되었는데 그때 법주사에도 오게 되었던 듯하다.(본서 〈고려시대 사리 신앙〉 중 '사랑했던 노국공주의 천도를 위해 불사리를 봉안한 공민왕' 참조)

두 왕이 봉안한 봉인사 불사리

왕실 사리 신앙은 조선에서도 태조 이래 초기 몇 대 왕까지는 건재했었다. 그러다가 성종 대 이후 본격화한 불교 억제책으로 인해 공식적 봉안 행사는 한동안 사라졌다. 하지만 사리 신앙마저도 사라지지는 않은 듯, 200년이 지나 다시 나타났으니 봉인사奉印寺 세존사리탑이 그 주인공이다.

봉인사의 역사는 자세히 전하지 않지만, 경기도 남양주시 천마산에 자리했던 고래의 명찰이었던 듯하다. 1619년 어떤 인연에서인지는 모르겠으나 중국 황제가 조선 왕에게 불사리 1매를 전해왔다. 왕실에 불사리를 둘 수 없으므로 광해군과 승정원 관리들이 이의 처리를 논의했고, 광해군은 보은사報恩寺로 보내라고 명했다(《조선왕조실록》〈광해군일기〉). 그런데, 어떤 까닭에서인지 이후 실무 부서인 예조를 거치며 보은사가 아니라 봉인사로 바뀌었다.

소중한 불사리를 받은 봉인사는 이듬해인 1620년에 세존사리탑을 세워 봉안했다. 또 가까이서 탑을 관리하도록 부도암浮圖庵도 지었다(《봉선사 본말사지》). 이 사리탑은 봉인사의 상징이었는지 이후 1756년에 금강

왼쪽 | 남양주 봉인사 부도암 세존사리탑. 일제강점기에 일본으로 반출되었다가 돌아왔다. 경복궁을 거쳐 국립중앙박물관 야외에 전시되었다가 지금은 보수작업중이다.
오른쪽 | 봉인사 부도암 세존사리탑이 일본 오사카시립미술관으로 반출되었을 당시 모습.

산의 고승 풍암 세찰楓巖世察(1695~1766)이 내려와서 왕실 시주를 받아 중수하기도 하였다. 또 이 일을 기념하기 위해 1759년에 탑 곁에 탑비塔碑도 세웠다. 1887년에도 왕실에서 향과 황촉등黃燭燈(금으로 만든 등잔)을 봉인사에 시주했다.

어느 날 대웅전 안에 켜둔 등불에서 옮겨붙은 불 때문에 화재가 크게 나 대법당과 응진전·시왕전 등이 다 사라져버렸다. 이후 복구하지 못하였고, 1925년 무렵 이후에 완전히 폐사된 듯하다. 그런데 "1927년 불량배의 소행으로 양주 봉인사 부도탑이 파괴됨"(《佛教》 41호, 1927)이라는 기사에 나오듯이 이 사리탑은 반출되어 사리탑비와 함께 일본 고베神戶로 넘어갔다. 그러다가 몇 년 뒤에 오사카 시립미술관 뜰에 있다고 알려졌다. 1987년에 환수되어 한동안 경복궁에 놓았다가, 2022년 7월 현재 용산 국립중앙박물관으로 옮겨져 보수작업 중이다.

이 세존사리탑이 오사카에서 처음 공개될 때 사리장엄도 함께 소개되었다. 사리장엄의 구성은 청동 합盒 1개, 은제 합 2개 등이다. 이들은 크기대로 포개져 감색 비단 보자기로 쌓였고, 이를 다시 대리석 석함에 둔 형식이다.

중국에서 조선 왕실로 온 불사리인 만큼 격식에 맞게 봉안에도 공을 많이 들였음은 사리탑에 잘 드러나 있다. 구름, 당초, 꽃잎, 여의두如意頭 등 각양각색 무늬로 탑신을 아름답게 장식하고, 특히 운룡雲龍까지 새긴 데에서 여느 부도탑 보다도 훨씬 높은 격조를 느끼게 된다. 사리탑 주위에 난간을 돌린 것도 왕릉의 호석護石에 사용하던 수법이다.

불사리 1과가 든 수정 사리병은 맨 안쪽으로 크기가 지름 9.1㎝, 높이 4.5㎝인 은제 합에 놓았다. 은제 합 바닥에 "무술생 세자는 수복강녕하고 창성하라. 만력 48년 경신년 5월(世子戊戌生 壽福無疆 聖子昌盛 萬曆四十八年 庚申五月)"이라고 적혀 있어 1620년에 광해군이 세자인 이지李祬(1598~1623)의 안녕을 기원하기 위해 봉안했음을 알 수 있었다.

그런데 은제 및 청동 합은 서로 재질이 다를뿐더러 제작기법도 확연히 다르다. 앞에서 봤듯이, 1620년에 처음 은제 합들을 처음 봉안한 뒤, 탑비에 나오는 것처럼 1756년에 풍암 스님이 중수하면서 별도로 동제 합을 추가로 봉안했기 때문이다.

〈서천국불사리기西天國佛舍利記〉 탑비는 사리탑을 중수하는 책임을 맡은 풍담 스님이 지었다. 첫 대목에는 '탑 안에 전해진 옛글[塔中古文]'을 근거로 한다면서, 처음 불사리를 맞이해 탑을 세우고 나중에 중수했던 과정을 얘기했다. 이어서 뒷면에 중수 불사에 참여한 인물들을 자세히 적어놓았다. 앞면의 글은 이렇다.

"호로병 안 좁쌀 같은 사리 1과는 소서천국[인도]의 활불[석가모니] 정수

봉인사 부도암 세존사리탑에 봉안된 청동제 및 은제 사리기(보물 제928호)

은제 사리기 2점은 원통형 소합小盒 및 뚜껑이 달린 밥그릇 모양 사리합(오른쪽)이다. 사리합 밑바닥
에 1620년 광해군이 왕세자를 위해 복을 비는 발원문이 새겨져 있다.

봉인사 세존사리탑 사리장엄 중 수정 사리병. 이처럼 순금 연꽃 모양 뚜껑이 덮인 사리병은 아주 드물다. 사리병 안에 사리 1과가 봉안되어 있었다.

리에서 나온 것이다. [석가모니 입적 후] 500년 뒤 세상에 나타난 것이다. 사람이 갖고 있으면 오래 살고, 복록이 늘어나며, 삿되고 나쁜 일이 사라지고, 자손이 잘 자라게 된다고 한다. 부처가 징험한 바를 따르며 늘 향과 등불을 켜고 기다리다가 마침내 신령함을 보게 되었다. 이에 합에 넣고 이 일을 자세히 적는다. 만력 47년 기미년에 처음 이 불사리가 중국에서 왔다. 이듬해인 경신년 5월 14일에 임금이 관리에게 명하여 천마산 봉인사 동쪽으로 이백 걸음쯤에 탑을 세우고 당을 짓게 한 것이다."

葫蘆內舍利一顆 形若粟粒 出于小西天國 活佛門頂上 五百歲後 換墜一珠 人佩之則 享齡 增福祿 去邪魔 育子孫 遵爲佛之驗者 每常以香燈待之 爲靈觀則 以此盒盛托 仔細 萬歷四十七年 己未之憂日 中華來于此土 越明年 庚申 五月十四日 上命 官送于天磨山 奉印寺 東二百步許 建塔營堂 畢書

글 중간에 나오는 "마침내 신령함을 보았다"라는 말은 불사리를 맞이했음을 의미한다. 또 불사리를 모시는 공덕이 "오래 살고 복이 들어오며 삿됨이 사라지고 자손이 잘 자란다"라고 한 데서 불사리를 존숭함으로써 복락도 구하려는 현실적 바람이 보인다. 고려 때까지만 해도 불사리 자체의 신성함을 찬탄했지, 그로 인해 세속적 이익을 얻으려는 속내를 구체적으로 드러내지는 않았다. 그러다가 조선 중기 이후로 이런 바람이 자연스럽게 표출되곤 했다. 불교 자체가 갖는 깊은 의미를 이해하고 석가모니의 언행을 따르려 노력해야 하지 단순히 '현실구복'을 위해 불교를 믿으면 안 된다는 말을 종종 하지만, 사리에 경배를 올리면서 희구한 이런 마음이야말로 인지상정이니, 탓할 건 아닌 것 같다.

이 불사 이후 봉인사는 서울 근교의 명찰로 사람들의 관심을 받기도 했지만, 조선왕조의 몰락과 함께 대략 조선 말기에서 일제강점기에 걸치는 동안에 아무도 돌보지 않은 폐사가 되었던 듯하다. 그러다가 지금으로부터 약 100년 전에는 일본에 반출되는 수난까지 겪었다. 우여곡절 끝에 다시 돌아왔는데, 그 와중에 탑 안에서 사리장엄과 사리봉안기가 발견되면서 누대에 걸친 왕실 불사리 봉안 사실을 알게 된 건 묘한 인연이었다.

정암사 수마노탑에 전하는 불사리 봉안의 이적

강원도 정선 정암사淨巖寺 수마노탑水瑪瑙塔은 《삼국유사》, 〈갈래사葛來寺 사적기〉 등에 신라 자장 스님이 세웠다고 나온다. 그렇다면 이 탑에 봉안된 불사리도 앞에서 봤던 자장이 중국에서 모셔온 불사리로 봐야 할 것이다.

수마노탑은 우선 외관이 아주 독특하다. 칠층으로, 벽돌로 쌓은 듯한 느낌을 주는 이른바 모전模塼 석탑이다. 화강암을 주로 사용한 건 여느 탑과 다를 바 없으나, 탑신석 일부가 회록색을 띤 다른 석재로 구성된 점이 큰 특징이다. 수마노탑 이름도 여기에서 나왔다. 자장이 당나라에서 바닷길로 귀국할 때 서해 용왕이 마노석을 주며 탑을 세워달라고 부탁한 데 따른 것이다. 곧 '수마노탑'은 '물길을 통해 가져온 마노로 지은 탑'이라는 의미이다. 마노는 불교에서 귀하게 여기는 칠보의 하나이다.

그런데 사실 이 회록색 석재는 마노가 아니라 돌로마이트dolomite라는 방해석方解石의 한 종류이다. 주로 화강암으로 탑을 구성하되, 부분부분에 색과 질감이 이런 돌들을 배치하여 전체적으로 다른 탑에서 볼 수 없는 특별한 효과를 냈다. 또 이 돌들은 약간의 유리질을 띠고 있

정선 정암사 수마노탑(국보 제332호). 《삼국유사》에 자장 스님이 중국에서 가져온 불사리를 봉안했다고 나온다.

어 빛 반사 효과도 있었다(오랫동안 땅속에 묻혀 있거나, 겉면이 마모되어 그런지 지금은 반사 효과가 두드러지지 않는다). 시대와 지역은 다르지만, 비잔틴 미술에서 벽에 성화聖畫를 그릴 때 작은 유리를 붙여 빛 반사를 극대화하여 신성함을 표현했던 모자이크 기법과도 비교된다. 그래서 멀리서 볼 때 탑에서 서광이 비치는 듯한 효과가 났고, 이를 본 사람에게 더욱 경외감이 들게 했을 듯하다. 한 예로, 1778년 취암 성우翠巖性愚가 쓴 〈강원도 정선군 태백산 정암사 사적江原道旌善郡太白山淨巖寺事蹟〉에, "산속에서 연달아 서기가 비추어 마노탑이 있는 데를 가리켰다. (사람들이) 그 자리에 가서 찾아보니 마노석 수백 편이 나왔다.(連有瑞氣 指點瑪瑙在處 搜得數百片築)"라고 나온다.

수마노탑 사리장엄 중 금합과 은합. 이 사리장엄과 탑지석은 1972년 수리가 끝나고 다시 탑 안에 넣어졌다.

사실 자장이 불사리를 가져오는 길에는 어려움이 많았다. 그가 신라에 돌아갈 때 일이었다. 자장이 불사리를 얻어 신라에 돌아간다는 소식을 들은 중국의 승려들이 귀중한 불사리가 자국에서 신라로 유출되는 걸 막으려고 군사까지 모아 빼앗으려 바닷가까지 쫓아왔다. 위협을 느낀 자장이 용왕을 불러 대신 신라까지 가져가 달라고 부탁했다. 이로써 당나라 군사의 수색을 무사히 넘겼을 것이다. 불사리를 건네받은 용왕은 바다를 건너 울산 포구(《삼국유사》에는 '울진포'라고 나온다)에 미리 와서 기다렸다가 자장을 만났다. 그런데 용왕은 불사리는 물론이고 자장을 존경하는 마음에 수마노까지 얹어서 전해주었다. 자장은 소중한 불사리를 봉안할 곳을 찾아 전국을 다니다가 강원도 정선에 이르러 천의봉 자락 아래 '삼갈반지' 자리가 바로 자신이 찾던 곳임을 알아보았다. 그곳에 탑을 세워 불사리와 용왕이 준 수마노를 함께 탑에 봉안하였다. 이 탑 이름이 '수마노탑'이 된 까닭이다.

1972년 수마노탑 수리 때 나온 탑지석 5매 중 제1석. 1713년에 작성되었다.

1972년 수마노탑을 해체 복원할 때 조선시대에 중수한 뒤 봉안한 사리장엄과 사각형 탑지석塔誌石 5매 등이 나왔다. 사리장엄 구성은 금제 합 1개, 은제 합 1개, 육모 금배 4개, 은잔 3개, 금잔 받침 19개, 금 수발대 19개, 염주 81개, 청동 사리함 1개 등 유물 130여 점이었다.

탑지석들은 서로 다른 층에서 안치되었고 제작한 시기도 다 달랐다. 18~19세기에 이뤄졌던 석탑 중수 때마다 넣어졌던 것으로 보인다. 이 중 2층에서 나왔고 '제4석'으로 명명된 탑지석은 가로 55㎝, 세로 46.5㎝, 두께 3~5㎝이다. 1713년에 작성된 이 탑지석에는 자장 스님이 가져온 불사리가 정암사 수마노탑에 봉안된 과정이 잘 나와 있다. 물론 이 이야기의 기본 줄거리는 《삼국유사》에 나오는 것과 같지만, 앞에서 소개했던 중국에서 신라로 돌아올 때 겪은 우여곡절은 다른 기록에서 볼 수 없는 일화라는 점에서 가치가 큰 사리봉안기이다. 글자가 잘 안 보이는 부분도 있지만, 이는 문맥에 따라 가장 알맞은 뜻을 취하여 문장의 흐름을 갖추고, 기존에 잘못 해석했던 문장도 바로 잡아서 읽어보면 다음과 같다.

"과거 신라 건덕乾德 연간에 우리나라 자장 대덕 율사가 중국 적현赤縣 신주神州로 들어갔다. 오대산에서 천인天人이 만든 만수실리曼殊室利(문수보살) 상像 앞에서 7일 동안 정진하여 수도하였더니, 꿈에 진신[문수보살]이 나타나 설법하였다. 설법을 마치자 부처님 머리뼈와 부처님 치아 그리고 사리 100개를 주면서 말하였다.

'너의 나라에 삼재三災의 인연이 있으니 나라 곳곳에 탑을 세우고 이를 안치하라.'

진신은 말이 끝나자마자 모습을 감추었다.

이에 대사가 불사리를 지니고 바다를 건너 신라로 돌아가려 하였다. 그러자 당나라 승려들이 이를 알고 상의하더니, '어찌 귀중한 보배가 바다 너

머 변두리 작은 나라로 건너가는 걸 보고만 있을 수 있는가!' 하고 사부四部의 군사를 일으켜 빼앗으려 하였다. 자장 대사는 급히 바닷가에 이르러 불사리를 용왕에게 건네주었다. 용왕이 받들고 바다를 건너 우리 강토 산 깊은 남쪽 울산 포구에 와서 대사를 기다렸다. 대사를 만나서 정수리 불사리와 더불어 수마호水瑪瑚(수마노) 약간도 주었다.

대사가 이를 봉안하기 위해 좋은 땅을 찾다가 이 산 천의봉天倚峰 아래에 왔는데, 삼갈반지三葛盤地라는 데가 마치 신神이 정해준 듯한 자리였다. 이어서 탑 아래에 향화香火를 올릴 수 있도록 건물 하나를 세우고 '정암淨巖'이라고 편액을 달았다고 한다.

신라 건덕 연간은 그것이 몇 천 년 전인지 알지 못한다. 그러나 그때 세운 사찰은 다 빈터로 변하였다. 불사리를 봉안하기 위해 세운 탑도 돌들이 서로 어긋나는 지경이 되었고, 산은 검게 되고 들은 하얗게 변하였다. 그러나 함께 마음을 내어서 재물을 장만해 훌륭한 장인匠人을 불렀으니, 그때가 만력萬曆 후 백여 년이 지난 계사년이다. 3월 25일에 경건히 기도하고 공사를 시작하여 같은 해 윤閏5월에 완성하였다. 훗날 사람들이 알 수 있도록 이를 기록한다."

□往在新羅乾德之時 我國慈藏大德律師 入赤縣神州於五臺山 天人所成曼殊室利□□象前 七日精修 夢感眞□爲說法 仍以佛頭骨佛牙與舍利百粒授之曰 汝□有緣三災□□到處建塔以安之 言乾逐隱 大師□持欲疫海逮 時大唐諸釋議曰 □之重寶豈 □海外小□耶 發四部兵 將欲奪之 大師□於海 □授之龍王 王奉邀渡海於我疆南蔚山郡浦 以水瑪瑚若干片與所授佛頭骨舍利奉于大師 邀入是山 天倚峯下 神得三葛盤之地 以龍王所水瑪瑚 立塔奉安 塔下造香火一所 以定巖扁之云矣而 新羅乾德 不知其幾千載也 然其時所刱寺刹 盡爲空虛 所立奉安塔 自是差□ 山緇野白□ 然于□同共發心 出□財召良工 逮萬曆後百餘年之至 癸巳三月二十五日 虔禱始役 而同年閏五月日 完役而 後考以記之

자장이 중국에서 불사리 100과를 얻어와 경주 황룡사를 비롯해 통도사, 울산 태화사 등에 봉안한 이야기는 앞 〈신라의 사리 신앙〉 '사리 신앙의 일대 사건, 자장 스님의 불사리 장래'에서 《삼국유사》에 근거해서 자세히 소개했다.

정암사의 전신인 갈래사의 역사를 담은 〈갈래사 사적기〉에는 자장이 앞서 든 세 사찰 외에 여기에도 불사리를 봉안했다고 나온다. 조금씩 다르게 표현했어도 기본 틀은 《삼국유사》에서 벗어나지 않고 대동소이함을 알 수 있다.

그런데 이 제1 탑지석 사리봉안기에는 《삼국유사》를 포함해 다른 데서는 안 보이는 과정이 나와 있어 흥미롭다. 자장이 귀중한 불사리를 대거 얻어 돌아가는 길에 이를 시기한 중국 스님들에게 빼앗길 뻔했던 우여곡절이 소개된 것이다. 아마도 당시까지 정암사에 전해오던 이야기였는데, 마침 수마노탑을 수리하고 사리기도 새로 만들어 넣은 일을 기념하기 위해 천 년 전 일을 적어넣은 듯하다. '용왕이 선물한 수마노' 같은 이야기는 선뜻 믿기지 않겠지만, '용'을 상상 속의 동물로만 한정하지 말고 자장 스님이 중국에서 무사히 귀환하게 큰 도움을 준 개인이나 집단 등의 어떤 '존재'로 바꿔서 생각하면 충분히 있을 법한 일이다.

이 사리봉안기에는 또 1713년 중수 직전 기울어진 탑 사이로 한 꾸러미 구슬들이 삐져나와 탑 주변 땅바닥 여기저기에 흩어져 있어 전부 81매를 주웠고, 그 밖에 황금 다섯 덩이와 금은으로 된 그릇 여러 개도 탑 안에서 나왔다고 나온다. 이 말은 실제 1972년 수리 당시 발견한 사리장엄 구성과 거의 일치한다.

삼국시대 이래 대략 2,000기가 넘는 석탑이 세워졌으나 정암사 수마노탑처럼 탑의 중수 과정이 자세히 적힌 탑지석은 이 외에 불국사 삼층석탑[석가탑], 포항 법광사 삼층석탑 정도일 만큼 아주 드물다.

〈갈천산 정암도〉. 정선鄭歚이 그렸다고 추정하는 정암사 그림과, 〈갈천기〉라는 절의 사적기를 한데 붙여 만든 화첩. 그림에는 200여 년 전 정암사의 모습이 세밀하게 묘사되어 있어 당시 가람 배치를 알수 있다. 또 기문에는 수마노탑을 중심으로 한 사리 신앙이 잘 드러나 있다.

정암사 수마노탑에 투영된 사리 신앙의 한 모습,
〈갈천산 정암도〉

근래 소개된 〈갈천산 정암도葛川山淨菴圖〉, 그리고 거기에 쓰인 기문 한
편이 조선 후기 정암사와 수마노탑의 존재를 더욱 실감 나게 전해준

정선 정암사 전경

정선 정암사 적멸보궁

다. 이 그림은 전국 명소 여덟 곳의 아름다운 경치를 그린《고금강 도원팔경첩古金剛桃源八景帖》중 한 폭인데, 화가가 누구인지 나오지 않지만 진경산수라는 화풍으로 볼 때 겸재 정선鄭敾(1676~1759)으로 보기도 한다. 《고금강 도원팔경첩》중 하나인〈갈천산 정암도〉와, 1778년 무렵 호가 화암畫嵒인 사람이 별도로 지은〈갈천기葛川記〉라는 시문을 한데 붙여서 화첩으로 만들었다.〈갈천기〉에는 수마노탑이 이렇게 묘사되었다.

"절 앞 높다란 봉우리 위에 탑 하나가 우뚝 서 있다. 때때로 동쪽에서 떠오른 해가 탑으로 들어가서는 달이 되어 나와 기이하다. 탑과 절 모두 성오聖悟 스님이 중건했다. 성오 스님은, '불법佛法이 동쪽(우리나라)으로 온 뒤 여기에 절이 세워졌고, 이후 역사가 이어져 왔습니다. 탑에 불골佛骨이 있어서 한 달에 세 번 방광放光 합니다.'라고 말했다."

寺前危峰 有塔巋然 時看日入東 又出月可奇 塔與寺 皆聖悟所創改 悟言 佛法來東 始設刹于此 仍爲守史 塔有佛骨 月三放光云

〈갈천기〉에는 또 정암사에 신라의 역사서를 보관했다는 석실石室과 자장의 사리를 모셨다는 조전祖殿에 대해서도 나온다. 석실은 지금 전하지 않는데, 역시 자장이 창건한 절로서《패엽경》을 봉안했다는 영월 법흥사 토굴 전설과 비슷하다.

〈갈천산 정암도〉에 묘사된 정암사 광경은 실제 모습과 아주 비슷하고, 가람 배치 역시 지금과 크게 다르지 않다. 그림 오른쪽 아래에 작은 개울이 흐르고 있고 거기를 건너 왼쪽으로 가면 짙고 굵은 외곽선으로 그린 웅장한 산 옆에 자리한 정암사 경내가 펼쳐진다. 앞면 3칸, 옆면 2칸의 팔작지붕을 한 본전本殿이 동쪽, 곧 화면 오른쪽을 향해 있고 그 옆 아래로 요사寮舍로 보이는 건물 한 채가 산자락에 가린 채 놓여 있다.

여기서 개울을 건너 오른쪽 위로 비스듬히 올라가면 다른 전각 한 채가 나온다. 이 건물이 아마도 적멸보궁이거나, 자장 스님의 사리를 안치했다는 조전일 가능성이 있다. 적멸보궁은 사리탑 앞에 세우는데, 그 앞에 불사를 봉안한 탑이 있기에 전각 안에 불상이나 불화를 따로 배치하지 않는 건물이다. 상설像設을 없앰으로써 오히려 불사리를 향한 지극한 마음을 극대화한 역설적인 건물이다.

여기서 다시 가파르게 난 길을 올라가면 높다란 언덕에 마련된 평평한 대臺 한가운데에 수마노탑이 자리한다. 그림 속 수마노탑은 1771년에 중건한 모습일 텐데, 이중기단에 7층이며 꼭대기에 상륜相輪 일부가 남아 있다.

탑 오른쪽으로는 또 다른 산줄기가 왼쪽 위에서 오른쪽 아래를 향해 비스듬히 흘러가고, 탑 뒤 왼쪽에 봉우리가 둥그스름한 산이 있고, 탑 바로 뒤에는 멀찌감치 높다란 산봉우리 다섯 개가 잇대어 있어 깊은 산중임을 표현하고 있다. 다섯 개의 산봉우리 중 탑 왼쪽과 바로 뒤의 봉우리 세 개가 청색으로 칠해진 것이 눈길을 끈다. 아마도 이 세 봉우리가 모두 정암사 가람 배치와 직접 관련 있는 산세山勢임을 암시하는 것 같다.

시선을 내려 다시 경내를 보면 본전 앞마당에 깐 자리 위에서 네 명이 탑을 향해 나란히 엎드려 절을 하는 광경이 눈에 들어온다. 이 그림에는 18세기 후반 정암사 가람이 실감이 나게 그려졌다. 한편으로는 마치 지금 그 시대로 돌아간 듯 조선시대 사리 신앙의 한 장면이 수마노탑에 투영되어 마치 손에 잡힐 듯 생생하게 드러나 있다.

이적異蹟을 보인 낙산사 공중사리탑

강원도 양양 낙산사洛山寺는 우리나라 관음신앙의 성지 중 한 곳으로 꼽는 명찰이다. 해수관음상으로도 유명한 이곳이 관음신앙의 대명사

위 | 양양 낙산사 홍련암
아래 오른쪽 | 의상 스님 진영(일본 고잔지高山寺 소장)

격이 된 건 신라 고승 의상義湘(625~702) 스님에
서 비롯한다. 그는 관음보살을 친견하겠다는
일념으로 지금 홍련암 자리에서 14일을 재계
齋戒했다. 정성이 통해 드디어 천룡天龍 신중의
안내를 받아 거칠고 푸른 파도가 넘실대는 바
닷가에 면한 암벽에 뚫린 관음굴로 들어가 관
음보살을 뵈었다. 굴을 나온 의상이 관음보살
의 말에 따라 낙산사를 지은 것이다《삼국유사》
〈낙산 이대성 관음 정취〉조).

그런데 의상 스님은 관음보살을 만나는 과
정에서 수정 염주를 받았고, 친견 후에 뵈었던
대로 관음보살상을 만들어 봉안했지만, 정작
불사리와 직접 연관된 일은 없었다.

228

낙산사 홍련암 내 관음보살좌상

낙산사에 사리 신앙이 발현된 건 조선시대에 들어와서였다. 1683년 관음상을 개금改金(불상에 금색을 다시 칠하는 일)하던 중 공중으로부터 명주明珠(사리) 한 알이 내려온 이적이 일어났다. 이를 사중에서 보관하다가 10년 뒤인 1692년 탑을 세워 봉안하였다. 강원도방어사江原道防禦使 겸 춘천도호부사春川都護府使 이현석李玄錫(1647~1703)이 소식을 듣고 와 감탄하고는 비문을 지었고 이듬해에 비석에 새겼다. 이로부터 이 사리탑을 '해수관음 공중사리탑'이라 불렀다.

이현석은 사리가 나타났던 순간을 이렇게 묘사했다.

"계해년(1683)에 색이 바랜 관음상을 개금改金(불상이나 불화에 새로 금칠을 하는 일)하여 새롭게 하였다. 이때 상서로운 광명과 푸른 기운이 향기롭게 방 안에 가득 차더니 명주明珠 1과가 하늘로부터 탁자로 떨어졌다. 깨끗하기가 유리와 같아 보배처럼 밝게 빛났다. 불자들이 모두 모여 감탄을 하며, '이

이현석이 지은 〈낙산사 공중사리탑비〉. 낙산사 사리를 '신주神珠'라고 표현했다.

굴에 이런 상서로움이 옛날에 두 번 있었다. 지금 세 번째이니, 우리가 가만히 있으면 되겠는가?'라고 말하였다."

癸亥 又以金像黯黮 改塗而新之 于時祥光 縹氣馥郁 盈室 一顆明珠 自空而隕于卓 淨如琉璃 寶輝晶烱 緇徒咸聚而歎之曰 此窟之有此祥 古已再 而今三之 豈不休哉

천 년 전 의상 스님이 경험했던 관음보살 친견에 버금가는 이적이 일어난 것이다. 예로부터 불사리는 은현隱現(스스로 사라지거나 나타남), 증과增

230

1692년 공중에서 내려온 불사리를 봉안한 낙산사 해수관음 공중사리탑(보물 제1723호). 부도 모양을 한 불탑은 매우 드물다.

낙산사 공중사리탑 사리장엄. 사리병, 금합, 은합, 동합 등이 차례로 포개져 있었다. 그 밖에 비단 보자기 11점도 있었는데, 색채가 뚜렷하고 무늬도 다양하여 직물 연구에 중요한 자료이다.

顆(사리가 절로 여러 개로 나뉨), 방광放光(빛을 뿜음)과 같은 신비로움을 보인다는데, 하늘에서 나타났다는 것은 바로 은현에 해당한다. 낙산사에서는 이 사리를 특별히 '신주神珠'라고 불렀는데, 아닌 게 아니라 하늘에서 스스로 나타났으니 그럴 상찬을 들을 만하다.

이현석은 비문 끝에 자신이 받은 감명을 이렇게 노래했다. 신비로운 불사리를 향한 유학자의 심정이 잘 드러나 있다.

부처는 본래 말이 없으니 구슬을 보여 현묘함을 드러냈네	佛本無言現珠著玄
구슬도 빛을 감추니 글을 빌어 알리고	珠亦藏光借文以宣
글이 사라질까 두려워 돌에 새겨 길이 전하리	文之懼泯鑱石壽傳
구슬인가 돌인가, 무엇이 헛것이고 무엇이 참인가	珠耶石耶誰幻誰眞
글인가 도인가, 또 무엇이 주인이고 무엇이 손님이냐	辭乎道乎奚主奚賓
문득 얻어보니, 그 안엔 신령함이 담겼구나	於焉得之象罔有神

비석에 나오는 이 신비한 이야기는 400년이 넘도록 잊혔다. 그러다가 2005년 산불로 낙산사에 큰불이 나 사리탑도 손상을 입었다. 이듬해 수리할 때 사리장엄의 유리 사리호에 들어 있는 우윳빛 도는 사리 1과를 발견하면서 그제야 새삼스레 비문 내용이 화제가 되었다. 사리장엄 구성은 사리병, 금합, 은합, 동합 등이 차례로 포개져 있었다. 그 밖에 비단 보자기 11점도 있었는데, 색채가 뚜렷하고 무늬도 다양해 직물 연구에도 중요한 자료이다.

400년 동안 잊혀왔던 불사리가 다시금 모습을 보인 건 낙산사에 미증유의 큰 산불을 겨우 끈 직후였다. 1,400년 전 의상 스님이 관음보살을 뵙고 수정 염주를 얻어 용기를 얻은 것처럼, 재난을 당했어도 희망을 잃지 말고 다시 일어서라고 관음보살이 보내온 선물이 아닌가 하는 생각도 든다.

충청도와 전라도를 오갔던 안심사 불사리

1781년 청주 구룡산 안심사安心寺에서 불사리를 봉안했다. 안심사의 석종형 부도 형식을 한 세존사리탑 옆에 있는 〈안심사 세존사리비〉에 이 일이 자세히 전한다. 탑비가 세워진 경위를 보면 이렇다.

정확히 언제 봉안되었는지 모를 정도로 오랜 세월이 흐른 조선시대

어느 무렵 대웅보전을 중수하다가 불사리를 발견하였다. 깜짝 놀란 절의 대중들이 정성스럽게 안치했다. 이로써 사찰의 격이 더욱 높아지고 대중들도 기뻐했으니, 비문에는 "부처님이 계신 자리가 더욱 빛나고 승려들은 그 빛을 받았다(金宮增輝 緇徒被光)."라고 묘사할 정도였다.

하지만 1761년에 이 불사리가 전라북도 무주 구천동의 다른 절로 옮겨졌다. 그 이유가 비문에 분명하게 나오지는 않지만, 아마도 안심사에 불이 났거나 다른 힘든 일이 있어서 그러했는지 모르겠다. 그렇기는 해도, 안심사 처지에서는 몹시 애석했던 모양이다. 그때 심정을 "흠모하고

청주 안심사 세존사리탑. 옆에 〈세존사리비〉가 함께 자리한다. 〈세존사리비〉에는 다른 곳으로 옮겨졌던 사리탑을 1780년에 다시 옮겨 왔다고 나온다.

4장 동아시아 사리 신앙   233

우러러보는 정성은 그곳이나 이곳이나 마찬가지일 터다. 비록 구룡사의 보배가 구천동으로 갔으나, 그곳이 이 보배를 영원히 받들어 모실 인연의 땅은 아니었다(慕仰之誠彼此同然而旣是九龍遺寶則彼九川終非永尊之地)."고 했다.

안심사 대중이 분발하여 20년이 흐른 1780년에 드디어 이 불사리를 다시 안심사로 모셔올 수 있었다. 그리고 석종형 부도를 세워 불사리를 모시고, 이를 알리는 탑비도 세웠다. 그런데 공공기관의 해설문처럼 이때를 무려 두 갑자년 뒤인 1900년으로 적은 글들이 있는데 이는 잘못이다.

사족이지만, 전라북도 완주에도 같은 이름의 안심사가 있다. 공교롭게도 이곳에도 청주 안심사와 비슷한 시기인 1759년에 진신 사리를 봉안한 금강계단이 세워졌다(본서 조선시대 사리신앙 중 〈자장 스님이 불사리를 봉안했다고 알려진 또 다른 사찰들〉 참조).

근대의 사리 신앙
신문 기사에 실린 불사리에 관한 일화들

우리나라 근대近代는 조선왕조가 근대적 정치사회 체제를 갖추기 시작하던 19세기 후반부터 1910~1945년의 일제강점기를 거쳐 해방될 때까지로 설정하는 게 보통이다. 대체로 우리 민족사에서 가장 침체했던 기간으로 본다. 불교계도 마찬가지여서 일제가 그들의 불교를 강권함으로써 우리 불교의 정체성이 이때 심각하게 훼손되었다. 사리 신앙 면을 보면, 왕실이나 신분이 높은 계층을 중심으로 일어났던 불사리 봉안 활동은 거의 사라졌는지 그에 관한 기록은 전혀 전하지 않는다.

이렇게 근대에는 많은 사람의 이목을 끌었던 대규모 사리 봉안 의식은 없었지만, 그 대신 평범한 보통 사람들이 사리 신앙의 주체가 되면서 우리의 사리 신앙은 새로운 국면을 맞았다. 달리 말하면, 과거 사리 봉안의 대의명분이 국가의 안녕, 중생 모두 부처님 가피加被(은덕을 입는 일)되는 데 있었다고 할 수 있다. 그런데 이것이 근대에 와서는 개인의 복락과 안녕을 기원하는 목적으로 바뀐 것이다. 세계사적으로 근대기에서는 집단의 가치를 우선하는 관념주의보다는 개인의 안녕을 중요시하는 의식의 전환이 이루어졌던 공통된 시대 흐름이 우리나라 사리 신앙 면에도 나타났다고 해야겠다.

그런데 근대에 와서는 사리 신앙의 특성을 이해할 만한 기록이 그다지 많지 않다. 앞선 왕조시대에서는 정치 행위로서 왕과 고위 관료의 활동과 관심 사항이 실록이나 개인 문집 등 여러 형태 저술에 남겨졌지만, 이 시대에는 왕조의 쇠락과 함께 그런 기록 활동 자체가 사라졌기 때문이다. 사리 신앙의 속성을 사료로 이해하려는 시도가 상당한 난관에 맞부닥친 것이다.

그러나 이런 어려움을 극복할 만한 새로운 사료가 있으니, 대중 앞에 새롭게 등장한 신문과 잡지이다. 신문은 속성상 굵직한 정치사회 뉴스부터 저잣거리의 흥미로운 사건까지, 사람들이 관심 가질 만한 이야기들이 취재되고 지면에 소개되기에, 당시 생활상과 풍속을 알고자 할 때 유용한 자료가 된다. 대부분 지면이 정치와 사회 중심으로 편집되었지만, 더러 불사리 관련 기사가 실리기도 했다. 불사리는 예나 지금이나 불교계에 국한한 게 아니라 대부분 사람이 관심을 기울일 만한 이야기였기 때문이다. 물론 사리 신앙 자체로만 보면 이전에 비할 바가 안 되게 훨씬 적지만, 사리 신앙과 관련한 기록이나 전언傳言 자체가 드문 시대였기에 이나마 전한다는 게 얼마나 소중한지 모른다. 또 신문 기사는 이른바 육하원칙에 따라 작성되기 마련이어서 분량은 짧지만 관련한 사람과 과정이 비교적 정확하게 표현되어서 믿을 만한 사료이기도 하다. 신문과 잡지의 기사는 당시 사리 신앙의 일면을 엿볼만한 단서가 되기에 넉넉한 자격을 갖췄다고 할 수 있다.

근대에 전달된 불골 사리, 1909년

불사리에 관한 최초의 신문 기사는 1909년 8월 6일 《대한매일신보》에 실린, 인도 페샤와르 부근 불적佛蹟에서 발견한 금동 사리기에 관한 소식이었다. 내용인즉, 사리기에 담긴 수정 사리병에서 인골 3개가 나왔는데, 이 자리가 옛날 인도를 여행한 중국인이 남긴 여행기에 나오는 카니슈카 왕이 불골佛骨을 묻었다고 전해지는 곳이니 이 유골이 곧 불골임이 분명하다는 것이다. 비록 1단짜리 단신短信이어도 1면에 실린 걸 볼 때 당시에도 불사리는 흥미를 끌 만한 이야기였던 모양이다.

해외가 아니라 우리나라에서 있었던 불사리 봉안 관련 기사는 《대한매일신보》에서 이름을 바꾼 《매일신보》 1913년 8월 13일 자에 처음 실렸다. 인도에서 온 달마바라 스님이 우리나라 승려 대표에게 불골을 전달했고, 이에 보답하기 위해 전국 30본산本山(지역의 핵심 사찰) 주지 일동이 금제 다기茶器를 선물했다는 내용이다. 이 불사리는 곧이어 대중에게 공개되는데, 같은 신문 10월 5일 자 '석가불사리 봉안식'이라는 제목의 후속기사에 자세히 소개되었다.

> "접때 조선에 와서 각 사원과 그 밖에 여러 곳을 순찰하고 귀국한 인도 고승 달마바라 씨는 입국 시 옛날 석가모니의 불사리를 가지고 왔다가 조선 승려 대표 이회광李晦光(1862~1932) 화상에게 전달했다. 이회광은 승려들과 결의한 뒤 드디어 장엄한 봉안식을 거행하기로 작정하고 봉안식을 준비하던 중. 3일간 일반에게 배관을 허許하기로 하였다 한다."

기사에 등장하는 '인도 고승 달마바라'는 불교 부흥에 앞장섰던 스리

1913년 다르마팔라가 기증한 불사리를 각황사 법당에서 배관한 행사를 보도한 기사. 30본산 주지, 총독부 고위 관리, 유명 인사 등 백여 명이 참가했다. 《매일신보》 1914년 1월 1일

각황사 칠층석탑 낙성식 장면. 스리랑카의 다르마팔라가 기증한 불사리를 칠층석탑에 봉안하는 행사로 일반 시민들도 참관하였다. 《동아일보》 1930년 9월 15일

랑카의 아나가리카 다르마팔라Anagārika Dharmapāla(1864~1933)이다. 불교를 알리기 위해 해외순방하고 귀국하던 길에 우리나라에 들러 불사리를 기증한 것이다. 이 불사리를 은제 사리함에 모시는 행사가 12월 29일에 현 수송공원 자리에 있다가 나중에 조계사로 이름이 바뀐 각황사覺皇寺에서 열렸다. 이완용·장석주·박기양 등 정계 실세와 총독부 고위 관료들 및 유명 인사 백여 명이 대거 참석했을 정도로 이 불사리

다르마팔라 스님이 기증한 불사리를 봉안하여 1930년에 세운 탑(사진 왼쪽) 및 2010년 조계사 창건 100주년을 기념해 세워진 팔각구층석탑(사진 오른쪽).

배관 행사는 큰 화제였다. 대중들이 참배할 기회는 16년 뒤인 1929년에 주어져, 이 해에 열린 조선박람회 개막에 맞춰 10월 1일부터 20일까지 공개되었다. 3주 내내 참배객으로 인산인해를 이루었다고 한다. 이듬해 각황사 마당에 칠층석탑을 새로 세우고 불사리를 정성껏 봉안했다. 이 탑은 1938년 각황사가 현 조계사로 옮겨질 때 함께 이운되었고, 2009년 한국불교역사문화기념관 뒤뜰로 한 번 더 자리를 옮겼다.

이 불사리탑이 처음 세워졌던 그 자리에는 2010년에 조계사 창건 100주년을 기념하여 불사리 1과를 봉안한 '진신사리탑'이 새로 들어섰다.

일본에서 돌아온 불국사 사리탑, 1933년

부산 범어사에서도 1938년 4월 15일에 다르마팔라가 전한 불사리를 봉안한 사리탑 준공식이 열려 수만 명이 운집했다는 보도가 있다(《매일신보》 1938년 4월 21일). 사리탑 건립 준비에 3년이 걸렸다는 기사로 볼 때 다르마팔라가 전한 불사리는 각황사에 봉안한 것 외에 더 있었던 모양이다.

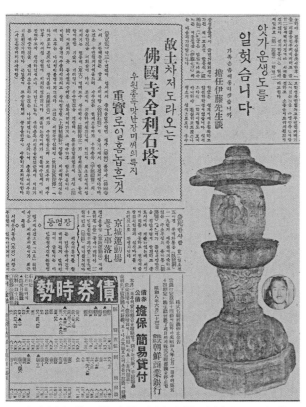

불국사 사리탑의 반출, 귀환 과정을 자세히 설명한 《매일신보》 1933년 6월 23일 자 기사.

석가모니의 고향에서 온 진신 사리를 봉안하는 일은 억울하게 일본에 국권을 빼앗겨 나락에라도 빠진 듯 침통했던 사람들이 오랜만에 접한 기쁜 소식이었을 것이다. 어쩌면 불교계만이 아니라 일반사람들도 이를 통해 국운이 회복되어 하루빨리 식민치하에서 벗어나게 되기를 한마음으로 기원했을 것 같다.

그래서인지, 1933년에는 신문마다 사리 관련 기사가 쏟아졌다. 먼저 4월 1일 《조선신문》에 금강산에서 발견된 불사리 소식이 제법 비중

불국사 사리탑. 통일신라의 걸작 사리탑으로,
1905년 일본에 불법 반출되었다가 1933년에 제자리로 돌아왔다.

부산 금정산 범어사 사리탑(칠층석탑).
다르마팔라 스님이 가져온 불사리를 봉안한 것으로
성보박물관 앞으로 옮겨지었다.

있게 3단 기사로 실렸다. 신라의 유서 깊은 사찰 발연사鉢淵寺 부근의 한 암벽 꼭대기쯤에 바위를 파내어 만든 감실龕室이 있었다. 이끼가 가득 끼어 있어서 그간 알려지지 않았는데 한 인부가 우연히 발견한 것이다. 사찰에 그대로 알렸으면 될 일을, 그는 감실에서 사리기를 몰래 빼내 서울에 와서 1,500원圓에 팔려다가 경찰에 붙잡혔다는 보도였다. 1930년대 교사 월급이 30원 할 때니 적지 않은 금액이다. 작은 은제 상자 안에 진주 같은 작은 사리 1과가 들어 있었다는데, 아쉽게 이 사리기와 불사리가 그 뒤 어떻게 되었는지 후속기사는 나오지 않았다.

1930년 《불교》 77호에 실린 김대은의 〈사리와 탑파의 연기〉 논설.

이어서 초여름으로 접어든 6월 하순, 신문마다 불국사의 통일신라 사리탑이 일본에 반출되었다가 28년 만에 돌아온다는 흥분 섞인 보도들을 쏟아냈다. 1905년 일본인이 사찰 내부인과 공모해서 밤중에 몰래 들어가 훔쳤고, 일본에 돌아가 도쿄의 우에노上野공원 안에 있던 서양 요리점 '우에노세이요우겐上野精養軒' 앞마당에다가 버젓이 전시했다. 얼마 뒤 와카모토若本 제약사 사장 나가오 긴야長尾欽彌가 수만 원에 사들여 자택 정원으로 옮겨갔는데, 1933년 조선총독 우가키 가즈시게宇垣一成가 기증을 권유해 28년 만에 불국사로 귀환하게 되었다는 것이다. '일본 국보인 호류지法隆寺 목탑에 비견할 걸작'《조선신문》 6월 18일, '국보급 고미술품' 등 당시 언론들이 극찬한 이 사리탑은 지금 불국사에 잘 모

셔져 있다. 아쉬운 건 사리탑이 돌아올 때 이미 사리기와 불사리가 사라져버렸다는 점이다.

이 기사들은 사실 백여 년 전 우리가 겪은 통분의 역사이기도 하다. 국력이 쇠하고 식민지로 떨어져 자기 나라의 문화재도 지키지 못하고 뺏긴 뼈아픈 과거가 담겨 있다. 한편으론, 이런 소식을 전함으로써 걸작 사리탑의 귀환을 통해 불교계가 단합하고, 나아가 불탑과 사리 신앙을 다시 떠올림으로써 식민지 백성으로서의 회한을 약간이나마 달래지 않았을까 생각해 본다.

불사리에 대한 사람들의 관심이 고조되다

사실, 불국사 사리탑이 귀환하기 이전부터 1930년대에 들어서면서 불교계 지식인들이 불사리에 관련한 논설을 잇달아 발표했다. 이들의 주요 관점이 불사리의 유래와 역사, 사리 봉안의 의미 등에 초점이 맞춰졌기에 이후 자연스럽게 사리 신앙에 관한 학문적 지형地形이 형성되었다. 김대은金大隱(1899~1989)의 〈사리와 탑파의 연기〉《불교》, 1930), 김영수金映遂(1884~1967)의 〈통도사의 사리와 가사〉《一光》,

《중외일보》 1929년 10월 13일 자 탑동공원 사리탑의 정경을 다룬 기사 〈회고심 자아내는 사리탑과 팔각정〉

1936) 등인데, 이들의 담론이 오늘날 학계의 연구 방향, 내용과 일치한다는 점에서 학문적 선구를 이루었다고 할 만하다.

어려운 시대였지만, 불교도들은 석가모니의 상징인 불사리를 통해 흩어지는 마음을 다잡을 수 있었다. 면면히 이어온 사리 신앙 덕택이었다. 근대 사람들이 사리와 불사리를 바라보는 시선에는 몇 갈래 다른 관점이 포착된다. 먼저 《불교》 1932년 5월호에 실린 윤이조尹二祚의 '사리탑' 시를 읽어본다.

> 법복을 걸쳐 입고 사리탑을 예배하니
> 가신 님 남긴 자취 왜 그리도 쓸쓸한지
> 아마도 내 정성이 부족한가 하노라.

여기에는 불사리에 대한 경건한 종교심이 짙게 묻어나온다. 또 한편으론 사리 신앙의 구체적 현현顯現인 사리탑을 미술품으로 감상하려는 태도도 나타나기 시작했다. 1929년 10월 13일 자 《중외일보》 〈가두街頭의 추색종종秋色種種〉이라는 기사에서 사리탑을 통해 가을의 쓸쓸함과 세월의 무상함을 바라본 게 그 한 예이다.

> "공원의 가을, 그것은 애상과 회고의 그것뿐이니 풍우 수천 년 무상한 인간 세상의 변환을 겪으면서도 오직 묵묵히 서 있는 사리탑!"

서울 파고다 공원의 원각사지 10층 석탑과 팔각정을 소재로 하여 도시 사람들의 가을 서정을 담은 스케치 성격의 기사이다. 사리탑을 통해 인간사의 무상을 표현한 것이지만, 내심은 일제에 시달리는 우리 민족의 애환과 감상感傷을 사리탑에 투영시키려 한 게 아니었을까.

일제 예속이 길어지면서 민족의 정기가 점점 사라져가며 사회 전반적으로 침체 국면을 맞았다. 불교계도 비슷해서 말도 안 되는 일이 일어나곤 했다. 그런 분위기 탓에 가짜 사리로 사욕을 채우려는 무뢰배도 나왔다. 1928년 4월 9일 자 《중외일보》에 실린 〈가사리假舍利로 취재取財, 결국에는 발각되어〉라는 제목의 기사가 사람들 눈길을 끌었다. 경상북도 달성군의 한 엿장수가 모처에서 구했다며 유리병 속에 든 사리를 사람들에게 보여주고는, 배관拜觀을 유도해 15원씩을 받았다. 수상히 여긴 경찰이 조사해보니 고양이 뼈를 태운 다음 금가루를 바른 가짜로 밝혀져 체포했다는 것이다. 사람들은 "쯧쯧, 아직도 이런 사람이 있나?" 하며 혀를 찼다.

괴산에서 돌아온 불사리, 1933년

《매일신보》 1935년 7월 11일 자 괴산 사리탑 도난 기사

1933년에는 그 28년 전 불국사에서 일본으로 불법 유출되었다가 극적으로 되돌아온 사리탑 관련 기사가 여름철 지면을 뒤덮었다면, 1935년 여름에는 충북 괴산의 한 절터에 있던 사리탑이 골동상 손에 넘어갈 뻔한 일로 화제가 되었다. 최초 보도는 《매일신보》와 《조선중앙일보》 7월 11일 자에 함께 실렸다. 다음은 '골동상을 전전하던 신라시대 사리탑─수만 원짜리를 몇 백 원에 팔아'라는 《매일신보》 기사 요약이다.

"신라 시대의 풍치 좋은 사리탑이 불과 수백 원에 팔릴 때 발견한 국보가 있다. 경성

부 남대문통 고물상 배 모 씨가 6월 27
일경 용인군에 거주하는 김 모 씨의 중
개로 충북 괴산군 칠성면 외사리 김 모
씨로부터 사리탑 한 개를 350원을 주
고 사서 황금정 다케우찌竹内 씨에게
2,700원에 되팔았는데, 다케우찌 씨는
수만 원의 가격이 있는 보물인 것을 알
고 외국에 팔려고 하는 것을 총독부
사회과에서 탐지하고 7월 3일 오전 사
리탑을 조사한 후 보물 가지정假指定을
하여 보관케 하였다."

괴산의 절터에 있던 사리탑이 골동
품 상인이 낀 문화재 도굴꾼 일당에
의해 도난당했다. 이들은 몇 단계를
거쳐 2,700원(현 5,000만 원 상당)에 일본인
손에 넘겼고, 일본으로 가져가려고 인
천항까지 옮겼다가, 다행히 배에 실
리기 직전에 당국이 압수했다는 내용
이다.

기사가 처음 보도되고 한 달 뒤인 8
월 27일자《조선중앙일보》에 후속기사
가 실렸다. 사리탑이 있던 괴산의 현지
를 조사한 결과 신라 말에서 고려 초
의 절터로 확인되었고, 곳곳에 금당
초석과 기와가 흩어져 있을 뿐만 아니

《조선중앙일보》 1935년 7월 11일 자 괴산 사리탑 도난 기사

이엄利嚴 선사의 부도로 추정되는 괴산 부도탑 (보물 제579호, 현 간송미술관 소장)

라 당간지주 1기도 원모습 그대로 남아 있다고 보도했다. 기사 말미에는 앞으로 고적의 유물을 임의로 가져가면 무조건 처벌하겠다는 당국의 '엄벌주의' 정책도 보도되었다. 하지만 절터의 불교 문화재가 도난당하는 일은 이후로 더욱 늘어났으니, 철저히 단속하겠다는 총독부의 이런 엄포는 여론을 의식한 그야말로 공염불에 지나지 않았다.

이 괴산 사리탑은 미술품 수집가 간송 전형필全鎣弼(1906~1962)이 사들임으로써 간송미술관이 소장하였고 1974년 보물 제579호로 지정되었다. 전형필은 일제강점기라는 혼란한 시대에 제자리를 잃고 자칫 일본이나 중국 등지로 사라질 뻔한 숱한 문화재들을 거금을 들여서 구매해 소중한 우리 문화재의 반출을 막고, 나아가 이들을 박물관에 잘 보존해온 인물이다.

이 사리탑은 불탑이 아니라 승탑, 곧 고승의 사리를 봉안한 부도浮圖이다. 형태나 무늬 등으로 볼 때 통일신라 말에서 고려 초의 작품으로 추정되었다. 다만 누구의 부도인지 알 수 없었는데, 그 의문은 43년 뒤 1978년에 풀렸다. 단국대·청주대 공동 학술조사반이 절터로부터 1백m쯤 떨어진 개울가에서 부서진 비석 하나를 발견했다. 비문을 읽어보니 신라 말 고려 초에 유행한 선종 9산문 중 하나 수미산파의 개조이자, 왕건王建을 도와 고려 개국에 큰 힘을 보탠 이엄利嚴(870~936) 스님의 부도탑비로 추정되었다. 그런데 이 부도탑비는 위치나 양식으로 보아서 앞서 1935년에 해외로 반출될 뻔한 사리탑의 비석일 가능성이 아주컸다. 따라서 그 사리탑은 이엄 스님의 부도임이 거의 분명해진 것이다. 처음부터 제자리에 그대로 있었다면 가장 좋았겠지만, 그나마 이런 우여곡절을 겪으면서 옛 고승의 부도 하나를 지켜낸 것은 참으로 다행이었다. 엄혹한 시절이었으나마 사리 신앙의 맑은 정기 한 줄기가 비춘 듯한 감격마저 느껴진다.

4장
동아시아
사리 신앙

아시아에 사리 신앙을 전한 아소카왕

석가모니가 입멸하여 다비茶毘를 하자 사리가 열여덟 말[一斛八斗]이나
나왔다. 이 많은 사리는 한때 사람들의 욕심을 일으켰으나 우여곡절
끝에 전국에 골고루 나누어져 탑 8기 안에 봉안되었다. 이를 '근본 팔
탑'이라 한다(본서 〈사리에 대하여〉 참조).

이 탑들은 석가모니의 유신遺身을 담았으므로 지극히 귀한 대상으로
여겨졌고, 이에 따라 탑을 중심으로 한 사리 신앙이 자리를 잡았다. 그
런데 이런 현상이 새롭게 나타난 하나의 풍속이라고 하더라도, 인도 전
체로 볼 때 과연 얼마나 크게 유행했을까 하는 데는 약간 의문이 든다.
사리 신앙이 후대처럼 보편화하려면 불사리 혹은 그것을 담은 탑에 직
접 경배할 기회를 사람들이 자주 가져야 하는데, 넓은 인도 대륙에 겨
우 사리탑 8기만 갖고 사람들에게 그런 경험을 갖게 해주기는 어려웠
을 것이기 때문이다. 따라서 사리 신앙은 귀족이나 상류 계급 등 극히
일부 계층에서만 누리던 풍속이었다고 생각한다.

그런데 이처럼 제한적으로 믿어졌던 사리 신앙이 세계에 퍼짐으로써
불교가 세계종교로 한 걸음 나아가게 된 데는 바로 아소카왕의 역할이
아주 컸다.

아소카왕이 창건한 다르마라지카 불탑 유적

인도 사리 신앙 대중화 기반을 마련한 아소카왕

석가 입멸 후 근본팔탑이 세워진 것을 계기로 해서 오랜 시간이 지나
고, 사리 신앙이 인도 전역으로 퍼지게 한 최고의 공은 거의 전적으로
아소카Asoka(재위 기원전 273~232)왕의 몫으로 돌려야 한다. 그 이야기를
소개해 본다. 중국과 우리나라 그리고 일본 측 기록에 아육왕阿育王으
로 나오는 그는 마우리아 왕조(기원전 321~기원전 185) 세 번째 임금으로,
그때까지 여러 나라가 군웅할거 하던 인도 대륙을 통일한 군주다. 마
우리아 왕조는 펀자브 지역을 본거지로 했던 찬드라굽타 마우리아에
의해 시작되었다. 찬드라굽타 재위 시절에는 북인도를 차지했다가, 아
소카왕대에 이르러 남아시아와 아프가니스탄 대부분에 걸치는 대제국

인도 바이샬리의 아소카왕 석주

을 일궈냈다. 아소카왕은 본래 성격이 난폭해 통치하면서 갖은 잔혹한 짓을 저질렀고, 그가 일으킨 통일 전쟁 과정에서도 숱한 사람들이 희생되었다. 여기까지 보면 선한 사람이기는커녕 악인에 가까운 인물이었다.

하지만 기원전 261년 영토 정복전쟁 승리에 분수령이 되었던 카링가 전투가 그의 성격을 바꿔놓았다. 참혹한 이 전투로 숱한 사람이 살상되었고 그는 이런 자신의 행위를 뼈저리게 후회하여 불교에 귀의해 돈독한 불교도가 되었다고 알려져 있다. 참회를 하며 불교의 자비와 불살생, 비폭력의 실천을 강조하는 내용을 새긴 석주石柱와 불탑을 세우는 등 남은 생애를 불교 전법에 몰두했다. 인도 전역에 산치 대탑 등그의 자취가 많이 남아 있는 것은 이 때문이다.

아소카왕이 펼친 불교 진흥 정책 중 가장 주목할 만한 업적이 전국에 84,000기의 탑을 세워 사리 신앙을 크게 북돋운 일이다. 석가모니가 열반하면서 남긴 사리를 얻어 전국 여덟 곳에 이른바 '근본 팔탑'을 세웠던 일은 앞에서 말했다. 그로부터 근 300년 뒤 아소카왕이 그중 7기의 탑을 열어 불사리를 꺼내어 잘게 나누고 전국 각지에 새로 지은 84,000기의 탑에 봉안토록 했다. 이 일은 말할 나위 없이 석가모니의 사리로써 불교를 크게 전파하기 위함이었다. 과연 기대대로 인도 전역에 불교가 크게 융성하고 사리 신앙이 대중에게 널리 전해지게 된 결정적 계기가 되었다. 아소카왕은 여기에서 그치지 않고, 전 세계에도 불법을 전하겠다는 포부를 갖고 불사리를 포함해 불상이나 경전 등을 동남아시아와 서남아시아 지역까지 전파했다. 그 결과 중국, 한국, 일본 등 동북아시아와 태국, 스리랑카, 미얀마 등 동남아시아는 물론이고 멀리 중근동 지역까지 불사리가 전해졌다. 만약 사리 신앙 역사에서 사리 신앙 전파에 가장 큰 공로를 세운 한 사람만 꼽는다면 단연 아소카왕일 것이고, 그와 견줄 만한 이는 달리 찾아보기 어렵다.

한때 말할 수 없는 악행을 저질렀던 폭군이었으나, 잘못을 뉘우치고 불교의 자비 정신에 감화되고 나서는 불사리 신앙을 전파하며 불교 진흥에 매진하는 등 이전과는 정반대의 길을 걸어갔다. 그래서 훗날 편찬된 《잡아함경》, 《아육왕경》 같은 경전에 전륜성왕轉輪聖王(불교를 이 세상에 널리 알린 성인군자)으로 비견되기까지 했다. 그가 세운 팔만사천 탑 중 19기가 중국에 세워졌다는 이야기도 전한다. 그리하여 인도는 물론이고, 한자문화권 역사서 및 불교 경전에 아육왕阿育王, 아수가阿隨迦, 무우왕無憂王 등 다양하게 표기된 그의 이름은 불교 진흥의 최고 전범典範으로 여겨지며 후세 사람에게 많은 존경과 추앙을 받았다. 중국에 불교를 크게 발전시킨 양梁 무제武帝 소연蕭衍(464~549)을 당시 사람들이 '동방의 아육왕'이라 불렀는데, 무제 자신이 이런 호칭을 썩 마음에 들어 했던 게 한 예다.

그러다 보니 아육왕의 행적은 불교 전설이나 설화에서도 중요한 소재가 되었고, 특히 그의 건탑建塔 일화는 거의 신화 수준으로 사람들 입에 오르내렸다. 예를 들어 한 아라한이 손바닥으로 태양을 가리는 사이, 아육왕이 천신들을 부려 순식간에 팔만 사천 탑을 세웠다는 전설은 돈황석굴 벽화에 그려지던 가장 인기 있는 소재 중 하나였다. 돈황석굴뿐만 아니라 중국 곳곳에 그에 관련된 유적과 전설이 가득한 건 그런 까닭에서다. 그래서 아육왕의 팔만 사천 탑 이야기에는 단순히 전설로서만이 고대 아시아의 불교문화에 적잖은 영향을 끼쳤던 의미가 담겨 있다고 봐야 한다.

사리 신앙이 동아시아 전역에 뿌리내릴 수 있었던 것이 오로지 아소카왕 혼자만의 힘 때문은 물론 아니었다. 갖은 고난을 무릅쓰고 인도나 중국에서 불사리를 가져온 여러 이름 모를 스님들이야말로 진정한 주인공이다. 권력자가 아닌 개인으로서 그 먼 곳까지 목숨을 걸고 가서 불사리를 가져옴으로써 사람들에게 부처님의 법을 전하고자 하였던 마음은 무엇과도 비교할 수 없이 숭고하기 때문이다. 그렇기는 해도, 오늘날 불사리 신앙이 세계적으로 형성된 배경에는 아소카왕이 팔만 사천 탑을 건립한 데 크게 힘입은 것도 역시 부인할 수 없다.

중국 사리 신앙 역사에 스민 아소카왕 이야기

아소카왕의 영향을 직간접적으로 받아 중국에서도 사리 신앙은 매우 중요한 흐름으로 자리 잡았다. 그들이 얼마나 사리를 중요하게 생각했는지는 고대에 빈번히 열렸던 사리 친견親見 의식 속에서 엿볼 수 있다. 예컨대 시안西安 법문사法門寺에서는 수나라 이래로 몇 백 년에 걸쳐 불사리를 꺼냈다가 다시 봉안하는 사리 친견 행사가 여러 차례 이뤄졌고 그때마다 왕과 신하, 스님과 불교도 모두 열성적으로 참여하곤 했다.

인도에서 출발한 불교는 1세기에 중국, 4세기에 우리나라에 전해졌다. 불사리는 생전의 석가모니와 다름없다는 사리 신앙이 불탑의 건립을 크게 유행시켰고 나아가 불교의 전파에 확고한 동력이 되었다. 이런 사리관舍利觀은 점차 확대, 변화되었다. 사리 신앙이 처음 생긴 뒤로 어느 시기까지는 오로지 석가모니 사리만이 경배의 대상이었다가, 어느 정도 사리 신앙이 확고히 자리 잡은 뒤에는 고승들의 승사리僧舍利도 불사리처럼 각별하게 모시게 되는 풍조가 형성되었다. 교단敎團의 발전은 자연스레 교리와 덕행이 직접 전수되는 사제師弟 관계를 강조하였고, 스승이 입적하고 나서도 생전에 그가 남긴 가르침을 이어받으려는 제자들이 스승의 유해, 곧 사리를 따로 봉안하며 존숭하는 습속이 자리 잡게 되었기 때문이다. 그래서 불사리와 승사리를 구분해 부를 필요가 생겼다. 그래서 석가모니의 사리는 특별히 '진신 사리' 또는 '불사리'라

당나라에서 송대에 이르기까지 중국 역대 왕들이 불사리를 친견했던 시안 법문사 사리탑. 불지 사리가 봉안되었다.

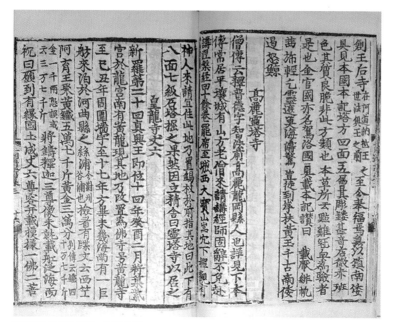

아육왕의 고사가 전하는 《삼국유사》

고 하여 승려의 사리와는 구분해 부르기 시작했다.

우리나라에 전하는 아소카왕의 불사리

문헌으로 본다면 우리나라 사리 신앙은 4~5세기 무렵 중국에서 가져온 사리를 통해 뿌리를 내린 것 같다. 중국과 우리의 공식 사절 편에 전해지거나, 우리나라 스님들이 중국에서 공부한 뒤 귀국하면서 불사리를 가져오기도 했다. 그 전 후한後漢(25~220) 시대에 인도 사절단이 중국에 올 때 경전과 불상을 가져와 공식적으로 불교가 처음 전해졌고, 이후 중국 사회에 불교가 대체로 무난하게 자리 잡으면서 사리 신앙도 함께 발전하였다. 중국만큼은 아니더라도, 우리나라에도 역시 아육왕에 관하여 많은 이야기가 전한다. 《삼국유사》에 〈황룡사 장륙상〉, 〈요동성 육왕탑〉 등 2장에 걸쳐 아육왕 이야기가 비중 있게 기록된 이유도 그의 전법 활동이 우리나라 사람에게 아주 감명 있게 받아들여졌기 때

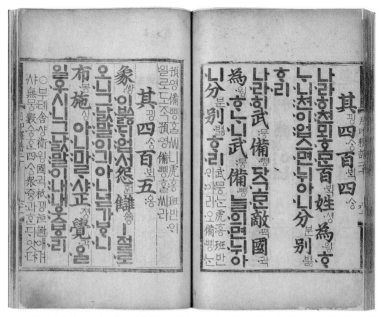

조선시대 초기에 석가모니의 일대기를 한글로 적어 국가에서 편찬한 《월인석보》(국립중앙박물관)

문일 것이다. 특히 〈요동성 육왕탑〉은 아육왕의 팔만 사천 탑 이야기인데, 다음과 같이 사뭇 신비롭게 묘사되었다.

"육왕이 귀신 무리에게 명하여 9억 명이 사는 곳마다 탑 하나씩 세우게 하여 염부계 안에 84,000기를 큰 바위 가운데 숨겨두었다 한다. 지금 곳곳마다 상서가 나타남이 한둘이 아님은 이 때문이다. 진신 사리의 감응은 참으로 헤아리기 어렵구나."

아육왕이 귀신을 부려 세상에 불탑을 가득 세웠다는 이야기는 숭유억불 시기였던 조선시대 사람들에게도 큰 관심을 끌던 모양이다. 1459년에 한글로 간행된 석가모니 일대기 《월인석보》〈8만 4천 사리탑 조성 1〉에도 등장하니, 그 내용을 간추리면 다음과 같다.

"아육왕이 사리탑을 세우려 무리를 데리고 왕사성에 가 불탑 중에 있는

울산 동축사

사리를 꺼낸 다음, 다시 다른 일곱 불탑에서도 사리를 꺼내어 바다 용왕
이 사는 나마촌에 갔다. 아육왕이 이곳의 탑에서도 사리를 꺼내려고 하니,
용왕이 나와서는 '들어오십시오.' 청하므로 왕이 배를 타고 용궁에 들어갔
다. 왕이 용에게 '사리를 구하여 공양하고 싶소.' 하니, 용이 나누어 주거
늘, 귀신들이 각각 사리를 모시고 사방으로 나가 탑을 만들었다."

아육왕이 귀신과 용왕을 부려 찾은 불사리를 바다와 산에 간직했다
는 설정 등이 흥미롭게도 앞서 본 《삼국유사》 〈요동성 육왕탑〉과 서로
많이 닮았다. 조선시대 한글 버전이라고 해도 될 만하다. 우리나라에
서 아육왕 행적이 사실을 넘어 전설화하여 불교 대중에게 지속적이고
다양하게 전해진 일면이 엿보인다.

그런 영향을 받아서인지, 아육왕이 우리나라에 와서 금강산에 탑을
세웠고, 고흥 천관산 탑산사塔山寺 뒷산의 돌기둥은 바로 아육왕이 세

운 석주이며, 같은 지역 금탑사金塔寺는 아육왕의 불탑 건립 고사를 기리기 위한 절이라는 등등, 우리나라 명산과 사찰에 아육왕의 전설은 가득 묻어 있다. 전설만이 아니라, 《삼국유사》에도 울산 동축사東竺寺는 서축西竺(인도)의 아육왕이 배로 보낸 삼존불상을 봉안하기 위해 창건된 절이라는 이야기도 있다. 그러다 보니 어쩐지 이런 이야기들이 꼭 전설만은 아니지 않은가 하는 생각마저 든다.

그러자 묵은 의문 하나가 새삼 떠오른다.

"도대체 우리나라에 어떻게 그 많은 불사리가 전할 수 있었을까?"인데, 이제 그 대답이 나온다. 바로 아육왕 덕분이었나 보다.

중국 고대 사리 신앙

한중 양국의 고대 사리 신앙 모두 다른 나라 영향을 받았다는 점에서, 중국 사리 신앙의 자취와 흐름을 살펴보는 것은 매우 의미가 있다.

사리는 대부분 탑 안에 봉안하기 때문에 탑과 떼어놓고 생각할 수 없다. 그래서 탑을 세웠던 역사적 과정을 잘 살피면 곧 사리 봉안의 역사적 흐름도 잘 이해된다.

그런데 우리나라 불교사나 불교미술사 학계에서 탑은 주로 양식 또는 형식만 연구될 뿐, 탑을 세우게 된 핵심 동기랄 수 있는 사리 봉안과 관련한 고찰은 거의 없는 것 같아 아쉽다. 사리 신앙과 탑의 조성은 '동전의 양면'과 같아서 서로 떼어놓고서는 그 완전한 의미를 알아채기가 쉽지 않다. 그에 비해서 중국 학계에서는 탑과 사리 봉안 과정을 함께 언급하는 풍조가 높아, 탑의 건립 역사를 통해 사리 신앙을 이해하는 게 가능하다.

높고 화려한 탑을 유행시킨 사리 신앙

중국은 인도로부터 불교를 소개받은 해인 68년에 백마사白馬寺를 짓고 석가여래사리탑을 세우면서 사리 신앙이 널리 퍼지게 되었다. 188~193년 사이에 쉬저우徐州에 부도사浮圖祠(祠는 寺와 비슷한 개념)가 세워졌는데 그 이름에 특히 눈길이 간다. 부도는 고승의 사리를 봉안한 묘탑廟塔이라는 뜻으로 주로 사용하지만, 옛날 중국에서는 탑의 다른 명칭이기도 했다. 불사리 봉안에 특별한 의미를 부여하여 이름까지 '불사리를 봉안한 절'이라고 하였으니 사리 신앙이 대중에게 얼마만큼 중요하게 다가갔던가를 알 수 있다. 4세기에 접어들어 북위北魏에서는 7~9층의 고탑이 유행했다. 뤄양洛陽의 영녕사永寧寺 9층탑은 높이가 무려 134~147m로 추정될 정도로 거대했다. 탑이 커지고 화려해졌다는 것은 그만큼 불사리 신앙이 확대되었다는 뜻이기도 하다. 북위와 육조시대는 고구려·백제·신라 등 우리나라 삼국과 같은 시기로, 지금 자료가 거의 남아 있지 않은 삼국시대의 사리 신앙과 사리장엄을 이해하는 데도 도움을 준다.

이후 7세기 수당隋唐 시대로 내려오면서 사

4세기 북위 시대에 세워진 뤄양洛陽의 영녕사永寧寺 9층탑 복원도. 높이가 무려 134~147m로 추정될 정도로 거대했다. 이런 고탑은 당시 유행한 불사리 신앙을 상징한다.

리 신앙이 더욱 유행했다. 인도로 멀고 험한 구법求法의 길을 떠난 스님들은 진신 사리 친견을 위해 갖은 어려움을 무릅쓰고서라도 사리탑까지 찾아가 경배하곤 했다[의정義淨, 《대당서역구법고승전大唐西域求法高僧傳》]. 불교도들에게도 사리 친견親見 행사 참여가 최대의 소망이었다는 기록도 적잖게 보인다. 중국에서 특히 사리 친견 행사가 많이 열렸던 것은 중국 탑의 독특한 형식과도 관련이 있다. 전탑과 목탑 위주인 중국 탑은 우리나라처럼 불사리를 봉안하는 자리를 탑 아래에 지하 시설을 만들어 그곳에 두었다. 봉안한 후 문을 닫고 밀봉해 놓았다가 나중에 언제든 문만 열면 다시 꺼내 볼 수 있는 구조다. 물론 이 사리 시설은 평소는 엄격히 관리된다. 그러다가 50년 또는 100년 후에 문을 열고 사리를 꺼내 왕과 신하 그리고 백성들이 친견한 다음 재봉안하는 행사가 큰 유행을 이뤘다.

이에 관한 상세한 기록이 〈사리감응기舍利感應記〉로, 불경을 번역하기도 했던 수나라의 저명한 학자 왕소王邵가 황제의 명을 받아 인수사리탑仁壽舍利塔을 세워 사리를 봉안했던 과정을 자세히 묘사한 글이다.

"사리를 석함에 넣었다. 스님들이 사리병을 높이 쳐들어 주위에 에워싼 대중들에게 보여주었다. 사람들이 저마다 눈을 비비고 바라보고 있는데 갑자기 사리에서 광명이 비추었다. 사람들은 탑 안으로 들어가는 사리를 보고 감격해 소리 내어 울기 시작했다. 그 소리가 마치 우레와 같아 천지가 진동하는 듯했다."

이런 사리 친견의 열광이 비단 인수사리탑에서만 있었던 건 아니다. 왕소는 〈사리감응기〉에 전국 각지에서 열렸던 사리 친견 행사도 적어 놓았다. "정오에 사리를 지하에 넣으려 하자 사람들이 모두 슬퍼하며 어찌할 줄 몰라했다."(안주安州), "4월 8일에 사리를 땅속에 넣으려 하자 사리탑 옆 오동나무 가지와 잎이 일제히 사리가 묻히는 쪽을 향하여 숙였다."(낙양洛陽), "4월 8일 정오에 사리를 땅속에 넣었다. 승속이 모두 구슬프게 울었다."(산시성陝西省 섬주陝州) 등등 전국 각지의 사리 봉안, 친견 행사의 분위기는 "사리를 안치하는 곳은 무릇 어느 곳이나 이와 같았다."라고 한다. 사리 봉안 행사에 나온 사람들이 이미 천여 년 전 열반한 석가모니의 사리를 묻으면서 마치 바로 엊그제까지 뵈었던 스승을 떠나보내는 듯이 슬퍼하는 광경이 인상적이다. 이는 지금도 마찬가지이니, 불사리는 시공을 떠나 지금 당장 석가모니를 마주하는 듯이 느끼도록 해주는 특별한 힘이 있는 것 같다.

사리 신앙은 가람伽藍 구성, 곧 사찰 전각의 배치 형식에도 영향을 주었다. 불상이 봉안된 전각 바로 앞에 우뚝한 불탑을 둔 것은 절에 들어오는 사람에게 전각보다 불탑이 먼저 시선에 들어오도록 하려는 배치였다. 그만큼 불사리에 대한 믿음이 강렬했던 것이다. 북위 사람 양현지楊衒之가 《낙양가람기》에서 "이슬비 내리는 서울, 사백여든 곳 절마다 목탑은 우뚝하여라."라고 노래한 구절에도 불사리와 탑을 의미 있게 바라보았던 당시 사람들의 시선이 배어 있다.

탑으로 보는 중국의 사리 신앙

중국은 불교를 후한後漢(25~220) 시대인 58~75년 사이에 인도로부터 전해 받은 뒤 저명한 불교학자들을 동원해 사리 신앙의 이론적 근거를 마련하면서 불교 전법의 한 축이 되었다. 446년 전국 사찰의 불상을 부수며 불교를 탄압했던 '북위 태무제의 법난' 같은 큰 위기도 여러 차례 겪었지만, 사리 신앙을 중심으로 한 굳건한 신앙으로 이를 극복하며 불교의 황금기를 일궈냈다. 9세기 이후 불교의 발상지 인도에서 불교가 완전히 사라진 것을 생각하면, 불교가 지금까지 세상에 전해지는

데는 중국의 역할이 컸다고 하지 않을 수 없다.

2,000년을 이어온 중국 사리신앙을 살피기 위해 탑 건립과 사리 영험 등 두 가지 관점으로 접근해 보겠는데, 먼저 탑 건립부터 알아본다.

요즘은 탑을 건축미술의 하나로만 보려 하고 그 안에 담긴 사리 신앙은 소홀히 하는 경향이 없지 않다. 탑의 문화적, 미술적 가치는 물론 중요하다. 그런데 갖은 어려움을 무릅쓰고

위 | 뤄양 백마사의 제운탑. 75년 무렵에 창건했고, 지금의 모습은 1175년 중건한 것이다. 이 탑을 시작으로 중국 사리신앙이 유행하였다.
아래 | 뤄양 백마사

닝보 아육왕사 사리탑. 282년 혜달 스님이 꿈에서 받은 계시로 정골 사리가 든 사리탑을 찾았다고 한다. 양 무제는 이 탑이 인도 아소카왕이 세운 84,000탑 중 하나라고 여겨 절 이름을 '아육왕사'로 고치게 했다.

탑을 세움으로써 대중에게 불사리의 공덕을 전하려 했던 옛날 사람의 노심초사를 간과해서도 안 된다. 그렇지 않으면 불교의 진수인 불사리를 경배하는 것이 아니라 커다랗게 솟은 탑 자체에 절을 하는 격이 되

264

고 만다.

중국 건탑建塔의 역사는 곧 사리 신앙의 역사라고 할 수 있다. 당나라 이전까지로 한정해 봐도 수십 기의 불탑이 전하며 각각의 탑마다 남다른 사리봉안의 일화들이 간직되어 있다. 여기서는 그중에서 시기마다 특별한 사리 신앙의 의미를 찾아볼 수 있는 탑들을 중심으로 하여 사리 신앙의 역사를 살펴본다.

중국 사리 신앙의 역사에서 가장 기념비적 탑은 아무래도 뤄양洛陽 백마사白馬寺의 제운탑濟雲塔일 것이다. 백마사는 새삼 설명이 필요 없을 만큼 유명한데, 후한의 명제明帝가 인도에서 온 축법란竺法蘭 등을 위해 75년에 세웠다. 처음에는 불교를 공인하는 데에 반대하는 사람들이 많았고 사실 명제 자신도 불교의 가치를 반신반의했다. 그러나 불사리가 나타낸 방광, 공중선회 등의 영험을 보자 이런 의구심이 깨끗이 사라졌다. 이때의 이적을 보인 불사리를 봉안하기 위해 세운 탑이 지금의 제운탑이다. 이 탑은 오랫동안 여러 차례 보수되어 왔고 지금의 탑은 1175년에 중건된 모습이다.

2세기에는 188~193년 사이 세워진 쉬저우徐州의 부도사浮圖祠가 백마사의 뒤를 잇는다. 지금 탑은 남아 있지 않지만 절 이름이 '부도'인 데서 사리 존숭의 풍조가 엿보인다. 대중을 향한 사리 신앙의 흐름이 순조롭게 이어가고 있었다.

3세기에는 저장성浙江省 닝보寧波에 있는 아육왕사阿育王寺의 사리탑을 눈여겨볼 만하다. 282년 동진東晋의 혜달 스님이 사리탑을 찾아보라는 현몽을 꾸고 길을 나섰다. 이 자리에 이르자 갑자기 땅 밑에서 종소리가 들려왔다. '바로 이곳이구나' 싶어 3일간 기도했더니 땅에서 높이 한 자쯤 되는 5층 사리탑이 솟아올랐고 안에는 석가모니의 정골 사리가 들어 있었다. 훗날 돈독한 불교도였던 양 무제(재위 502~549)는 이 탑이야말로 전설로 전하는 인도 아소카왕의 84,000탑 중 하나라고 믿어 '아육왕사'라는 이름을 내렸다(나철문羅  哲文,《중국고탑中國古塔》). 아주 오래전 아소카왕이 중국에 보낸 탑이 어떤 연유에서인지 땅속에 묻혀 있다가 600년 뒤 인연에 따라 나타났다고 생각한 것이다. 이 이야기는 그 사실 여부를 떠나서, 이 시기에 중국에 사리 신앙이 본격적으로 전파되고 있었다는 역사적 실체로 이해할 수 있다. 인도 아소카왕이 심혈을 기울여 추진했던 사리 신앙의 국제화가 한참을 지나 중국에서부터 결실을 이루기 시작한 증표라고나 할까.

양梁 무제[武帝] 소연蕭衍

지금 아육왕사에는 '아육왕이 부도를 만들었으니 그 수가 팔만 사천이었으되, 오직 이 탑만이 홀로 우뚝하도다(阿育王造浮屠 其數八萬四千 惟斯獨著)'라는 편액이 걸려 있다. 아소카왕이 세운 84,000기 탑 중 유일하게 남은 탑이라는 자부심이 잘 드러나 있는 글귀다.

6세기는 남북조시대의 후기로, 사리 신앙이 전국화하던 시기였다. 남북조시대는 남조와 북조의 여러 나라가 문화와 경제 등 민생 면에서 경쟁하였다. 이런 분위기 덕에 갖가지 담론이 활발해지고 불교의 이론도 함께 발전하였다. 이 시기에 특히 탑 불사가 성행했는데, 크기와 재질 면에서 이전까지 주류였던 대규모 전탑에서 벗어나 소형의 목탑이 유행한 게 특징이다. 왕이나 소수 특권층을 위한 신앙이 아니라 다수 백성의 눈높이를 맞추기 위한 변화였다고 할 수 있다.

이런 풍조는 특히 남조에서 두드러졌는데, 남조 전체가 사찰과 탑으로 장엄되었다고 해도 될 만큼 번성했다. 훗날 당나라의 유명시인 두

목杜牧은 〈강남춘江南春〉에서 당시의 모습을 이렇게 읊었다.

남조 사백여든 절 마다   南朝四百八十寺
가랑비 내리는 누대에 안개비 자욱해라   多少樓臺煙雨中

시구 중 '누대樓臺'는 곧 목탑을 가리키는데, 480개 목탑이 가득했던 모습은 실로 장관이었을 것이다.

남북조시대에 이어 중원은 수隋나라로 통일되었다. 초대 황제 문제文帝(재위 581~604)는 전쟁의 상처를 치유하고 민심을 다독이기 위해 사리 신앙을 장려하였다. 인수사리탑仁壽舍利塔이라 불리는 탑들을 전국에 조성한 게 그것이다. 주요 행정구역과 명승지마다 불사리를 내려주어 탑을 지어 봉안토록 했다. 흥미로운 것은, 601년 10월 15일, 602년 4월 8일, 604년 4월 8일 등 특정 날짜에 전국 111개 사찰에서 이를 동시에 봉안토록 한 점이다. 탑의 모양 역시 일정하게 유지되도록 각 절에 규화도規畫圖, 곧 탑의 표준설계도를 내려 오층탑을 짓게 했다. 이렇게 함으로써 온 나라 사람들의 관심과 일체감을 끌어내려 했던 것 같다. 또 이를 기념하기 위해서 탑마다 지하에 탑지석塔誌石을 넣게 했다. 탑은 비록 원형 그대로 지금까지 전해 오는 것은 없지만, 이 탑지석은 간혹 발굴되고 있다. 어떻게 보면 권력에 의한 일방적 사리 봉안이었지만, 한편으론 당시 사리 신앙에 대한 염원이 그만큼 컸기 때문으로도 보인다.

이 인수사리탑 자체도 이전에 볼 수 없던 대단한 불사였다. 하지만 이어진 당나라에서의 불사 건립의 대유행, 그리고 무엇보다도 10세기 오월왕吳越王 전홍숙錢弘俶에 의한 대규모 불사리 봉안 불사에 비하면 서곡에 불과했다.

오월왕 전홍숙이 심혈을 기울인 팔만사천 탑 공양

중국에서 사리 신앙이 최고조에 이르렀던 때는 수隋(581~618), 그리고 당唐(618~907)에서 오대五代(907~979)에 이르는 약 400년간이라고 할 수 있다. 이전은 남북조(420~589)시대로, 대략 회하淮河를 중심으로 하여 남쪽에 송宋을 비롯해 그 뒤를 이은 제·양·진 등 한족漢族이 세운 네 나라, 그리고 북쪽에는 북위北魏와 북조北朝에서 갈라진 동위와 서위, 북제北齊와 북주北周 등 선비족鮮卑族이 세운 다섯 나라가 흥망성쇠를 거듭했다. 남북조 각국은 군사력뿐만 아니라 문화와 경제 등 모든 면에서 치열한 경쟁을 벌이며 왕권 강화를 위해 불교를 적극적으로 장려하였다. 이런 분위기에 힘입어 이 시기에 불사리 신앙도 큰 발전을 이루었다.

남북조 여러 나라의 각축장이던 중원은 마침내 581년 선비족이 세운 수나라에 의해 통일되었다. 앞에서 말한 것처럼, 수나라의 사리 신앙은 문제文帝 양견楊堅(재위 581~604)이 야심적으로 추진한 인수사리탑仁壽舍利塔 건탑으로 상징된다. 양견은 그 옛날 인도의 아소카왕이 그랬던 것처럼 불교를 통해 통일 전쟁의 후유증을 치유하려 했다. 그래서 아소카왕을 본받아 인수사리탑을 조성한 것이다. 비록 84,000탑에는 못 미치는 111기에 그치기는 했

수隋 문제文帝 양견楊堅

어도 역사상 두 번째 규모에 해당하는 대단한 불사였고, 이것이 사리 신앙이 전국에 퍼지는 데 큰 역할을 한 것은 틀림없다. 사실 양견은 어릴 적 이름이 불교 수호신 중 하나인 '나라연那羅延'일 정도로 불교를 깊이 믿었던 사람이어서 불사리의 신앙적 의미를 잘 알고 있었다.

수나라는 불과 38년 만에 멸망하고 한족이 세운 당나라가 그 뒤를 이어 중원의 영주가 되었다. 민족은 달랐어도 당 역시 전대와 마찬가지로 불교를 국가의 화합과 발전을 위한 지렛대로 삼았다. 그에 따라 사리 신앙도 활짝 꽃피우게 되었다. 특히 당대唐代 사람들은 인도에 가서 사리탑을 친견하고 오는 일을 인생의 염원으로 여길 만큼 사리신앙이 깊었다.

물론 인도는 아주 먼 나라였기에 보통 사람들로서 인도 순력은 꿈도 꾸기 어려웠을 것이다. 대신 고승들이 멀리 인도에서 사리탑을 예경한 이야기에 유달리 관심이 많았다. 의정義淨(635~713) 스님이 671~695년 사이 인도에 가서 직접 보고 들은 인도 구법승들의 이야기인 《대당 서역 구법 고승전》이 큰 화제가 된 것이 대표적 예이다. 이 책에는 당시 사람들의 불사리 경배를 염원하던 풍조가 반영되어 인도의 사리탑들을 빠짐없이 찾으며 최대한의 경배를 올리는 장면들이 생생히 묘사되어 있다. 한편 이 책에는 나란다 사원에 머물며 율과 논을 공부하고 여러 불경을 서사書寫했던 아리야발마阿離耶跋摩, 구사학俱舍學에 조예 깊었던 혜륜惠輪 등 인도에 유학했던 신라 스님 일곱 명과 고구려 스님 한 명의 행적도 나온다. 대부분 현지에서 입적했으나 현태법사玄太法師처럼 무사히 돌아온 스님도 있었으므로 이들에 의해 인도의 불사리가 중국이나 우리나라에 전해졌을 가능성도 있다.

오대五代에 들어오면서 예전 수 문제가 인수사리탑을 조성했던 불심佛心을 능가하는 대불사가 이루어졌다. 오대 때 명멸했던 10국 중 하나인 오월吳越(893~978)의 마지막 왕인 충의왕忠懿王 전홍숙錢弘俶(929~988)

忠懿王像

이 탑 84,000기를 전국에 봉안한 일이 그것이다. 인도 아소카왕의 고사를 본받았기에 '아육왕 탑', 또는 모든 탑마다 《보협인다라니경寶篋印陀羅尼經》(일명 《보협인경》 또는 《전신사리경》)을 넣었기에 '보협인탑'이라고도 한다.

이 탑들은 높이 1m 안팎의 작은 금속탑으로, 사각형 탑신 위에 놓인 옥개석의 네 모서리를 귀접이 마냥 위로 치켜올린 아주 독특한 형식이다. 특히 탑마다 《보협인다라니경》을 봉안한 점은 이 탑의 성격을

전홍숙 초상화

가장 분명하게 해주는 특징이다. 탑을 쌓아 공양하면 개인과 국가 모두 복을 받는다는 믿음을 담고 있는 경전은 이외에 《무구정광대다라니경》이 있는데, 둘 다 진신 사리와 비견되는 법신 사리法身舍利 개념의 지평을 넓혀준 책들이다. 우리나라에서는 통일신라 시대에 《무구정광대다라니경》이 유행했다가 고려시대에서는 오대의 영향을 받아 《보협인다라니경》이 인기를 얻었다.

전홍숙의 아육왕탑은 옛날부터 전해 내려온 것도 있지만, 1957년 중국 저장성 진화[金華]의 만불탑 지궁地宮(탑의 지하 시설)에서 15기가 한꺼번에 발견된 이래 근래 새롭게 모습을 드러내고 있다. 이 만불탑의 보협인탑에는 '오월국왕 숙이 삼가 보탑을 84,000곳에 세워 영원토록 공양드리고자 한다. 때는 을축년(965)이다(吳越國王俶 敬造寶塔八萬四千所 永充供養 時乙丑歲記).'라고 새겨져 있었다.

비슷한 무렵에 약간 비스듬히 기울어져 있어 '동양의 피사의 사탑'으로 불리는 쑤저우蘇州의 운암사雲岩寺 호구탑虎丘塔 지궁에서도 철제 보협인탑이 나왔다.

왼쪽 | 975년에 세워진 오대의 전탑인 뇌봉탑. 전홍숙이 자신의 왕비를 위해서 지었기에 황비탑, 서관西關 지역의 전탑이라 하여 서관전탑 등으로도 부른다.
오른쪽 | 뇌봉탑 지궁에서 2001년에 발견된 보협인탑. 네 면에 석가모니의 전생 이야기인 본생담이 새겨져 있다.

2001년 항저우杭州 뇌봉탑雷峰塔의 지궁 철제 사리함에서 순은純銀 보협인탑이 발견되었을 때도 화제가 되었다. 975년 전홍숙이 세운 뇌봉탑은 일명 황비탑黃妃塔 또는 서관전탑西關塼塔이라 하여 명물로 꼽힌 곳이라 특히 많은 관심을 받은 것이다. 가장 최근에는 2016년 상하이 융평사隆平寺 지궁에서 보협인탑이 나오는 등 지금까지 발견된 '오월왕 전홍숙 아육왕탑'은 수십 기에 이른다.

사실 전홍숙은 960년 고려 광종이 중국에 사신을 보내 불경을 구할 때 《천태론소》등을 제공해주었으니 우리나라와 인연이 없다 할 수 없다. 천안 대평리사지에 있었던 보협인석탑도 그 영향을 받아 조성된 것이다. 이 탑은 우리나라에서 유일하게 남은 보협인탑이다.

팔만사천 탑 조성을 통해 불국토를 구현하려 했던 오월왕 전홍숙의 의지는 대단하다고 하지 않을 수 없다. 조금 과장해서 말한다면, 중국 사리 신앙의 역사는 그의 팔만사천 탑 조성 이전과 이후로 나눠진다고 할 수 있을 정도다. 인도 아육왕이 불사리를 나누어 팔만사천 탑에 봉안했던 일은 후대 여러 왕이 흠모하는 전설이 되었다가, 무려 천년이 지나 중국에서 재현된 것이다.

중국 불교 융성의 밑거름이 되었던 사리 영험

중국은 불교가 들어오기 이전 500년 넘게 이어진 춘추전국시대에 철학적 사유 방식과 논증이 크게 발달해 사상의 개화기를 맞았다. 또 도교가 성행하며 수행修行 경험도 쌓았다. 불교가 전래되자마자 선교禪敎 양면에서 상당한 수준에 오르게 된 것은 우연이 아니고, 불교라는 고차원의 학문 혹은 종교를 섭취할 만한 토양이 잘 갖춰져 있었던 덕분이었다.

하지만 세상일이 논리로만 해결되지 않는다. 오랜 전법 과정 동안 개

천안 대평리사지 발견 고려 보협인석탑
(현재 동국대학교박물관 소장).
우리나라에 하나밖에 없는 보협인탑으로 전홍숙의
영향을 받아 고려 초기에 세운 것으로 보인다.

인이나 승단 입장에서 큰 난관에 맞닥뜨리거나 도저히 해결해 낼 것 같지 않은 어려움을 한두 번 겪은 게 아니었다. 그때마다 나타났던 불사리의 영험으로 고난을 헤쳐 나갈 의지와 정신을 가다듬을 수 있었다. 영험을 보고 들은 경험은 사람들의 믿음을 불러왔고, 이런 믿음이 사리 신앙으로 확대되면서 불교 전법의 밑거름이 된 것이다. 그래서 중국불교사를 읽다 보면 사리 영험에 관한 다양한 이야기들을 접하게 된다.

가장 먼저 불사리 영험을 경험한 인물은 한漢나라 명제明帝(28~75)일 것 같다. 가섭마등迦葉摩騰, 축법란竺法蘭 등 인도의 고승들이 모셔온 불사리를 대하자마자 불사리가 공중으로 솟구치더니 머리 위를 빙빙 돌며 햇빛을 가릴 정도로 밝은 오색 광명을 발하였다. 명제는 감격해 불교를 널리 전하라는 부처님의 뜻이라고 여겼다.

사리 영험담 중에서도 강승회康僧會(?~280)가 불사리를 통해 전법의 단초를 마련한 이야기는 특필될 정도로 유명하다. 강승회는 인도 서북부 강거국康居國(오늘날 우즈베키스탄 지역으로 추정) 출신 스님으로 241년 불법을 전하러 중국에 왔다. 그는 인구가 가장 많은 강남江南, 곧 양쯔강 이남을 전법지傳法地로 택해 그 중심인 오吳나라의 서울에 온 것이다. 아직 불교가 강남지역까지 널리 전해지지 않은데다가 그의 낯선 용모 탓에 의심하는 사람이 많아지자 왕인 손권孫權(182~252)이 불러들였다. 손권이 "부처에게는 어떤 영험이 있는가?" 하고 물으니 그는 "부처님의 사리가 바로 그 영험의 자취입니다."라고 대답했다. 손권이 반신반의하자 21일 안에 불사리를 얻어드리겠노라고 약속했다. 기약한 날 강승회가 병 하나를 바쳤다. 손권이 병을 뒤집어 보니 사리 한 알이 떨어지며 온 궁궐 안을 환하게 비출 정도로 밝은 빛을 뿜었다. 손권이 깜짝 놀라 "어떻게 이런 상서祥瑞가 일어난 것이오?" 하니 "불사리는 영험해서 세계 때려도 깨지지 않고 불에 넣어도 타지 않습니다."라고 대답했다. 손권이 믿지 못해 망치로 사리를 내리치고 활활 타는 불 속에도 넣었다가 꺼내게 했

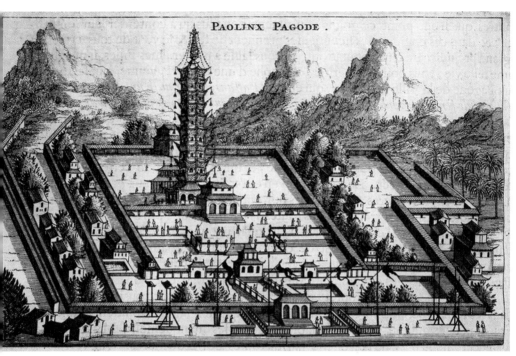

PAOLJNX PAGODE.

건초사는 인도에서 온 강승회가 모셔온 불사리가 보여준 영험에 감격해 오나라 왕 손권이 247년에 건립했다. 이후 장간사, 천희사로 불리다 명나라 때 대보은사로 바뀌었다. 위의 그림은 17세기 네덜란드의 요하네스 니호프Johannes Nieuhof가 그린 대보은사 9층 유리보탑.

돈황 막고굴 323굴 벽화에 그려진 강승회와 손권의 사리 영험 고사 전설

지만, 과연 불사리는 조금도 훼손되지 않은 채 훌쩍 공중으로 솟아 커다란 연꽃 위에 올라앉았다. 그제야 손권은 불교를 믿게 되어 247년 건초사建初寺를 짓고, 지명도 '부처님이 계신 마을'이라는 뜻의 '불타리佛陀里'로 바꾸었다. 이로부터 강남지역의 불교가 탄탄하게 뻗어나갈 수 있었다.

당나라 도선道宣(596~667)이 지은 《집신주삼보감통록集神州三寶感通錄》에 나오는 이 이야기에는 불교가 인도에서 중국으로 전해질 때 적잖은 갈등도 있었으나, 불사리의 영험으로 극복할 수 있었던 이면의 역사가 읽힌다. 이야기에 나오는 방광, 불쇄不碎(깨어지지 않음), 불초不焦(불에 그을리지 않음) 등은 불사리가 보이는 영험 중 하나이다. 이외에도 공중 선회, 공중 변화, 오색 방광, 수중 방광 및 부침, 이동, 소리 냄 등 영험이 다양하다(김춘호, 〈중국과 일본의 사리영험담〉, 2014). 또 은현隱現(스스로 사라지거나 나타남)이나 증과增顆(사리가 절로 여러 개로 나뉨)도 역사 기록에 자주 보이는 불사리 이적의 하나이다.

영험은 논리로 설명할 수 없는 현상이지만, 그렇다고 그 자체만 강조하면 전설이나 설화처럼 현실감이 떨어질 수 있다. 불사리의 영험을 역사적 사실과 연결해 해석하면 의미가 훨씬 커진다. 남북조시대 송나라의 임천왕臨川王 유의경劉義慶(403~444)이 겪은 사리 출현의 영험담을 그런 예로 볼 수 있다.

유의경은 송나라 왕족이자 문인으로서 후한 말~동진시대 명사들의 일화를 모은 《세설신어世說新語》를 지었다. 그는 431년 강릉江陵(현 양쯔강 북쪽) 지역이 기근으로 허덕이자 왕이 거듭 만류함에도 자원해 내려가, 백성들의 어려움을 잘 헤아려주며 재난을 이겨나갈 수 있도록 도왔다(《송서宋書》〈문제기文帝記〉). 그런데 역사서에 나오는 이 장면은 다음의 불사리 영험과 연결된다. 그가 강릉에 부임하자마자 문득 사리를 얻었다. 기뻐하며 건각 안에 두었는데, 그날 밤 어디서 왔는지 모를 백여 명

산시성 타이위안시 봉성사 사리생생탑. 7세기에 창건한 탑으로, 1751년 중건할 때 나온 금제 사리병 안에 불사리 1과가 든 게 보였다. 그런데 막상 사리병을 열어보니 1,100과나 들어 있었다. 건륭황제가 기뻐하며 절을 크게 중건했다.

이 나타나 건물 주위를 돌며 향불을 살랐다. 자세히 보니 기이하게도 한 사람 한 사람의 모습이 마치 부처님처럼 생겼는데, 날이 밝자 사람들과 사리가 함께 사라졌다(《집신주삼보감통록》). 불사리가 그 모습을 보인 이 영험은 곤경에 처한 사람들과 그를 보살피러 내려갔던 그한테는 큰 힘이 되었을 것이다.

황제나 제후들은 불사리의 출현을 자신이 행한 선정善政의 징표로 받아들여 큰 의미를 부여하곤 했다. 산시성山西省 타이위안 시太原市에 있는 봉성사奉聖寺의 사리생생탑舍利生生塔이 그런 예이다. 7세기에 처음 지어진 이 탑은 1751년 중건할 때 지궁地宮에서 사리함과 불사리가 든 금제 사리병이 발견되었다. 그런데 탑을 처음 지었을 때는 사리 1과

를 봉안했다고 적혀 있었는데, 막상 사리병을 열어보니 무려 1,100과나 들어 있었다. 천년이 지나는 동안 불사리가 는 것이다. 이 소식을 들은 건륭황제는 부처님이 자신을 축원한 것이라 여기고 크게 기뻐하며 탑과 절을 대대적으로 중건토록 도왔다 한다.

그런데 사리는 어떤 연유로 사람들 앞에 나타났다가 사라지는 것인가? 그리고 이런 영험에 담겨 있는 뜻은 무엇일까? 416~423년 사이 담무식曇無讖이 번역한 《열반경》에 "사리는 사람 뜻에 따라 얻게 되거나

사라진다(舍利 隨意捨取)."라고 했고, 또 '석가의 육신은 법신法身이라 변하지 않으며 또 나타남이 아닌 데서 나타남이 있다.'라며 불신佛身은 상주常住한다고 말한 대목을 대답으로 볼 수 있을 듯하다.

역사적으로 사리와 관련한 크고 작은 행사들이 많이 열렸다. 전 시대를 통틀어 가장 성대한 행사는 당나라 때 법문사 사리 공양 의식이었다. 기록에는 법문사에 모신 불지佛指 사리를 30년마다 장안으로 모셔와 황제가 직접 맞이하고 공양했다. 이때 거리마다 인파들로 가득했으며, 뜨거운 찬탄 속에 기도와 보시, 소신燒身공양이 이뤄졌다고 한다. 물론, 황제가 이렇게까지 극진히 봉불奉佛하는 데 대해 반대도 있었다. 헌종憲宗(778~820)이 사람을 보내어 법문사의 불사리를 궁궐로 가져오게 한 적이 있는데, 이때 한유韓愈(768~824)가 상소를 올려 강경하게 반대했다. 이것이 유명한 〈불골표佛骨表〉이다. 유학자의 처지에서 궁에서 불사리를 경배하는 일을 가만히 볼 수가 없었던 것이다. 하지만 결국 황제 뜻대로 법문사 불사리는 궁으로 오게 되었고, 한유는 이 일로 인해 조주자사潮州刺史로 좌천되었다(《구당서舊唐書》 권110).

사실 사리는 중국에서 불교 신앙이 확산하는 데 큰 역할을 했다. 앞에서 본 것처럼 강승회 스님이 오나라에 와서 손권을 불교로 귀의시킬 수 있었던 것도 사리 덕분이었다. 손권에 이어 황제가 된 손호孫皓(242~284)는 아버지와 다르게 불교를 아주 싫어해 불경을 태우고 탑을 허물고 스님들까지 해치려 했으나, 사리의 영험함을 체험한 후에 교화됐다. 또 비슷한 시기에 위나라 명제明帝(205~239)는 사찰의 펄럭이는 깃대를 싫어해 절들을 허물려고 했으나 사리의 신비한 능력을 직접 확인하고는 경탄해 마지않으며 100칸이나 되는 큰 사찰을 지었다.

사실 이런 일화는 한국과 일본에도 무수히 전한다. 이렇듯 인도 종교인 불교가 한자문화권에 정착하고 확산할 수 있었던 배경에는 불사리가 있었기에 가능했던 것이다.

일본 사리 신앙의 시작

우리와 일본은 지리와 역사 면에서 아주 가깝기에 서로를 잘 알려고 노력하며 도와나가야 할 이웃이다. 하지만 임진왜란이나 일제강점기처럼 과거에 있었던 불행한 역사 탓에 서로에 대한 감정의 골이 워낙 깊고 커서 외려 서로를 외면하고 또 반목하는 일도 적잖다. 이런 태도는 두 나라 사이의 역사와 문화를 올바로 이해하는 데 걸림돌이 된다. 옛날과 오늘을 막론하고 국가 간 교류는 호혜互惠를 바탕으로 한 상호작용이고, 더욱이 종교와 문화는 주고받는 양쪽 모두에게 필요하고 도움이 되는 일이었음을 상기해야 한다. 불교와 사리 신앙 역사를 보면 이런 관계를 더욱 잘 알 수 있다.

일본은 우리보다 약 200년가량 늦게 불교를 받아들였지만 이후 사람들의 삶에 깊숙이 스며들며 확산하였고, 나아가 국가 발전을 거듭하는 데 큰 자양분이 되었다. 무엇보다도 그동안 막혔던 불교 국제교류의 물꼬를 터서 선진 불교문화를 들여온 게 국력을 키우는데 큰 동력이 되었다.

공식적으로 일본에서 처음 불교를 공인한 왕은 긴메이欽明 천황(재위 539~571)이었다. 528년 백제 성왕聖王(523~554)이 태자상太子像(반가사유상), 경전 등과 함께 편지를 보내어 "불교는 모든 법 중에서 가장 수승殊勝한 법이오."라고 하며 천황에게 불교를 적극적으로 소개한 것이 큰 영향을 주었다(《원흥사 가람연기》). 성왕은 또 552년에도 아미타삼존불상을 보내주었다(《일본서기》). 그런데 조금 뒤에 나온 책이지만, 일본 불교문화사가 자세히 전하는 《부상략기扶桑略記》에는 522년에 시바 다치토司馬達等라는 사람이 초당을 짓고 불상을 봉안했다는 기록이 있어서 그 전 이미 개인 간 전파 등으로 민간에 불교가 알려져 있었다고 보기도 한다.

성왕으로부터 불교를 소개받은 긴메이 천황은 내심 기뻐했지만, 신

하 중에는 불교 반대파가 만만찮게 많아 불교를 맘껏 전파하지 못했
다. 성왕이 보낸 불상도 궁중에 안치하지 못하고 찬성파 신하의 집에
모셔두도록 해야 할 정도였다.

일본 최초의 사리 영험

일본에서 불교 공인 30여 년 뒤인 584년 드디어 첫 사리 영험이 일어났
다. 대신大臣 소가노 우마코蘇我馬子(551~626)가 집에서 백제가 보내준 미
륵석상을 모시고 법회를 크게 열었을 때였다. 끝나고 재식齋食을 먹으
려는데 밥그릇에 갑자기 불사
리 1과가 나타났다. 소가노는
처음에는 이것이 진짜 불사
리인지 반신반의했다. 그래서
사리를 쇠망치로 내리쳐봤으
나 조금도 상하지 않았다. 이
번에는 물속에 넣어봤는데 마
음속으로 바라는 대로 가라
앉거나 뜨거나 하였다. 소가
노는 그제야 진짜 불사리임을
알고 크게 감동했다. 이후 불
교를 더욱 돈독히 믿으며 자
택을 절로 바꾸어 도요우라
테라豊浦寺라고 했다《원흥사 가
람연기》). 또 이듬해 2월 15일에
목탑을 세워 전년에 얻은 불사
리를 봉안하였다. 이를 통해

쇼토쿠태자 상. 쇼토쿠태자는 일본의 고대 문화 발전에 큰 역할을 했다. 이 그
림은 백제 위덕왕의 아들 아좌태자가 597년에 일본에 건너가 그렸다고 한다
(《일본서기》). 과거 일본의 모든 지폐에는 태자의 얼굴이 인쇄되기도 했다.

일본의 사리 신앙이 본격적으로 시작되었다고 한다.

이때만 해도 불교가 전국으로 널리 전파되지 못한 채 호족 등 일부 계층에서만 숭불崇佛하는 정도였다. 불교를 못마땅하게 생각하는 사람들도 많았다. 그러다가 587년에 숭불파와 배불파 간 대립이 격화하면서 급기야 두 진영은 무력으로 충돌하기까지 이르렀다. 백제와 신라로부터 여러 문물을 적극적으로 받아들여 일본의 발전을 도모하려 했던 쇼토쿠聖德(574?~622)태자와 불사리 영험을 직접 목격했던 소가노 우마코 등을 중심으로 한 숭불파는 불교 도입을 맹렬하게 반대하는 배불파와 일전을 벌였다. 처음에는 숭불파가 패전을 거듭했다. 이에 쇼토쿠태자가 전승戰勝기원 법회를 열어서 만일 전쟁에서 이기면 전국에 사탑寺塔을 지어 불교를 세상에 널리 전하겠다고 서원했다. 그런데 그 뒤부터 전세가 급변했다. 심기일전한 숭불파가 전열을 가다듬어 마침내 대승을 거두었고, 불교는 안정적으로 일본에 뿌리를 내릴 수 있게 되었다. 그 뒤 사리 신앙이 안정적으로 발전하기 시작한 건 물론이다.

일본 사리 신앙에 영향을 준 백제와 신라

앞에서 본 것처럼, 일본이 가장 적극적으로 교류한 나라는 불교를 처음 전했던 백제였다. 또 백제뿐만 아니라 신라 역시 일본에서 사리 신앙이 널리 확산하는 데 많은 도움을 주었다.

백제는 앞에서 본 것처럼 성왕 대에 처음 일본에 불교를 전해주었고, 이후에도 성왕의 아들 위덕왕威德王(재위 555~598)이 588년 이후 여러 차례에 걸쳐 사찰 건축 관련 전문가 집단인 조사공造寺工, 노반박사露盤博士, 와박사瓦博士, 화공畫工 등을 보내주었다. 이를 바탕으로 하여 지은 절이 일본 최초의 사찰이자 지금은 아스카데라飛鳥寺로 이름이 바뀐 호코지法興寺이다. 참고로, 위덕왕 즉위연대는 554년으로 알려졌지만, 1995

년 부여에서 발견된 〈창왕명사리감〉
에 새겨진 글에 의해 555년으로 봐
야 한다(본서 〈백제 사리 신앙의 대중화 과
정〉 참조).

일본이 불탑 전문가인 노반박사
를 특별히 요청한 건 탑 건립에 큰
관심이 있었기 때문이다. 이는 앞
서 배불파와 전투가 한창일 때 쇼
토쿠태자가 '사탑 건립'을 서원했던
데 대한 실천으로 보인다. 탑은 곧
사리 신앙을 위한 것이므로, 쇼토
쿠태자의 서원은 사리 신앙 발전의
전주곡이었다고도 볼 수 있을 듯하
다. 백제는 그 전인 577년 수도 부

아스카데라 목탑 사리장엄. 일본 최초의 사찰인 호코지 목탑 심초석에서 1956년 발견되었다. 588년에 백제가 보내온 불사리를 담은 사리장엄으로, 593년 1월 15일에 목탑 심초석에 매납되었고, 3년 뒤에 탑이 완성되었다. 이 목탑은 1196년에 낙뢰로 불탔다.

여에 당시 최대 규모의 왕흥사王興寺 목탑을 완공했는데 이 경험이 일본
에 그대로 전수되었을 것이다. 일본을 '목탑의 나라'라고 부를 만큼 아
름답고 오래된 목탑이 많이 전하는 데는 백제의 공헌이 있었다.

일본 사리 신앙 발전에는 또 여러 차례 불교문화 관련 지식을 일본에
전해주었던 백제 위덕왕의 덕도 컸다. 위덕왕은 아버지 성왕이 일본에
불교를 처음 전한 숭고한 뜻을 계승한 것이다. 더욱이 위덕왕의 아들
아좌태자阿佐太子도 597년에 일본으로 건너가 쇼토쿠태자의 초상화를
그려주었다고 하니《일본서기》, 그야말로 부전자전으로 3대에 걸쳐 일본
과 깊은 인연을 맺은 셈이다. 1995년에 부여 능산리 절터에서 567년에
만든 석조 사리감舍利龕(사리를 넣는 시설)이 발견되었다. 이 사리감에 위덕
왕의 어릴 적 이름인 '창昌'이 새겨진 것으로 보아 위덕왕은 평소 불사
리를 상당히 존숭했던 것 같다. 일본에까지 불사리를 전했던 그의 행적

이 이와 무관해 보이지 않는다.

백제 외에 신라도 일본의 사리 신앙 발전에 일조했다. 스이코推古천황 31년, 곧 623년에 진평왕眞平王(재위 579~632)이 사신을 보내어 금불상과 금탑, 관정번灌頂幡 그리고 불사리를 전해주었다. 불상은 교토의 하타데라秦寺(혹은 하타노키미데라秦公寺, 현 고류지廣隆寺)에, 금탑·관정번·불사리는 오사카 난바難波의 시텐노지四天王寺에 봉안했다.

이처럼 일본이 처음 불교를 받아들였던 초기부터 백제와 신라로부터 잇달아 불교문화와 불사리가 전래함으로써 사리 신앙 발전의 토대가 마련되었다. 8세기 이후에는 일본 독자적으로 중국으로부터 한 번에 1,000과 또는 3,000과씩 대규모로 모셔오기도 하는 등 사리를 얻는 경로가 다양화되었지만, 7세기 불교가 이제 막 발전하기 시작했던 일본에서 사리 신앙이 발전하는 데 있어서 최대 협력자는 바로 백제와 신라라고 해야 할 것이다.

일본 사리 신앙의 전개

한일 양국 불교사를 비교해 보면, 일본에 불교가 처음 전래하고 발전한 시기인 아스카·나라 시대(6~8세기)는 우리 삼국시대에 해당한다. 또 불교에 일본 특유의 정서가 담기며 융성해 나가던 헤이안시대(9~12세기)는 통일신라 및 고려 중기와 겹친다. 이 아스카·나라, 헤이안 시대에 사리 신앙이 어떻게 전개되었는지 살펴보면 일본 사리 신앙의 큰 흐름을 이해하기가 쉽다.

앞에서 본 것처럼 백제로부터 열성적으로 불교를 받아들여 아스카시대에 불교가 융성하는 데 가장 큰 역할을 한 이가 쇼토쿠태자이다. 그는 고구려의 혜자惠慈, 백제의 혜총惠聰 등 우리 삼국의 고승에게서 불교를 배웠다. 불교의 수준 높은 교리를 터득하고, 불교에 담겨 있는 선진 문물을 받아들여 나라를 발전시키고 왕권도 강화하려 했다. 그래서 《법화경》이나 《유마경》의 의소義疏(경전이나 논서의 낱말과 문장의 뜻을 알기 쉽게 풀이한 글) 관련 책들을 펴내어 불교의 저변을 넓히는 데 힘을 쏟았다.

그가 불교를 돈독하게 믿었던 배경에는 스무 살 때인 594년에 불사리의 영험을 경험한 일이 큰 작용을 한 듯하다. 어느 봄날 그가 동쪽을 향해 '나무南無불'을 염송하고 있었는데 갑자기 손바닥에 하얀 불사리 한 알이 나타났다. 감격한 그는 불교를 더욱 신봉하게 되었다. 이 불사리는 이후 '나무불 사리'로 불리며 왕궁 깊숙한 곳에 보관되었다(《태자전고본목록초太子傳古本目錄抄》). 중국이나 우리나라와 마찬가지로 사리 영험의 경험이 사리 신앙의 원동력이 되었던 패턴이 일본에서도 마찬가지였음을 알 수 있다.

6세기 이후론 왕경王京을 중심으로 하여 전국 곳곳에 사찰이 창건되고 탑마다 불사리가 봉안되기 시작했다. 이전까지 불사리 참배는 주로 왕족, 귀족에게만 허용되었으나 이 무렵에 이르러서는 대중에게도 그런 기회가 주어지게 됨으로써 사리 신앙이 점차 전국으로 확대되었다.

특히 754년에 간진鑑眞(688~763) 스님이 중국에서 불사리 3,000매를 넘게 모셔와 도쇼다이지唐招提寺에 봉안한 일은 일본 사리 신앙 발전에 일대 계기가 되었다. 이 중에는 골骨사리 외에 육肉사리와 발髮(머리카락)사리도 포함되었다고 한다. 국

도쇼다이지唐招提寺 금구 사리기. 간진 스님이 당에서 모셔온 불사리 80립이 봉안되었다. 간진이 귀국할 때 거북의 도움을 받았기에 거북 모양을 하고 있다.

간진(鑑眞) 스님상

왕, 대신, 승려들에게 일부를 나누어 주고도 3,000매나 되었다고 하니, 간진이 이 어마어마하게 많은 불사리를 어떻게 가져올 수 있었는지 쉽게 상상이 안 된다. 이 일은 당시 일본 사회에서 큰 화제를 몰고 와 불교를 믿겠다는 신도가 크게 늘었다(《당초제사건립연기唐招提寺建立緣起》).

또 이전에 백제와 신라에서 보내온 불사리는 목탑 중앙에 세워진 기둥 한가운데에 공간을 마련하고 소박하고 자그마한 사리기에 담아 안치하는 게 보통이었다. 그런데 이때부터는 사리기를 금제 및 유리제 등으로 화려하게 만들어 넣는 등 봉안 형식이 크게 바뀐 점도 특기할 만한 일이다.

지금 도쇼다이지에 전해오는 거북 모양 사리기가 바로 간진이 모셔온 불사리를 봉안한 사리기이다. 그런데 사리기가 이처럼 거북 형태를 하게 된 유래가 전한다. 간진이 중국에서 어렵게 불사리를 얻어 배를 타고 귀국길에 올랐을 때였다. 한참 바다를 헤쳐나가는데 갑자기 풍랑이 거세게 일어 배가 난파되어 버렸다. 그런데 갑자기 물속에서 커다란 황금색 거북 한 마리가 솟아올라 간진과 사리 상자를 등에 짊어지고서 일본까지 무사히 건네주었다는 것이다《감진화상동정전鑑真和尚東征傳》. 불사리가 일본에 전해지기까지 갖은 난관을 겪으며 극적으로 전해졌던 상황이 이 이야기 속에 녹아 있다. 그가 모셔온 사리 3,000매는 그 뒤 여러 사찰에 '봉청奉請', 곧 나누어 봉안[分安]함으로써 뒤이은 헤이안시대 사리신앙의 융성을 이끌었다.

일본 천태종을 연 사이초最澄(766~822) 스님이 겪은 사리 영험 이야기도 인구에 회자한다. 사이초가 처음 야마구치山口의 히요시신사日吉神社 선원에 머물던 어느 날, 향로에 남은 재 중에서 문득 불사리 하나를 얻었다. 감격한 그는 불사리를 안치하기에 알맞은 자리를 찾아다녔고, 788년에 교토 부근에서 히에이잔지比叡山寺를 창건했다. 이 무렵의 사리기 중에 불꽃 형태 보주寶珠를 중앙에 큼직하게 배치한 둥근 사리기가 있는데 바로 사이초가 불사리를 얻은 향로에서 모티브를 가져왔을 가능성이 있다.

중국에서 밀교를 배우고 돌아와 진언종을 창시한 홍법대사弘法大師 구카이空海(774~835) 스님도 불사리 80립을 모셔와 교토의 도지東寺에 봉안했다. 이 불사리는 천황이 하사했다는 사리호 두 개에 담겼는데, 예로부터 세상에 상서로운 일이 생기기 직전에는 수가 저절로 늘어났고, 반대로 흉한 일이 일어나기 직전에는 줄어드는 이적이 자주 일어났다. 그래서 일본 내에서도 가장 영험 있는 사리로 유명했다. 그런 까닭에 대대로 이 절의 장자長者 스님이 하는 중요한 일 중 하나가 사리호에 든 사리의 수를 세는 일[勘計]이었다고 한다《동사東寺 장자長者 법무法務 홍진문관弘眞文觀 불사리감계기佛舍利勘計記》.

또 구카이는 중국에서 돌아올 때 오보오고五寶五鈷금강저, 오보오고

286

오고저五鈷杵(오른쪽). 구카이空海 스님(왼쪽)이 중국에서 가져온 밀교 법구. 손잡이 중간 둥근 청색 유리를 끼운 자리의 구멍에 불사리를 넣었다. 일본 국보로 지정되어 있으며 도지東寺에 전한다.

령, 오보삼매야저五寶三昧耶杵, 오보독고五寶獨鈷금강, 오보갈마五寶羯磨금 강, 오보륜五寶輪 등 6개의 밀교 법구에도 각각 불사리를 넣어서 가져왔 다《승공해장래목록僧空海將來目錄》). 그는 이렇게 밀교와 사리 신앙을 연결하 여 불사리를 통해 삿된 것을 물리친다는 개념을 정립하였고, 이후 밀교 법구 안에 사리를 봉안하는 게 관례화하여 최근까지 이어지고 있다. 이 렇듯 일본의 밀교 사상은 사리 신앙의 영향을 받아 크게 발전할 수 있 었다.

838년부터 847년까지 중국 당나라에 머물렀던 여행 과정과 당나라 내 신라인의 생활을 자세히 묘사한《입당구법순례행기入唐求法巡禮行記》 로 우리나라에도 잘 알려진 엔닌圓仁(794~867) 스님도 불사리를 모셔왔 다. 그는 사이초가 세운 히에이잔지의 후신 엔랴쿠지延曆寺의 승려로,

귀국길에 불사리 2립과 보살사리 3립을 백자에 넣어 모셔왔다고 한다
《승원인구법목록僧圓仁求法目錄》).

　헤이안시대 일본은 이렇게 중국으로부터 다량의 불사리를 들여옴으
로써 사리 신앙의 전성기를 활짝 열었다. 그와 관련된 사리 봉안의 기
록이 다양하고, 오래된 사리장엄과 불사리도 많이 전한다. 일본에 처
음으로 불교와 불사리를 전해주었으나, 정작 잦은 전란 등으로 인해 실
물과 기록이 전하는 예가 아주 드문 우리로서는 부럽기만 한 일이다.

일본 사리장엄과 사리 신앙,
그리고 헤이안시대의 사리 신앙 혁명

사리를 담은 사리기舍利器와 그것을 꾸미기 위한 구슬, 금은 장식 같은
물품들을 통틀어 사리장엄舍利莊嚴이라 한다. 보통 미술이나 문화 그리
고 신앙에는 민족과 나라마다 다른 특성이 잘 스며들어 있는데, 사리
장엄도 마찬가지다. 그래서 인도 사리장엄은 엄숙미가 강조되었고, 중
국은 웅장함, 일본은 번화繁華, 우리나라는 절제된 아름다움이 돋보이
는 것 같다.

　옛날 사리장엄을 보면 어느 나라든 불사리의 위의威儀에 합당한 장엄
을 어떻게 꾸밀까 고민했던 마음을 느낄 수 있다. 그러한 고심 끝에 나
온 사리장엄이기에 신앙과 미감美感이 한데 어우러져 있다. 이런 까닭
에 우리는 고탑古塔에서 발견된 사리장엄에서 아름다운 조형造形만이
아니라 당시 사리 신앙의 일면까지 엿볼 수 있다. 오늘날 미술사학자
는 옛날 사리장엄을 대하면서 그 미술적 양식에만 시선을 집중하는 일
이 많은데, 사리장엄에서 옛날 사람이 지녔던 사리 신앙도 같이 이해해
보려 한다면 눈에 드러난 양식 외에 다른 면모도 발견할 수 있다고 생
각한다.

일본에서 사리 신앙이 본격화한 7세기 전반 아스카시대에 우리나라가 일본 사리 신앙의 초석을 놓는 데 큰 역할을 했다. 백제는 588년부터 불탑 건축전문가들을 보내어 일본에 사리 신앙이 활발히 일어나는 데에 큰 도움을 주었다. 그런 까닭에 일본의 초기 사리장엄 형식은 백제의 그것과 많이 닮았다. 신라도 623년에 불사리를 전해주었다. 삼국에서 사리장엄을 만드는 장인匠人을 보냈다는 기록은 없으나, 이때는 일본 나름의 불교미술이 발휘되기 이전이라 백제·신라의 사리장엄 제작 기술에 적잖은 영향을 받았음은 분명하다.

우리나라 목탑 사리장엄은 대체로 기단부 중앙에 놓이는 기둥 돌인 심초석心楚石 안에 별도 공간인 사리공舍利孔을 두고 설치한다. 익산 제석사지 목탑, 미륵사지 서탑 등 일찍이 6세기 초반 백제 목탑 사리장엄에서 확인되는 방식이다. 그런데 일본에서 가장 이른 시대에 세워진 나라奈良 호류지法隆寺 오층 목탑이 바로 이 같은 방식을 그대로 따른 게 우연이 아닐 것 같다.

호류지 목탑은 1952년 발굴조사 때 기단에서 지하 2.7m 아래 심초석

호류지法隆寺 오층목탑에서 발견된 사리장엄. 일본에서 가장 이른 시대의 사리장엄 중 하나로, 백제의
영향을 받아 심초석에 사리장엄을 안치하는 방식을 따랐다.

중앙 사리공에서 사리장엄이 확인되었다. 조사 이후 제자리에 다시 넣
어 지금은 그 실물을 볼 수 없지만, 조사보고서와 사진으로 볼 때 백제
와 신라 사리기 양식의 영향을 많이 받았음을 알 수 있다. 커다란 놋쇠
사발 접시 안에 은제 사리기, 금제 사리기를 차례대로 포개 넣고, 그 안
에 불사리를 담은 목이 긴 녹색 유리병을 안치했다. 이런 수법은 우리
나라 삼국시대 사리장엄 형식과 거의 같다. 통일신라에 와서도 신라 불
국사 석가탑 및 남원의 석탑에서 출토된 사리장엄 등이 7세기 호류지
목탑 사리장엄과 아주 비슷하다. 이런 유물들에는 6~8세기의 고대에
우리나라와 일본이 서로 영향을 주고받았던 정황이 그대로 드러나고
있다.

또한 일본 고대 사리기 중 최고 걸작이라고 평가되는 7세기 후반의
사가滋賀 소후쿠지崇福寺 목탑, 나라 야마다데라山田寺 목탑지에서 발견
된 사리장엄 봉안 형식도 이와 비슷하다. 특히 소후쿠지의 경우 상자
형 사리함舍利函과 그 기단부에 장식된 안상眼象 투각透刻 기법, 그리고

소후쿠지崇福寺 목탑 사리장엄. 7세기 사리장엄으로, 상자형 사리함 기단부의 투각 기법, 유리 사리병 등 사리병의 모양 등이 불국사 사리장엄과 비슷하다.

간코지元興寺 오층목탑

목이 짧고 몸체가 두툼한 녹색 사리병 형태가 불국사 사리장엄의 상자형 사리함 및 녹색 사리병과 아주 비슷해 둘 사이의 긴밀한 관계를 알 수 있다.

아스카시대와 달리, 뒤이은 나라시대(8세기)에서는 불사리를 탑이 아니라 실내 봉안용인 작은 탑에 넣고 법당 안에 두는 방식이 나타났다. 도다이지東大寺 대불상을 점안點眼했다고 알려진 인도 승려로 일본에 귀화한 바라몬쇼조波羅門僧正(704~760)가 불사리 2,000과를 천황에게 바치자, 천황이 전국 사찰에 이 불사리들을 골고루 나누어 봉안하도록 함으로써 이런 방식이 유행했다고 한다(〈원흥사소탑원사자차제약기元興寺小塔院師資次第略記〉). 그 실례가 나라시

경주 불국사 삼층석탑(석가탑) 사리장엄의 상자형 사리함(국보 제126호)

대의 유일한 목탑으로 현재 국보로 지정된 간코지元興寺 오층목탑이다. 이 목탑은 높이 5.5m로 천황이 수시로 들어가 친견했다.

일본 사리장엄은 헤이안시대(9~12세기)로 내려와 사리 봉안 방식에 많은 변화가 일어났다. 우선 사리기 모양이 한층 화려해졌다. 그렇게 된 원인은 여러 가지가 있겠으나, 특히 '후칠일어수법後七日御修法(고시치니치노미시호)'이라는 행사가 법제화한 데에 힘입은 바가 크다. 이 후칠일어수법은 매년 정월 8일부터 15일까지 7일 동안 궁 법당 진언원眞言院에서 열었던 불사리 친견 법회인데, 구카이空海 스님이 834년에 건의하여 실시되었다. 이런 명칭은 일본에서 예로부터 정월 초하루부터 7일까지 '전前칠일', 8일부터 15일까지 '후칠일'이라 한 데서 유래한다. 불은佛恩을 빌어 한 해 동안 나라가 평안하고 황실이 번성하며 오곡이 풍성하기를 기원하는 법회였다. 이 법당 내부에 갖춰진 장엄장식이 옛 기록에 묘사되어 있는데, 동벽에 태장계만다라, 서벽에 금강계만다라 그림을 각각 걸고, 불단 앞에는 커다란 단을 마련한 다음 그 위에 각종 불구佛具와 더불어 불사리를 넣은 금동제 그릇을 올린 모습이다. 또 법당 북쪽 중앙에 5대 존상尊像, 서쪽에 공작명왕, 동쪽 벽에 12천天 그림을 걸었다고 한다(《가쿠젠쇼覺禪鈔》). 불사리는 작은 용기 안에 넣어 중앙 단 위에 두었다. 이렇게 해서 언제든 불사리를 볼 수 있게 한 것이다. 이전 나라시대까지는 탑 안에 두어 봉안식 이후에는 사리장엄과 불사리를 볼 수 없었지만, 이때부터 공개되어 행사 때마다 사람들이 친견할 수 있게 된 것이다. 오늘날 중국이나 우리나라보다 일본에 불사리가 훨씬 많이 전하는 것도 이런 까닭이다.

불사리 봉안 의식이 황제가 참여하는 공식행사가 되면서 사리 신앙이 큰 발전을 하게 되었으므로 일본 학계에서는 이를 '사리 신앙의 혁명'이라고까지 부른다. 사리장엄 역시 그런 영향을 받아 갖은 장식을 베풀며 더욱 화려하게 제작했을 것이다.

한편 헤이안시대의 사리 신앙에서 주목할 만한 것은 불사리와 법사리法舍利인 경전을 함께 봉안하는 새로운 형식이 등장했다는 점이다. 법사리 경전은 두루마리 경전 끝장의 아래와 위를 각각 고정하는 권축卷軸을 수정水晶이나 유리로 만들고, 그 축두軸頭에 불사리를 담은 자그마한 사리기를 넣는 방식이다. 대표적 예로 나라 가스가와카미야春日若宮의 문수보살상에서 발견된 《반야경》이 있다. 우리나라에서도 8세기 중반의 사경寫經《대방광불화엄경》 중에 이런 형식이 있었다.

삼국시대~근대
불사리 봉안 사례 일람표

시대	연도	내용	근거 문헌	비고
삼국 시대	546년	고구려 금동 판板에 사리 신앙을 담은 발원문發願文 새김	《조선유적유물도감》 (1990)	
	549년	중국 양梁에서 신라에 불사리 '약간若干'을 보냄	《삼국사기》〈진흥왕〉	
	567년	백제 위덕왕威德王[창왕昌王]의 누이동생이 불사리 봉안	창왕명 舍利龕 銘文	
	576년	신라 안홍安弘[안함安含]이 중국 진陳에서 불사리를 가져옴	《삼국사기》	
	577년	백제 위덕왕이 부여에 왕흥사를 창건하고 불사리 봉안	왕흥사 사리호 명문	
	582년	양梁에서 보내온 불사리 중 상당수를 대구 동화사桐華寺에 봉안	〈동화사금당탑기〉 (19세기), 許薰	
	601년	고구려·백제·신라 사신이 중국 수隋 황제에게 청해 불사리 1매씩 가져옴	《廣弘明集》	
	639년	백제 무왕武王이 불탄 제석사 목탑 터에서 발견된 불사리 6과 재봉안	《觀世音應驗記》	
	639년	백제 무왕과 왕비가 익산 미륵사 창건하고 불사리 봉안	미륵사지 서탑 〈舍利奉迎記〉 금동판	
	643년	신라 자장慈藏이 중국 당唐에서 불사리 100과를 장래將來해 옴	《삼국유사》 〈전후소장사리〉	
	643년	자장이 당에서 신라로 귀국하는 길에 불사리 1과를 해남 대둔사大芚寺에 봉안	《東師列傳》〈자장법사전〉 (1894), 梵海覺岸	
	645년	자장이 경주 황룡사皇龍寺에 구층목탑을 세우고 불사리 봉안	《삼국유사》	
	646년	자장이 양산 통도사通度寺에 금강계단 세우고 불사리 봉안	《삼국유사》 〈황룡사구층탑〉	
	647년	자장이 울산 태화사太和寺에 불사리 봉안	《삼국유사》〈자장정율〉	
	648년 (?)	자장이 정선 정암사淨巖寺에 수마노탑을 세우고 불사리 봉안	《삼국유사》〈자장정율〉/ 〈葛來寺 事蹟記〉	
	652년	자장이 속초 향성사香城寺[신흥사新興寺]에 구층석탑 세우고 불사리 봉안	《신흥사사적》 (조선 후기)	

시대	연도	내용	근거 문헌	비고
통일 신라 시대	655년 이전	자장이 오대산五臺山 중대中臺 사자암獅子庵에 불사리 봉안	〈山中散記〉(조선 후기)	
		자장이 완주 안심사安心寺에 불아 사리 1과 봉안	〈안심사사적비〉(1759)	
		자장이 김제 용황사龍皇寺와 금산사金山寺에 불사리 봉안	〈金溝縣母岳山金山寺事蹟銅引〉(18세기 초), 無竟子秀	
		자장이 영월 흥녕사興寧寺[법흥사法興寺]에 불사리 봉안	《朝鮮寺刹史料》〈法弘山法興寺重興寺跡兼佛畓畓序〉	
		자장이 구례 화엄사華嚴寺 사사자석탑四獅子石塔을 세우고 불사리 봉안	《朝鮮佛教通史》(1927) 〈화엄사사적〉	
	706년	성덕왕聖德王이 승하한 부모 신문왕·신목태후, 형 효소왕을 위해 경주 황복사皇福寺 삼층석탑에 불사리 7과 봉안	황복사 삼층석탑 금동사리함 명문	국립경주 박물관
		범혜梵兮 스님이 경주 석탑에 불사리 7매 봉안[신룡2년명神龍二年銘 사리기]	〈日鮮上代寺院の舍利莊嚴具について〉, 《佛教美術》33(1958)	실물 소재 불명
	766년	안성 미륵당 삼층석탑에 불사리 봉안	영태 2년명 탑지 대석 명문	
		산청 석남암사지 비로자나불상에 법신 사리로 다라니경 봉안	비로자나불상 대좌 명문	현 산청 내원사
	8세기 중반	선산善山 적석사石積寺 석탑에 불사리 1과 봉안	〈桃李寺石甕記〉(18세기), 好隱有機/〈桃李寺事蹟記〉(1785)	아래 1743년 기록 참고
	832년	자장의 제자 진산珍山이 스승에게 받은 불사리를 천안 광덕사廣德寺에 봉안	〈華山廣德寺事實碑文竝序〉(1680), 柳應運/〈廣德寺事蹟記〉(1680), 安命老	
	846년	포항 법광사法廣寺 삼층석탑에 불사리 22매 및 다라니경 봉안	법광사 삼층석탑 탑지석	
	851년	아찬 원홍元弘이 당에 가서 불아 사리를 모셔옴	《삼국사기》	'창림사 삼층석탑' 참조

시대	연도	내용	근거 문헌	비고
통일 신라 시대	855년	경주 창림사昌林寺 삼층석탑에 법신 사리로 다라니경 봉안	창림사 삼층석탑 금동 사리봉안기	
	863년	경문왕景文王이 죽은 민애왕을 위해서 549년 양에서 가져와 582년 동화사에 진장珍藏되던 불사리 중 7립을 비로암 삼층석탑에 봉안	민애대왕 사리호 명문	
	865년	경문왕이 청도 운문사雲門寺 삼층석탑에 불사리 봉안	운문사 납석 사리호 명문	
	867년	봉화 축서사鷲棲寺 삼층석탑에 법신 사리로 다라니경 봉안	축서사 삼층석탑 사리호 명문	
	870년	경문왕이 장흥 보림사寶林寺 삼층석탑에 불사리 7매 봉안	보림사 삼층석탑 탑지석	
	872년	경주 황룡사 구층목탑에 불사리 100매 및 4종의 다라니경 봉안	〈황룡사구층목탑 찰주본기〉	
	876년	동화사桐華寺 비로암 삼층석탑을 금당암 앞으로 이건	〈동화사금당탑기〉 (19세기), 許薰	
	883년	경주의 삼층석탑에 법신 사리로 다라니경 봉안	仲和三年銘 사리기 명문	국립경주 박물관
고려 시대	948년	정종定宗이 개국사開國寺에 불사리 봉안	《고려사절요》 〈정종문명대왕〉	
	975년	석탑 사리호에 불사리 20과 봉안	開寶大平興國銘 사리호 墨書銘	
	982년	금산사金山寺 오층석탑을 세우고 석가여래 사리 5과, 정광여래 사리 2과 및 사리 1과 등 8과 봉안	〈모악산금산사오층석탑 중창기〉(1492)	1971년 오층석탑 수리 시 불사리 8과 발견
	1018년	현종顯宗이 개국사 불탑을 수리, 계단戒壇을 설치하고 불사리 봉안	《고려사》〈세가〉	
	1020년	현종이 개성 현화사玄化寺에 불아 사리 1과, 사리 50과 봉안한 칠층석탑 건립	〈玄化寺碑〉	

시대	연도	내용	근거 문헌	비고
고려 시대	1021년	4월에 상주尙州 중모현에서 사리 500립이 허공에 출현. 현종이 이를 가져오게 해 50립은 현화사 금당에 소조 불상을 만들어 봉안하고, 나머지는 내전도량內殿道場에 안치 5월 현종이 경주 고선사高仙寺 정골頂骨 사리와 창림사 불아佛牙 사리를 내전도량에 안치	《현화사비》 / 《고려사》〈세가〉	
	1119년	정극영鄭克永과 이지미李之美가 중국 송宋에서 불사리 모셔와 궁내 불아전에 봉안	《삼국유사》 〈전후소장사리〉	
	12세기	인종仁宗(재위 1122~1146)이 불아 사리를 지리산 수정사水精寺에 봉안	〈智異山水精社記〉(權適)	
	1232년	몽골 침입으로 고종高宗이 강화도로 피난 중 불아전 사리 도난당함	《삼국유사》 〈전후소장사리〉	
	1236년	강화도 몽진 중 분실한 불아전 불아 사리를 되찾아 개성 묘각사妙覺寺에 봉안	《삼국유사》 〈전후소장사리〉	
	1284년	충렬왕忠烈王과 왕비가 묘각사에 행차, 양양 낙산사洛山寺의 수정 염주와 여의주를 가져와 불아 사리와 함께 금탑金塔 속에 함께 봉안	《삼국유사》 〈전후소장사리〉	
	1315년	개풍 국청사國淸寺 중창 시 오색五色 불사리가 출현해 금당에 봉안	〈國淸寺金堂主佛釋迦如來 舍利靈異記〉(閔漬)	
	1326년	지공指空이 통도사 금강계단에서 불사리와 금란가사 친견하고 '사리가사계단법회舍利袈裟戒壇法會'를 개최	〈西天指空和尙爲舍利袈裟 戒壇法會記〉(《통도사지》)	
	1350년 무렵	고려 사람으로 원에 내시로 보내진 박쇄노올대朴瑣魯兀大가 대도大都[북경] 곡적산 영암사靈巖寺 석탑에 봉안	〈곡적산영암사석탑기〉 (李穀)	
	1362년	공민왕恭愍王이 홍건적의 난으로 안동으로 피신 갔다 환궁하는 길에 보은 속리사俗離寺에 들러, 통도사에서 불사리 1과와 금란가사를 가져오게 해 친견	《고려사》〈세가〉	
	1366년	공민왕이 죽은 노국공주를 위해 광주廣州 천왕사天王寺 불사리를 모셔와 궁에서 법회를 열고, 개성 왕륜사王輪寺에 봉안	《고려사절요》〈세가〉	

시대	연도	내용	근거 문헌	비고
고려 시대	1333~1368년	중국 원元의 순제順帝가 고려 왕실에 보낸 불사리를 금강산 장안사長安寺에 봉안	〈遊金剛小記〉(申翊聖)	
	1377년	왜구의 침략을 피해 통도사 주지 월송月松이 금강계단에서 정골頂骨 사리 1매, 신골身骨 사리 4매를 개성으로 옮김. 이득분李得芬이 이를 왕과 왕비에게 보이고, 이어서 개성 송림사松林寺에서 친견 법회 개최	〈梁州通度寺釋迦如來舍利之記〉(李穡)	
	1370년대	고려에서 석가여래 사리 5매, 가섭여래 사리 2매, 정광여래 사리 5매 및 지공·나옹의 사리 각 5매 봉안	보스턴미술관 소장 고려 銀製 사리탑 5기 墨書銘	
	1390~1391년	조선 건국 직전, 이성계李成桂가 부인 강씨康氏와 함께 불사리 봉안	이성계 발원 사리장엄구	국립중앙박물관
조선 시대	1392년	태조太祖가 조선을 건국하고 개성 연복사演福寺에 불사리 봉안	〈개성 연복사탑 중창기〉(權近)	
	1396년	왜구의 침략에 대비하기 위해 개성 송림사 불사리를 궁宮으로 옮김	《태조실록》	
	1399년	궁에 있던 송림사 불사리를 정릉 흥천사興天寺 사리전舍利殿에 봉안	《태조실록》	
	1400년	왕위에서 물러난 태조가 흥천사 사리전에서 7일간 불사를 베풀었는데 불사리 4매가 분신分身하는 이적異蹟이 일어남. 이 불사리들은 유동楡洞에 법당을 짓고 봉안	《정종실록》	
	1407년	중국 명明에서 조선에 불사리를 청함. 태조가 전국 각도各道에서 불사리를 보내도록 명하여 모두 454과를 모았고, 여기에 태조와 그의 부친이 갖고 있던 400과를 더해 명에 보냄	《태조실록》	
	1419년	세종世宗이 흥천사 사리전에서 불사리 및 가사, 패엽경을 내불당內佛堂으로 옮김	《세종실록》	
	1447년	유생儒生들의 반대로 세종이 내불당에 모신 불사리를 사리전으로 다시 옮김	《세종실록》	
	1463년	세조世祖가 천안 광덕사의 불사리를 친견할 때 이적異蹟이 일어남	〈華山廣德寺舍利閣記銘〉(1463), 韓繼禧	

시대	연도	내용	근거 문헌	비고
조선 시대	1510년	흥천사 사리전 소실燒失	《중종실록》	
	1597년 무렵	임진왜란壬辰倭亂 휴전 중 사명대사가 통도사 금강계단 불사리를 2상자에 담아 스승 서산대사가 있던 금강산으로 보냄. 서산대사는 1상자만 보관하고, 나머지 1상자는 다시 통도사로 보냄	〈보현사석가여래사리기〉 (休靜)	
	1598년	정유재란丁酉再亂 시 통도사 금강계단 불사리 일부를 일본군이 약탈	〈보현사석가여래사리기〉 (休靜)	
	1603년	서산대사 휴정이 보관하던 통도사 불사리를 묘향산 보현사普賢寺에 석종石鍾 형태의 '석가세존금골사리탑'을 세워 봉안	〈娑婆敎主釋迦世尊金骨舍利浮圖碑〉(1600), 休靜	
	1604년	임진왜란 종전후終戰後 사명대사가 사신으로 일본에 가서 불사리 환수		
	1604년 무렵	사명대사가 일본에서 환수해온 불사리 중 10매 또는 12매를 고성 건봉사乾鳳寺 낙서암樂西庵에 봉안	〈釋迦齒相立塔碑〉(月峯雙式)/〈乾鳳寺四溟大師紀蹟碑〉(南公轍)	
	1610년	사명대사 입적 후 통도사 불사리 일부가 원주 각림사覺林寺를 거쳐 대구 용연사龍淵寺로 옮겨짐	〈龍淵寺釋伽如來浮屠碑〉(權瑎)	
	1619년	명明 황제가 조선 왕실로 보내온 불사리 1과를 봉인사奉印寺로 보냄	《광해군일기》	
	1620년	봉인사에서 불탑을 세워 불사리 봉안	봉인사 舍利器 명문	국립중앙박물관
	1673년	용연사에서 금강계단을 짓고 통도사에서 옮겨온 불사리 봉안	〈龍淵寺釋伽如來浮屠碑〉(權瑎)	
	1683년	왕실에서 은합銀盒을 건봉사에 내려보냄. 건봉사에서 진장珍藏하던 통도사 불아 사리를 은합에 담아 탑에 봉안하고 영아사리탑靈牙舍利塔이라 명명	〈金剛山乾鳳寺釋迦如來靈牙塔奉安碑〉(尹容善)	
		양양 낙산사洛山寺에서 관음상 개금改金 중 공중에서 명주明珠[불사리] 하나가 내려옴	〈공중사리탑비〉(李玄錫)	
	1693년	낙산사에서 사리탑을 세워 명주를 봉안하고 비석을 세움	〈공중사리탑비〉(李玄錫)	

시대	연도	내용	근거 문헌	비고
조선 시대	1710년	공민왕이 친견한 법주사 불사리를 석탑을 세우고 봉안	〈보은군속리산법주사 세존사리탑비명병서〉 (1710), 汝寂慶秀	
	1713년	정암사 수마노탑을 중수하고 불사리 재봉안	수마노탑 발견 塔誌石 (제4석)	1972년 재봉안
	1724년	통도사에서 이운된 치아 사리를 1683년에 봉안한 일을 기념해 〈건봉사 치아사리탑〉 건립	〈건봉사치아사리탑〉	
		산청 대원사大源寺에서 자장 스님이 세운 탑을 보수하면서 불사리 얻음. 1784년 석탑 중건	석탑 앞 배례석 銘文	1989년 석탑 수리 시 사 리기에 담 긴 불사리 58과 발견
	1743년	선산善山에 사는 김계장金界丈이 현몽하여 석적사지石積寺址 석탑에서 백옥 불사리 1 과를 얻음. 이를 도리사桃李寺 체안體眼 스 님이 석종 모양의 사리탑을 세워 봉안	〈桃李寺石甕記〉(1743), 好隱有璣	현 도리사 세존사리탑
	1747년	포항 법광사 삼층석탑 중건 시 불사리 발 견	〈법광사석가불사리탑중 수비〉(1747), 申維翰	
	1750년	통도사 금강계단을 증축하고 〈석가여래 영골사리비釋迦如來靈骨舍利碑〉 건립	〈釋迦如來靈骨舍利碑〉 (1750), 桂坡性能	
	1759년	완주 안심사安心寺에서 금강계단을 짓고 이전부터 사중寺中에 전하던 불사리 봉안	〈安心寺事蹟碑文〉(1759)	
	1778년	정암사에서 수마노탑을 중수하고 불사리 를 재봉안	〈江原道旌善郡太白山淨巖 寺事蹟〉(1788), 翠巖性愚	1972년 재봉안
	1778년	〈고금강도원팔경첩古金剛桃源八景帖〉 화첩畫 帖 중 〈갈천산정암도葛川山淨菴圖〉에 부가附 加된 〈갈천기葛川記〉에 "탑에 불골佛骨이 있 어서 한 달에 세 번 방광放光한다"고 기록	〈葛川記〉	
	1781년	청주 안심사安心寺에서 불사리 봉안	〈안심사세존사리비〉(1781)	

시대	연도	내용	근거 문헌	비고
근대	1905년	경주 불국사 사리탑 사리기舍利器가 도난되어 일본 우에노上野 공원으로 반출	《朝鮮新聞》 1933년 9월 20일	
	1913년	8월 스리랑크 다르마팔라 스님이 우리나라 승려 대표 이회광李晦光에게 불골佛骨 전달함. 12월 29일 각황사 법당에서 30본산 주지, 총독부 고위 관리, 유명 인사 등 백여 명이 배관식 거행	《每日新譜》 1913년 8월 13일/ 《매일신보》 1914년 1월 1일	
	1929년	다르마팔라 불사리를 조선박람회 기간인 10월 1일~20일까지 공개하여 참배객으로 '인산인해'	《매일신보》 1929년 10월 1일	
	1930년	다르마팔라 불사리를 각황사覺皇寺에 칠층석탑을 세우고 봉안함. 이 탑은 2009년 한국불교역사문화기념관 뒤뜰로 이운	《東亞日報》 1930년 9월 15일	
	1933년	금강산 발연사鉢淵寺 부근 암벽에 진장珍藏되었던 사리기舍利器가 도굴되었다 회수	《조선신문》 4월 1일	
		1905년 도난되었던 불국사 사리탑 사리기가 불국사에 환수	《조선신문》 6월 18일	
		괴산 절터에서 도난된 고려 부도浮屠를 일본 반출 직전에 인천항에서 회수	《朝鮮中央日報》 8월 27일	현 간송 미술관
	1938년	4월 15일 부산에서 다르마팔라 불사리 석탑 봉안 행사에 수만 명 운집	《매일신보》 4월 21일	

지은이 | **신대현**

동국대학교 사학과를 졸업하고, 동 대학원 미술사학과에서 석사와 박사를 받았다. 1992년부터 2005년까지 전국 900여 전통사찰 및 절터를 답사하며 《전통사찰총서》(사찰문화연구원) 전 21권을 기획 공동집필했다.
저서로 《한국의 사리장엄》, 《한국의 사찰 현판》(전 3권), 《옥기(玉器) 공예》, 《진영(眞影)과 찬문(讚文)》, 《적멸의 궁전 사리장엄》, 《우리 절을 찾아서》, 《경산제찰을 찾아서》, 《닫집》, 《테마로 읽는 우리 미술》, 《강원도 명찰기행》, 《불교미술 이해의 첫걸음》 등 불교미술 관련서, 《전등사》, 《화엄사》, 《송광사》, 《불영사》, 《성주사》, 《대흥사》, 《낙가산 보문사》, 《봉은사》, 《은해사》, 《갓바위 부처님 : 선본사 사지》, 《낙산사》, 《대한불교보문종 보문사 사지》 등 사찰 역사문화서들이 있다. 그 밖에 한시(漢詩)에 보이는 사찰의 문화와 역사를 해설한 《명찰명시》를 지었으며, 조선시대 최대의 사찰답사기인 《산중일기》를 번역했다.
1985~1986년 호림박물관 학예사, 2000년 동국대학교 박물관 선임연구원, 1999~2000년 대구효성가톨릭대학교 예술학과 겸임교수, 2006~2007년 뉴욕주립대(스토니브룩) 방문학자(Visiting Scholar)였으며, 현재 능인대학원대학교 교수이다.

사 리 舍利

신 대 현 지음

2022년 10월 28일 초판 1쇄 발행

펴낸이 오일주
펴낸곳 도서출판 혜안

등록번호 제22-471호
등록일자 1993년 7월 30일

주소 [04052] 서울시 마포구 와우산로 35길3(서교동) 102호
전화 3141-3711~2 **팩스** 3141-3710
E-Mail hyeanpub@daum.net

ISBN 978-89-8494-686-6 03220

값 20,000 원

〈이 도서는 한국출판문화산업진흥원의 '2022년 중소출판사 출판콘텐츠 창작지원사업'의 일환으로 국민체육진흥기금을 지원받아 제작되었습니다.〉